イスラーム神学古典選集

松山洋平 編訳

作品社

بسم الله الرحمٰن الرحيم

الحمد لله والصلاة والسلام على سيدنا محمد وعلى آله وصحبه أجمعين

目次

凡例

一、本書に引用したクルアーンの日本語訳は、中田考監修『日亜対訳　クルアーン』（作品社）を基本とし、一部、編訳者が手を加えたものである。

一、訳文中の〔　〕は編訳者による補足説明のための挿入文であり、（　）は編訳者による言い換えである。

一、預言者などに言及された直後に挿入される祝福祈願の文言は、短い文章に省略して訳出した。

㊎「アッラーの使徒――アッラーが彼、そして彼の御家、そして彼の教友たちに祝福を与え、平安を与え給うように――は言った」→「アッラーの使徒――祝福と平安あれ――は言った」

はじめに

本書には、イスラーム教の「信条」（ʻaqīdah）に関わる領域で著された、次頁の図表0に掲げた一一のテクストの翻訳を収録している。

イスラーム教の学者は一人で百単位の著作を残すことも少なくないため、神学に関わるテクストの数は計り知れない。また、一口に神学書と言っても、分量の面でも内容の面でも実に多種多様なものが存在する。何巻にも及ぶ長大なテクストもあれば、初学者が暗記できる程度の短いものもある。イスラーム教の信条の様々な論点を扱うものもあれば、一つのテーマにのみ焦点を当てた論考も多い。

本書では、特定のテーマに特化するのではなく、イスラーム教の信条全体、またはその基礎的な部分を論じたテクストを中心に翻訳の対象とした。▼1 その中でも特に、分量が少なく、イスラーム教思想の分野にあまり明るくない

▼1　ただし、マートゥリーディー学派については、他の宗派・学派のものと異なり、比較的特定のテーマに特化したテクストのみを選んだ。それは、マートゥリーディー学派に依拠してイスラーム教の信条全体を説明するナサフィー著『信条』を、拙著『イスラーム神学』（作品社、二〇一六年）の中で既に翻訳して紹介しているためである。また、イスマーイール派については、信条全体を主題とした、読みやすい短めのテクストを入手することができなかったため、比較的長いテクストを抄訳することにした。また、第六章と第七章には、スンナ派内部の対立に関わる論考を収めた。

スンナ派

アシュアリー学派

- 第一章　イージー『信条』
- 第二章　サヌースィー『証明の母』

マートゥリーディー学派

- 第三章　アブー・ハニーファ『訓戒』
- 第四章　イブン・カマール・パシャ『一二の問題におけるアシュアリー学派とマートゥリーディー学派の相違』

ハンバリー学派

- 第五章　アブー・ヤアラー『信条』

思弁神学の是非を巡る対立

- 第六章　イブン・クダーマ『比喩的解釈の咎』（ハンバリー学派）
- 第七章　アシュアリー『思弁神学に従事することの正当化』（アシュアリー学派）

シーア派

一二イマーム派

- 第八章　ヒッリー『第一一の門』

イスマーイール派（タイイブ派）

- 第九章　アリー・イブン・アル＝ワリード『諸信条の王冠』抄訳

ザイド派

- 第一〇章　ラッサース『提要』

イバード派

- 第一一章　サーリミー『子供への教授』第一部

図表0　本書に収めたテクスト一覧

読者にも読みやすいと思われるものを選んでいる。

このようなテクストを選んだのは、本書が、一般読者のための一つの「イスラーム教入門」になることを願うためである。神学書の翻訳が「入門」になろうかと、いぶかしく思う読者もいるかもしれない。しかし、論点の整理された入門書ではなく、何世紀も前に書かれた原書にこそその分野の魅力が感じられるということはよくあることである。私の考えでは、イスラーム教神学はそのような分野の一つだ。

本書には、一つの長いテクストではなく、非常に短いテクストを複数収めている。その理由は、本書が、研究者のためではなくより幅広い読者に読んでもらうために編まれたものだからである。長大なテクストは、読むのにまとまった時間を要するし、一つの箇所を読んでいる間に全体像がわからなくなってしまうことも多い。研究者ならともかく、イスラーム教を主要な関心の対象とするわけではない一般読者であればなおさらである。忙しい読者が、イスラーム教神学の生の文体を気軽に味わうための本が一冊くらいあってもよいのではないか。そのような気持ちで本書を編纂した。読者に神学書の雰囲気を味わってもらい、あわよくば自分なりの興味分野や問題関心を見つけてもらうことが、本書の目的である。

表現を換えて言えば、本書はイスラーム教神学への少し厚めの「招待状」である。招待状というものには役割がある。それは、招待状を受け取った人に、招待先の世界に何があるのかの多少なりのイメージを持ってもらうこと、更には、招待先の世界に興味を持ってもらうことである。招待状としてのこの役割を果たすために、本書にはいくつかのささやかな工夫を施している。第一に、この「はじめに」の後ろに、イスラーム教の基本的な世界観を紹介する序章を設けた。まずは序章を読んだ上で、それぞれのテクストに進まれたい。第二に、翻訳したテクストには適宜脚注を施し、読み進めるための手助けとした。第三に、翻訳に当たっては、あくまで原文の意味を損なわない程度にではあるが、原文からの構文上の逸脱を自分に許し、日本語としての読みやすさを優先した。イスラーム教についてあまり知らない読者であっても、「この一冊から読める」本にしたつもりである。

イスラーム教徒の中には、多様な神学上の立場が存在する。私の考えでは、ある宗教における言論の多様性、見解の相違、対立軸の在り処を知ることは、その宗教を知るための最も正当で刺激的な方法の一つである。しかし、多様性を紹介するにしても、訳者の能力に限りがある以上、基準を設けなければならない。そこで、本書に収めるのは、二一世紀現在も多くの信徒を有する、スンナ派、シーア派、イバード派に帰属する学者の著作に絞ることにした。古典神学で論じられる問題に関心を持つ読者のみならず、現代のイスラーム教徒の文化に関心を持つ読者にも資する本になれば幸いである。

なお、本書の目的は、イスラーム教の各宗派の信条を詳細に解説することではない。それ故、各章に付した解説や脚注は、テクストを読み進めるために必要な内容と程度に留めている。また、煩雑さを避けるため、必要がない限りは、本書に収めたテクストの著者が帰属するスンナ派、シーア派、イバード派以外の宗派への言及は差し控えた。あくまで、神学者の言葉を主とし、私の言葉は従として読み進められたい。

本書に収録したテクストの全ての部分を理解することはおそらく難しい。その責任は、編訳者である私の力不足にある。しかし、この小著を通してイスラーム教神学の知的世界にわずかでも興味を持ってもらえたとすれば、「招待状」としての役割は十分に果たせたと思っている。

序章

一．イスラーム教の世界

①イスラーム教徒は何を崇拝するのか

唯一の神である創造主

イスラーム教徒が崇拝の対象とするのは世界の創造主たる神ただひとりである。この神の名を、「アッラー」（Allāh）と言う。

「アッラー」という単語は、アラビア語で「神」、「真に崇拝される（べき）もの」の意を持つ“ilāh”という単語に、定冠詞“al”を付けた形として成り立っている。この意味では、「アッラー」は「その神なる者」＝“the God”の意味を持つ。

つまり、「アッラー」は普遍的な意味を持つ単語であり、イスラーム教徒のみに用いられているわけではない。たとえば、アラビア語を母語とするキリスト教徒も自分たちの神を「アッラー」と呼び、アラビア語の聖書では「神」に当たる箇所に「アッラー」と書かれている。

ただし、イスラーム教の多数派説では、「アッラー」という言葉は一般名詞としての「神」に定冠詞を付けたものではなく、世界の創造主の名であると信じられている。

アッラーはどのような存在か

日本語で「神」と言うと、様々な姿の存在がイメージされよう。人の形をしている場合もあれば、動物に近い形を持つ神も描かれる。場合によっては、植物でさえ「神」と呼ばれ得る。こうした神々に共通しているのは、「形」を持っているという点である。

しかし、イスラーム教において、創造主であるアッラーは「姿形」を持たない存在とされる。つまり、被造物のように、物質によって構成される存在ではなく、色や重さ、大きさなどを持たない。また、アッラーは時間の中には存在せず、いかなる場所にも存在しない。つまり、過去にさかのぼろうとも、未来を迎えようとも、この「世界」の中のどこを探そうともアッラーは存在しない。世界は、アッラーによって創られたものだからである。アッラーは、「ここにいる」とか、「あそこにいる」と指し示すことができる存在ではない。

被造物の中にアッラーが存在することがないのと同様に、アッラーに被造物やその性質が融合したり、定着することもない。アッラー以外の何物も、彼と同質、同類の性質を持つことはない。世界の全て、また、時間の全ては被造物であり、創造主ではあり得ないからである。

タウヒード（唯一神崇拝）

イスラーム教の教義の中で最も重要なことは、この創造主を、崇拝すべき唯一の対象と信じることである。創造主でないものは何であれ――人間であれ、天使であれ――絶対者ではなく、崇拝に値するものではない。世界に存在するありとあらゆるものは創造主の権能によって存在を得たものであり、神ではあり得ない。被造物ではなく、それらを創り支配する者をこそ崇拝の対象とすべきである。これがイスラーム教の根本教義である。

創造主を唯一の神と信じること、すなわち唯一神崇拝を行なうことを、アラビア語で「タウヒード」（tawḥīd：一となすこと）と呼ぶ。

創造主と被造物との峻別

被造物は、自らの力で存在することはできず、アッラーの意志によってその存在を得、アッラーの意志によってその存在を終える。

これとは対照的に、創造主たるアッラーは始まりを持たない永遠の存在とされる。つまり、アッラーはもともと存在しているのである。

したがって、アッラーと被造物は本質的に異なるものである。この区別を行なうこと、すなわち、無始なる創造主と有始なる被造物とを峻別することが、タウヒードの根幹とされる。なぜなら、この区別をおろそかにし、両者をないまぜにすれば、創造主を被造物に、被造物を創造主に一致させることになり、そうなれば唯一の神を崇拝したことにはならないからである。

コラム① 信仰告白「シャハーダ」

タウヒードの教えを命題化した言葉が「アッラーの他に神はない」(lā ilāha illallāh)である。この言葉はイスラーム教の中で最も枢要な言葉であり、クルアーンの中にも同様の言葉がたびたび登場する。「それ故知れ。アッラーの他に神はないと」(クルアーン第四七章第一九節)。

この「アッラーの他に神はない」という言葉は、イスラーム教徒になるための「信仰告白」の文句の前半部分を構成する。すなわち、「アッラーの他に神はない」という命題と、「ムハンマドはアッラーの使徒である」(Muḥammad rasūlullāh)という命題を証言することで、人はイスラーム教徒と認められる。

具体的には、イスラーム教への入信を意図する者は、二名以上のイスラーム教徒の証人の前で「私はアッラーの他に神はないと証言する。そして私はムハンマドはアッラーの使徒であると証言する」という言葉を唱えればよい。それ以外の儀式や手続きは一切不要である。何らかの団体に帰属する必要もない。

この証言を行なうことを「シャハーダ」(shahādah)と言う。シャハーダというアラビア語の意味は「証言」であるが、この言葉によってイスラーム教への入信が判断されることから、日本語では「信仰告白」と訳されることが多い。

「アッラーの他に神はない」、「ムハンマドはアッラーの使徒である」という二つの命題を証言することがイスラーム教徒であることの証になるのは、この命題がイスラーム教の基礎であると同時に、イスラーム教の信条全体を包括しもするからである――この点については、本書第二章に収めた『証明の母』を読まれたい。

②イスラーム教における「救い」とは何か

来世における救済

日本において「救い」や「救済」と言うと、苦悩からの解放を意味することが多い。その苦悩は、人生において体験する、極めて具体的な失敗や障害、病苦などの場合もあれば、漠然と感じる未来に対する不安などの場合もあるだろう。しかし、いずれにしてもそれは現世における苦悩であることがほとんどである。同時に、その解消も現世において達成されることが想定されているのが通例である。

しかし、イスラーム教の考える救済は、現世で達成される類のものではない。イスラーム教における「救済」(najāt) とは、死後、審判の日において、火獄入りを免れ永遠の楽園に入ることを意味する。

この世に生を受けたあらゆる人間は、死後、審判の日に復活すると信じられている。そして、生前の信仰の有無、および生前に行なったあらゆる善行・悪行を決算され、楽園か火獄に入ることになる。「そして我らは復活の日に、公正な秤を置く」(クルアーン第二一章第四七節)、「一微塵の重さでも善を行なった者はそれを見る。一微塵の重さでも悪を行なった者はそれを見る」(クルアーン第九九章第七節から第八節)。神によって執り行なわれるこの最後の審判において、楽園に入ることが救済なのである。

もちろん、イスラーム教徒もまた、現世で苦悩を抱えることも、その苦悩からの解放を祈ることもある。しかし、現世の生活に限りがあるのに対して、来世は永遠である。必然的に、イスラーム教を奉じる一個の人間にとっては、来世の救済に与かることができるか否かが人生における決定的な問題となる。

救済の構造

人間は死んで消滅するのではなく、再び生を受け、神による審判を受けると信じられている。では、イスラーム教では誰が救済に与かり誰が救済に与からないと考えられているのだろうか。

まず、アッラーを信仰し、罪を抱えずに死んだ者は、火獄に入ることなく楽園に入ることができる。楽園では様々な褒美を得るが、各人が与かる褒美の程度は、その者が生前に為した善行の程度に依拠する。そして、一度楽園に入った者は永遠にそこから出ることはない。

対して、アッラーを信仰することを拒んだ者は火獄に入る。火獄の中で受ける懲罰の程度は、各人の生前の行ないによって定まる。圧倒的な多数派説によれば、火獄に入った不信仰者は永遠にそこから出ることはできない。

アッラーを信仰したまま死んだものの、罪を犯し、しかもその罪について悔悟せずに死んだ者の顛末については、宗派間に見解の相違が存在する。

スンナ派や一二イマーム派などの宗派では、信仰者が一時的に火獄に入る可能性が認められている。そのため、罪を負ったまま死んだ信仰者は、アッラーが望めばその罪が赦されて楽園に入るが、アッラーが望めば、彼らは一時的に火獄に入るとされる。そして、罪が贖われた後に火獄から出て楽園に入ることが許される。この場合も、一度楽園に入れば二度とそこから追い出されることはない。一方、ザイド派やイバード派などの宗派では、「大罪」を抱えたまま悔悟せずに死んだ者は、たとえ信仰を持っていたとしても火獄に入り、その中から永遠に出ることはないと言われる。なお、「大罪」とは、殺人や窃盗、飲酒や姦通など、イスラーム教で特に厳しく禁じられている行為を言う。

イスラーム教の宣教が伝達されずに死んだ者の救済の如何についても見解の相違が存在する。「彼らは信仰を持つ機会を与えられなかったのだから、信仰せずとも救済される」との説もあれば、「彼らの内、創造主を信仰した者は救済され、創造主を信仰しなかった者は救済されない」とも言われる。後者の説に立つ者は、創造主が存在するという事実、そして、被造物は創造主に対して感謝をささげなければならないという事実は、たとえ創造主からの啓示が伝達されていなくとも、人間に具わった理性の働きによって導き出すことができると主張する。その他、死後に改めて試練を受けて楽園行きか火獄行きかが決められるなどの説がある。

イスラーム教徒の犯す罪は、悔悟／それを打ち消す善行／痛苦などによって贖われる。

悔悟は、(1)罪となる行為をやめること、(2)自分が罪を犯したことを後悔すること、(3)その罪を再び犯すまいと決意することによって成立する。加えて、その罪が他者の権利に損害を与えるものであった場合は、その損害を補償することが悔悟成立の条件として付加される。

悔悟する者は、自分に悔悟が成立したことを確信し安心するのではなく、自分の罪を何度でも悔い、アッラーに赦しを乞う。「赦し乞い」(istighfār)はアッラーに非常に好まれる行為であり、ムハンマドは一日に一〇〇回アッラーに「赦し乞い」をしていたと言われる。

また、善行は悪行の償いとなる。「まことに善行は悪行を追い払う」(クルアーン第一一章第一一四節)。ムハンマドは、「悪行〔を行なった後〕には、それを打ち消す善行を続け〔て行ない〕なさい」と教えたと伝えられる。

また、イスラーム教徒が現世で被る痛みや苦しみ、心配事や悲しみは、彼が犯した過ちの贖いとなる。

コラム② 啓典クルアーン

アッラーは預言者の一部に対して、自身の言葉を「啓典」として啓示した。「啓典」とは、始まりと終わりの部分があり、その間に挟まれた諸々の言葉の順序が定められている、「書」としてのまとまりを持つ一群の啓示のことを言う。

クルアーンの中には、ムーサー（モーセ）に下された『タウラー』（トーラー）や、ダーウード（ダヴィデ）に下された『ザブール』（詩篇）、イーサー（イエス）に下された『インジール』（福音）、ムハンマドに下された『クルアーン』の四つの啓典の名が言及されている。アッラーが下した啓典の総数を知るための確定的な典拠は存在しないが、一部の伝承では一〇四冊であると伝えられる。

啓典はアッラーの言葉だけで構成され、それを伝えた天使や、それを下された預言者の言葉、あるいはその周囲にいた人間の言葉などは一切含まれない。この点は、キリスト教の聖書などとは大きく性質が異なる点である。

イスラーム教の信条では、ムハンマドは預言者の封緘《ふうかん》である。彼の後には預言者および使徒は到来しない。したがって、必然的にムハンマドに下されたクルアーンが最後の啓典となる。

イスラーム教では、ムハンマドより前の預言者たちに下された啓典も、ムハンマドに下されたクルアーンと同様にアッラーの啓示であると信じられている。しかし、クルアーンは過去に下された全ての啓典を「廃棄するもの」（nāsikh）であり、クルアーンの啓示によって、クルアーン以外の啓典を書くこと、読誦すること、および、それらの啓典の中に示された法規定の一部は廃棄されたものとみなされる。

もっとも、クルアーン以外の啓典は、現在は消滅したか、歪曲された形でしか残っていないため、いずれにしてもクルアーン以外にアッラーの啓典は現存しないことになる。つまり、イスラーム教徒は、ムーサーに下されたタウラーやイーサーに下されたインジールの存在自体は信仰するものの、現在のユダヤ教徒が読んでいるトーラーや、現在のキリスト教徒が読んでいる福音書をアッラーの啓典であると信じているわけではない。それらは後の人々によって改ざんされたものであり、アッラーの啓典であるタウラーやインジールのオリジナルとは内容が異なると信じられている。

クルアーンはそのため、イスラーム教徒が依拠する唯一の啓典ということになる。また、クルアーンには外典、異本の類は存在しないため、東西の信徒は、宗派を問わず同じアラビア語のクルアーンを啓典として奉じている。

クルアーンの中には、アッラーの唯一性や預言者に追従する義務といった信条に関わる章句の他、過去の預言者たちの物語や、未来に起こる終末や来世の描写、イスラーム教徒への法的な命令など、様々な内容が記されており、法学や神学における典拠となる。

③イスラーム教徒とは誰か

イスラーム教の自己認識においては、この宗教は七世紀のアラビア半島でムハンマドが「始めた」宗教ではない。イスラーム教の信条では、地上における最初のイスラーム教徒は、人類の祖であるアーダム（アダム）とその妻ハウワー（イブ）である。

イスラーム教は、アーダム創造と楽園追放の物語をユダヤ教・キリスト教と共有する。アーダムとハウワーは、アッラーによって創造された後に楽園で暮らしていたが、悪魔にそそのかされ、食べることを禁じられていた木の果実を食べてしまう。そのため彼らは楽園を追われ、地上に降り立った。彼ら二人が、地上の最初の人類であり、最初のイスラーム教徒である。

アーダムの後、ヌーフ（ノア）、イブラーヒーム（アブラハム）、ムーサー（モーセ）、イーサー（イエス）などの預言者が派遣されたことがクルアーンに記されている。イスラーム教の認識では、こうした預言者は皆、等しくアッラーに帰依した「ムスリム」（muslim）＝イスラーム教徒であり、彼らを信じ、彼らに従った人々も皆イスラーム教徒であった。

「イスラーム」（islām）という言葉は、世界の創造主アッラーへの「帰依」を意味する。「イスラーム教徒」を意味する「ムスリム」という言葉は、アラビア語で、神に「帰依（イスラーム）する者」という意味を持つ。「ムスリム」とはすなわち、アーダム創造以来、唯一の創造主を信仰し、彼から派遣された預言者を受け入れた全ての者を指す言葉である。

ムハンマドの共同体

「イスラーム教徒」とは、アーダム創造以来、アッラーに帰依した全ての者を指す。ただし、「ムハンマドの共同体」（ummah Muḥammad）とそれ以外の預言者に従った共同体の間に何の違いもないのかというと、そういうわけではない。

たとえば、「ムハンマドの共同体」とその他の共同体とでは、アッラーから与えられた「聖法」（sharīʿah）の内容が異なる。これまで地上に存在した全ての預言者は、同じ神であるアッラーを信仰し、彼の教えを受け入れ、同じ信条を有していた。しかし、アッラーから預言者たちに与えられた聖法は、預言者によって異なっていた。ムハンマドに与えられた聖法は、完全であるのみならず、軽減措置に満ちた、実践のたやすい法であると考えられている。その他、「ムハンマドの共同体」には他の共同体には与えられなかった数々の恩寵が与えられたと信じられている。たとえば、楽園に最初に入ることができるのは、ムハンマドの共同体だと言われる。

コラム③　預言者と使徒

「預言者」(nabī) とは、啓典を与えられたか否かを問わず、アッラーから啓示を受けた者全てを言う。一方「使徒」(rasūl) とは、預言者の内、人々にアッラーの教えを伝達するために、啓典を携えて派遣された者を言う (これ以外の定義もある)。したがって、預言者は使徒よりも包括的な概念である (図表1)。

預言者の数を示す確定的な典拠は存在しないが、宗派によっては、一部の伝承で伝わる一二万四〇〇〇人という数を採用する場合もある。クルアーンの中には、二十数名の預言者の名が言及されている。その中には、最初の人類であるアーダム (アダム) の他、ヌーフ (ノア)、イブラーヒーム (アブラハム)、ムーサー (モーセ)、イーサー (イエス) など、旧約・新約聖書でおなじみの人物が多数含まれている。

使徒が派遣されるとき、彼らには、彼らが確かにアッラーから命を受けた使徒であることを証明するための奇跡が与えられる。たとえば、ムーサーは魔術師の魔術を圧倒する奇跡を起こし、イーサーは死者の蘇生や不治の病の治癒などを行なった。

使徒性を証明するこの奇跡は、アラビア語で「ムウジザ」(muʻjizah) と呼ばれる。ムウジザとは、使徒が自身の使徒性を主張することに伴って発生する、世界の慣行を破る超常現象であり、人々に対して「この者がアッラーの使徒でないと言うのであれば、同じことをしてみせろ」と挑戦するものである。

グレゴリオ暦七世紀のアラビア半島で使徒として召命されたムハンマドは、預言者と使徒の「封緘」であり、彼の後に預言者は存在しない。「ムハンマドは〔…〕アッラーの使徒で、預言者たちの封緘である」(クルアーン第三三章第四〇節)。また、「そしてわれらがおまえを遣わしたのは、一切の人々への吉報伝達者として、また警告者としてに他ならない」(クルアーン第三四章第二八節) とあるように、ムハンマドは全ての人間に派遣された使徒とされる。彼が最後の使徒であるため、彼に与えられた「聖法」は復活の日に至るまで効力を持つ。

ムハンマドは、月を割る奇跡、少量の食べ物を多数の人間に食べさせる奇跡、指から水を湧かせる奇跡、石や木が声を発したり動いたりする奇跡、病を治癒する奇跡など、数々の奇跡を顕わしたと伝えられる。彼に与えられた最大の奇跡は、雄弁なアラブの詩人を言語と内容の卓越性において圧倒する、啓典クルアーンである。

ムハンマドは、クルアーンの教えを理想的な形で世界に体現した人間と考えられている。加えて、クルアーンの中でアッラーは、ムハンマドの命に従うようイスラーム教徒に命じている。「信仰した者たちよ、アッラーに従え。そして使徒に従え。そしておまえたちのうち権威を持った者たちに」(クルアーン第四章第五九節)、「信仰した者たちよ、アッラーに、そして使徒に応えよ」(クルアーン第八章第二四節)、「そして使徒がおまえたちにもたらしたものはそれを受け取り、おまえたちに禁じたものはそれを避けよ」(クルアーン第五九章第七節)。そのため、クルアーンの教えを理想的な形で現世に顕わしたムハンマドの言行は、クルアーンと同じように、イスラーム教における絶対の典拠となる。

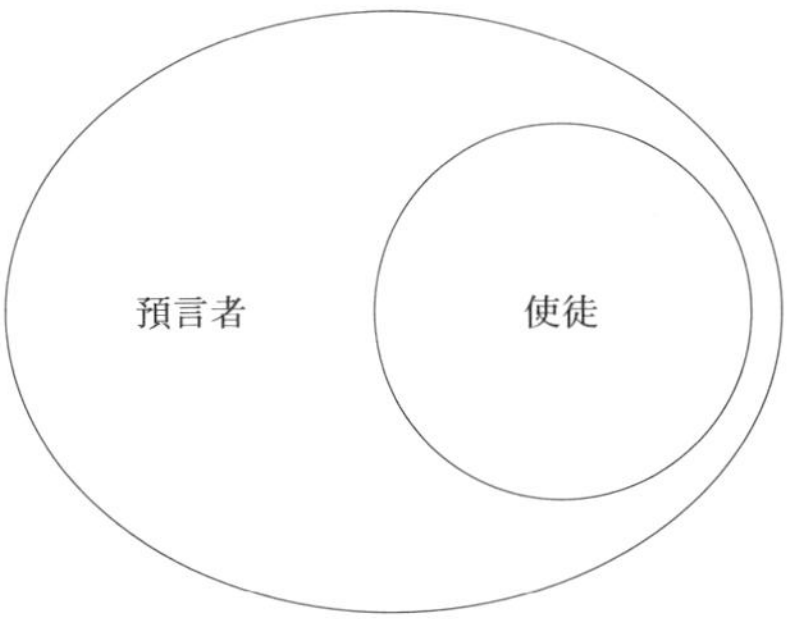

図表1　「預言者」と「使徒」の関係

ムハンマドの言行を、「預言者のスンナ」(sunnah nabawīyah)と呼ぶ。スンナとは、語義としては「道」、「慣行」を意味する。より具体的には、ムハンマドが(1)行なったこと、(2)言ったこと、(3)黙認したことがスンナを構成する。

ところで、ムハンマドが地上に生きていた時分であれば、彼の言行は直接見聞きすることができた。しかし、逝去後にはそれは叶わない。そこで、「ハディース」（ḥadīth）がスンナを知るための媒介となる。ハディースとは一般的に、ムハンマドや彼の周りにいた者たちの言行を伝える諸々の伝承を意味する。種々の伝承経路から膨大な数のハディースが伝えられているため、学者の手によって伝承者の情報や伝承の信憑性が整理され、個々の問題においてどのハディースを典拠とすべきかが議論される。

なお、スンナが絶対の典拠であることは、それを伝えるハディースが絶対の典拠となることを全く意味しない。なぜなら、ハディース自体は、スンナを知るための手段となる伝承であって、スンナ自体ではないからである。ハディースは、虚偽である可能性も想定され、その内容の信憑性が学問的な議論の対象となる。

④イスラーム教は何を教えの根拠とするのか

イスラーム教の絶対的な典拠となるのは、アッラーの言葉と信じられる啓典クルアーンと、預言者であるムハンマドの言行＝スンナである。シーア派では、預言者だけではなく、無謬のイマーム（後述）の言行も絶対的な典拠となる。

しかしイスラーム教徒は、クルアーンやスンナのような啓示に由来する知識しか認めないわけではない。イスラーム教では、理性によって演繹された知識も同様に真実として認められ、宗教に関わる問題を考える際の典拠となる。

様々な種類の知識がどのように分類されるのか、そして、人間はどのようにして知識を獲得できるのかという問題について、イスラーム教の学者は議論を深めてきた。ただ、この議論には、宗派間・学派間のみならず同じ学派の学者間にも複雑な見解の相違が存在するため、詳しくは取り上げない。しかし、本邦には「イスラーム教は理性を軽視する」という誤った一般的イメージも存在するため、ここで二、三の具体的な例を紹介しておきたい。

マートゥリーディー学派の名祖であるマートゥリーディー（Abū Manṣūr al-Māturīdī：九四四年頃没）は、人間が物事を確かな形で知るための媒体を、「感覚対象」（ʻiyān）、「伝聞情報」（akhbār）、「思索」（naẓar）の三つに大別した［al-Māturīdī 2006, 9-12］。

「感覚対象」とは、「感覚」（hawāss）すなわち五感によって知覚されたものを言う。この「感覚対象」は、人間がおよそ否定することができない、知識の基礎・根幹（aṣl）に当たる。「伝聞情報」では主に、クルアーンとムハンマドのハディースが想定されている[▼1]。ハディースの内、疑いの余地のない確かな伝承は確実な知識を導くが、そうではない伝承はイジュティハードの対象となり、その信憑性が吟味される。「思索」は、感覚で知覚した情報の更

▼1　イジュティハード（ijtihād）とは、確定的な根拠が存在せず、すぐには正答を導き出せないような問題について、学者が学的努力を尽くすことを言う。

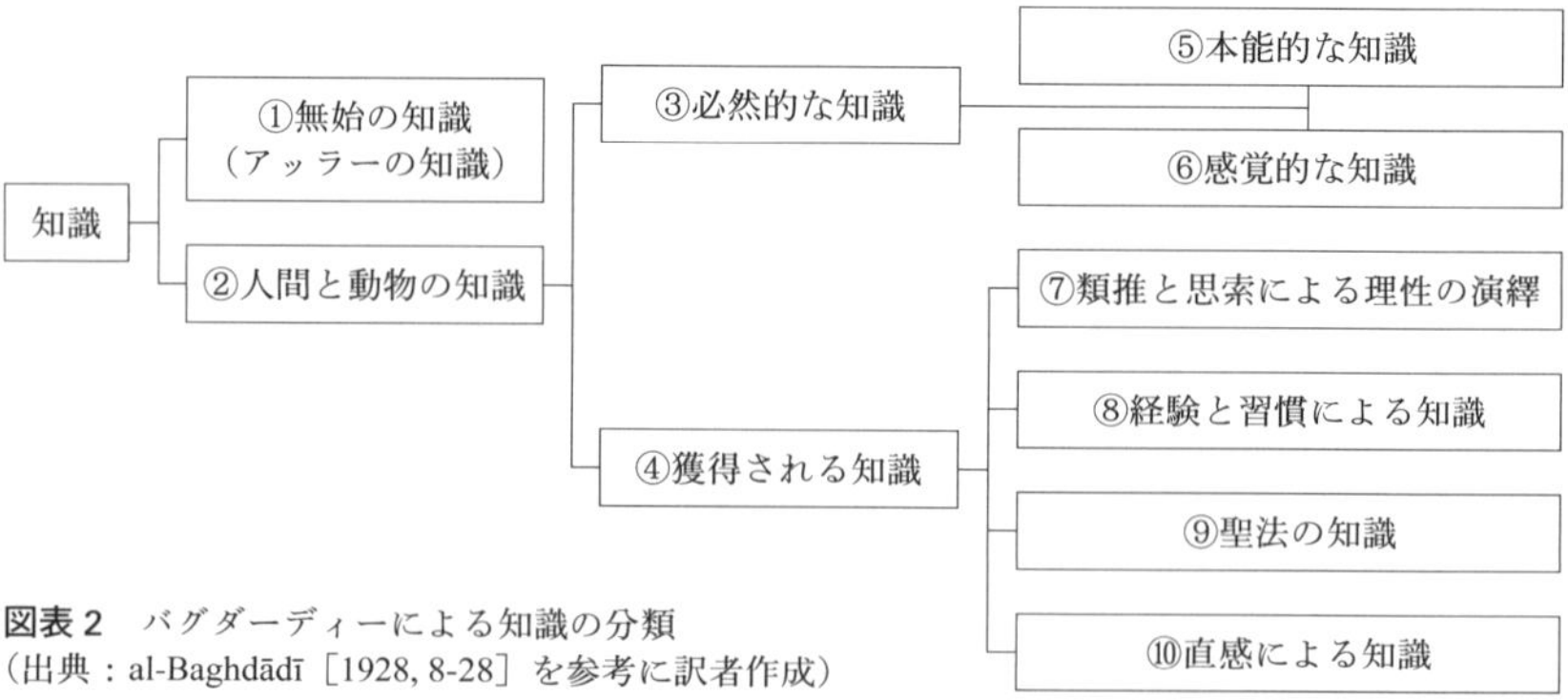

図表2　バグダーディーによる知識の分類
（出典：al-Baghdādī［1928, 8-28］を参考に訳者作成）

なる整理、「伝聞情報」の信憑性の精査、預言者たちの奇跡と魔術との識別、クルアーンの章句の理解などを行なうために、人間にとって不可欠なものとされる。

アシュアリー学派では、知識を得る方法についての議論よりも、知識の分類に多くの議論が費やされる傾向がある。同学派の代表的な学者であるアブドゥルカーヒル・アル＝バグダーディー（'Abd al-Qāhir b. Ṭāhir al-Baghdādī：一〇三七年没）を取り上げてみよう。彼は、上に掲げる図表2のように知識を分類している［al-Baghdādī 1929, 9-29］。

知識は第一に、アッラーが有する無始の知識と、人間を含む被造物が持つ知識に大別される。人間の知識は更に、演繹を経ずに得られる「③必然的な知識」と、特定の能力による演繹を経て得られる「④獲得される知識」に分かれる。「③必然的な知識」には「⑤本能的な知識」と「⑥感覚的な知識」があるが、前者は、自分が存在するという事実や、一人の人間が、同時に生きても死んでもいるということが不可能であることなどについての知識を指し、後者は、五感によって知覚されるものを指す。「④獲得される知識」の下位類型は「⑦類推と思索による理性の演繹」、「⑧経験と習慣による知識」、「⑨聖法の知識」、「⑩直感による知識」の四つとされる。「⑦類推と思索による理性の演繹」とは、世界が生起したものである（無始ではない）ことや、その創造者が無始なる存在であることなど、理性による演繹によって得られる知識を言う。「⑧経験と習慣による知識」とは、医学的知識や職人技などを言う。「⑨聖法の知識」とは、ハラール（ḥalāl：許されたもの）とハラーム

（ḥarām：禁じられたもの）、義務・推奨・忌避など、イスラーム法学の領域に属する知識を言う。「⑩直感による知識」とは、優れた詩の創作など、演繹によっても必然性によっても得られず、特別な才を持つ人間だけに与えられる知識である。なお、バグダーディーはこれ以上の更に細かい分類も行なっているが、ここでは割愛する。

本書に訳出したテクストからもわかるように、スンナ派であれシーア派であれ、神学的に非常に重要な問題——たとえば、創造主の存在証明——が、クルアーンやハディースの文言の引用なく、理性的な立論のみによって展開されることも少なくない。

イスラーム教神学の領域においては、「理性と啓示の対立」というストーリーは一切想定されず、両者は、事物の本質を知るための噛み合わせのよい二つの歯車として認識されている。

コラム④　イスラーム法学

人間の行為の領域において、アッラーが定めた命令や禁止の内容を追求する学問領域をイスラーム法学（fiqh）と言う。

イスラーム法学では、人間の各々の行為の義務性が、次の五つの範疇に分類される。すなわち、⑴義務、⑵推奨、⑶許容、⑷忌避、⑸禁止である。

「義務」とは、それを行なうことが褒賞の対象になり、それを行なわないことが懲罰の対象になる事柄を言う。「推奨」とは、それを行なうことが褒賞の対象になるが、行なわなくとも懲罰の対象にはならない事柄を言う。「許容」とは、行なおうとも行なわずとも、褒賞の対象にも懲罰の対象にもならない事柄を言う。「忌避」とは、それを控えれば褒賞の対象になるが、それを行なったとしても懲罰の対象にはならない事柄を言う。「禁止」とは、それを控えることが褒賞の対象になり、それを行なうことが懲罰の対象になる事柄を言う。

イスラーム法学は、基本的に人間のありとあらゆる行為が議論の対象となり得る。また、そのときの状況に応じて規範性は変化し得るので、単純に「禁止事項は○○と○○」、「忌避事項は○○と○○」と箇条書きにすることはできない。そのため、⑴義務〜⑸禁止の具体例をいたずらに列挙することはここでは控えたい。

実際の法学の議論の中では、議論の対象となる事柄がこの五つのどれかに単純に分類されるのではなく、個々の問題の性質に応じて更に細かい議論がなされる。

たとえば、同じ「推奨」行為であっても、非常に強く行為することが求められる「スンナ」（sunnah）と、スンナ程には強く求められない「好まれる行為」（mustaḥabb）に分けて論じられることもあるし、「スンナ」の中に更に段階が設けられることもある。あるいは、同じ「推奨」事項であっても、それを放棄することが「忌避」事項となる場合もあれば、「最善の選択肢の放棄」（khilāf al-awlā）に過ぎず、「忌避」されるわけではない場合もある。

こうした法学の議論には、一般大衆ではなく「法学者」（fuqahā'）が従事する。法学者は通常、特定の「法学派」（madhhab）の方法論に基づいて、学派内に蓄積された議論にある程度依拠して解釈を行なう。ただし、現代においては、法学派の枠組みを離れた解釈や、複数の法学派をまたぐ解釈を行なう法学者も増えてきている。

⑤イスラーム教徒はイエス・キリストのことを信じているのか

本書の読者には、イエス・キリストやキリスト教に関心のある人も多いだろう。ここで簡単に、イスラーム教におけるイエス観を説明しておきたい。

イスラーム教徒は、ナザレのイエスを無謬の預言者の一人と信じ、深い尊敬の対象としている。なお、イスラーム教ではイエスを「イーサー」と呼ぶ。以下、「イーサー」の表記で統一するが、慣れない場合は「イエス」と読み替えて読み進められたい。

「天使たちが言ったときのこと。『マルヤム（マリア）よ。まことにアッラーはおまえに、彼からの言葉について吉報を伝える。その名はマスィーフ（メシア）・イーサー（イエス）、マルヤムの子。現世と来世における尊者。側近たちの一人である』」（クルアーン第三章第四五節）。

キリスト教と全く同じように、イスラーム教の信条においても、イーサーは天使ジブリール（ガブリエル）による受胎告知の後に母マルヤムが処女のまま父無くして懐胎し、生んだ子供である。未婚のマルヤムはイーサーを生んだことで姦通の疑いをかけられたが、生まれたばかりのイーサーが人々に語りかけ、母の無実を証明した（クルアーン第一九章第一六節から第三四節）。

イーサーは成人となり、泥で鳥のような形を作りそれに息を吹きかけ生きた鳥となしたり、盲人やらい病患者を治癒し、死者を蘇生するなどの奇跡を顕わした（クルアーン第三章第四九節）。また、アッラーはイーサーに啓典『インジール』（福音）を与えた（クルアーン第五七章第二七節）。

このように、イスラーム教のイーサー観はキリスト教のそれと共通の部分が多い。しかし、以下の諸点では大きな違いがある。

イスラーム教においては、「神の子」あるいはその類の存在は一切認められず、世界――すなわち被造物――の中に何らかの神性が宿ることは認められない。イーサーも例外ではない。クルアーンは、イーサーが「神の子」であるとのキリスト教徒の信条を否定し、彼がアーダム（アダム）と同じ被造物たる人間であることを強調する。「まことにイーサーの様《さま》は、アッラーの許ではアーダムの様である。彼は彼を土くれから創り、そして彼がそれに『あれ』と言うと、彼はある」（クルアーン第三章第五九節）。

イーサーが神性を持たない人間であるため、当然、マルヤムが「神の母」などの名で呼ばれることもない（ただし、マルヤムもまた深い尊敬の対象とされてはいる）。

三位一体の教義もクルアーンの中で否定されている（クルアーン第四章第一七一節）[2]。キリスト教では、イーサーは、自分が去った後に神のペルソナの一つである「聖霊」の到来を告げたと信じられているが、イスラーム教では、イーサーが到来を予言したのは他でもなく預言者ムハンマドだとされる（クルアーン第六一章第六節）。

また、イスラーム教ではイーサーが十字架に磔《はりつけ》にされたことが否定され、ユダヤ教徒たちの目には、十字架に架けられた人物がイーサーのように見えただけだとされる（クルアーン第四章第一五七節）[3]。

イーサーは磔刑に処されたわけではないため、当然、磔の三日目（二日後）に復活したこともイスラーム教では信じられていない。イスラーム教徒は、イーサーが生きたまま天に引き上げられ、今現在も天で生きていると信じている（クルアーン第四章第一五八節）。更に、諸々のハディースが伝えるところによれば、天にいるイーサーは、終末の前に地上に再臨し、偽メシアを討つ。[4] イーサーの再臨により、「啓典の民」[5]は全員イスラーム教に帰依し、諸宗派は統一される。

「そして、啓典の民で、彼の死の前に彼（イーサー）を信じない者はいない」（クルアーン第四章第一五九節）。

▼2　また、クルアーン第九章第三〇節から第三一節も参照。

▼3　イーサーが十字架に架けられなかった点には合意が成立しているが、別の誰かが十字架に架けられたのか、架けられたとすれば誰が架けられたのかという点については種々の見解がある。

▼4　クルアーン第三章第四六節や、第四三章第六一節なども、イーサーが再臨することを示す典拠と言われる。

▼5　「啓典の民」（ahl al-kitāb）とは、アッラーから下された何らかの啓典を奉じる宗教集団を言う。非限定的に用いる場合は、ユダヤ教徒とキリスト教徒を指すことが多い。

二、読解のためのキーワード――宗派

現在、イスラーム教の中には、非常に大きく分けて「スンナ派」と「シーア派」という二つの宗派がある。更に、これら二つのいずれの潮流にも分類できない「イバード派」も可視的な数の信徒を抱えている。

本書には、これらの三つの宗派に帰属する学者のテクストを収めた。ただし、スンナ派の内部には複数の神学派があり、シーア派にも複数の分派がある。各テクストは、いずれかの神学派や分派に帰属する人物の著作である。次章以降、各テクストの冒頭部分に必要と思われる紹介文を付したが、その前に、ここで二大宗派であるスンナ派とシーア派の概要を押さえておきたい。なお、イバード派のテクストは第一一章のみであるため、第一一章の解説部分でイバード派の紹介を行なう。

①スンナ派

現在スンナ派は、イスラーム教徒全体の八割から九割を占めると言われる最大宗派である。「スンナ派」は、アラビア語では「スンナと集団の民」(ahl al-sunnah wa al-jamā‘ah) と呼ばれる。「スンナ」は、語義としては「道・方法」(ṭarīqah) を指すが、「スンナと集団の民」という表現においては「預言者ムハンマドの道」を意味する。「集団」で意図されるのは「教友とタービウーン、および各時代の重鎮たちがとった立場」のことだと言われる。[6]

スンナ派のイスラーム教徒にとって、スンナ派とは、預言者ムハンマドやその教友たちと同じ信条を奉じる「救いに与かる一派」(al-firqah al-nājiyah) であり、イスラーム教唯一の正統派の謂いに他ならない。

しかし、注意しなければならないのは、その理念上の自己認識とは裏腹に、スンナ派は単一の教説を奉じる統一された組織・教団ではないという点である。しばしば指摘されるように、イスラーム教は唯一の「正統教義」を決定するようなシステムを持たない。したがって、スンナ派を名乗る学者間にも様々な見解の相違が生まれる。

神学的文脈では、スンナ派の中には大きく分けて三つの潮流が生まれ、現在まで存続してきた。その三つの潮流とは、「アシュアリー学派」、「マートゥリーディー学派」、「ハディースの徒」（≒ハンバリー学派）である。

スンナ派の学者は、スンナ派の内訳を説明するためにしばしばこれらの学派名を用いる。たとえば、本書に訳出したイージー（ʿAḍud al-Dīn al-Ījī：一三五六年没）著『信条 *al-ʿAqāʾid*』には、正統な教説を奉じる「救いに与かる一派」について、「それはアシュアリー学派である」［al-Ījī 2011, 17］と明言されている。マートゥリーディー学派のナウイー・エフェンディー（Nawʿī Afandī：一五九九年没）は、「救いに与かる一派は、アシュアリー学派とマートゥリーディー学派である」［Nawʿī 2009, 26］と書く。ハンバリー学派のバアリー（ʿAbd al-Bāqī b. ʿAbd al-Bāqī b. ʿAbd al-Qādir al-Baʿlī：一六六一年没）は「スンナ派には三つの潮流がある。ハンバリー学派、アシュアリー学派、マートゥリーディー学派である」［al-Baʿlī 2011, 117］と言う。

神学の領域に関して言えば、この三つの潮流がスンナ派の神学的教説を発展させてきたと考えて差し支えない。この三つの潮流間の異同、および、それぞれの潮流の内部に存在する見解の相違を押さえれば、スンナ派神学の大枠を把握したことになる。

何が違うのか

これらの三つの潮流は、それぞれ何が異なるのだろうか。

基本的な特色を説明すれば、まず、アシュアリー学派とマートゥリーディー学派は、神学的な教説の主要な典拠として、クルアーンとスンナの引用と同時に論理的な立論を併用し、比喩的解釈を許容する「思弁神学」の学派である。一方、スンナ派内部における「反・思弁神学」の潮流がハンバリー学派であり、クルアーンとスンナの引用

▼6 「教友」（ṣaḥābah）とは、ムハンマドと同時代を生きたイスラーム教徒を指す。「タービウーン」（tābiʿūn）とは、「教友」の次世代のイスラーム教徒を指す。

を主軸に論を展開し、比喩的解釈を拒否する傾向が強い。

以下、それぞれの学派の概要を紹介するが、学派の詳細に踏み込むのは本書の目的ではない。ここでは、以下の五つの点に焦点を絞り、各潮流の立場を確認したい。

(1)「学祖」：神学派の学祖は誰か。

(2)「理性に基づく思弁的な議論」：つまり、神学的な教説の主要な典拠を、クルアーンやハディースの引用だけではなく、思弁的な説明にも求めるのか否か。

アシュアリー（Abū al-Ḥasan al-Ashʿarī：九三五年頃没）やマートゥリーディーよりも前の時代、つまり、ムウタズィラ派などの分派が発生するよりも前の時代には、スンナ派は、主にクルアーンやハディースの引用のみによって信条を伝えていた。しかし、アシュアリーの時代に、思弁的な解釈によって勢力を伸ばす諸派に対抗するために、それらの諸派と同じように、思弁的な解釈によってスンナ派の教説を擁護する学者が現われた。こうした経緯で、スンナ派思弁神学は生まれた。そのため、スンナ派の正しさを証明するためとはいえ、ムウタズィラ派のような論敵が開発した思弁的解釈を採用することが許されるのか、という点がスンナ派内部でも争点となる。

(3)「比喩的解釈」：クルアーンやハディースの文言をその文言のままに是認して済ませるのではなく、その文言を別の言葉で置換して理解し、可能な解釈の一つとして提示することを「比喩的解釈」（taʾwīl）と言う。たとえば、クルアーンやハディースの文言には「アッラーの手」という表現が出てくる。しかし、スンナ派ではアッラーが形を持つことが否定されるため、アッラーが人間や動物と同じような「手」を持つことは必然的に否定される。

では、どう解釈すればよいのか。大きく分けて二つの道がある。比喩的解釈を行なう道と、比喩的解釈を拒否し、テクストの文言通りに是認する道である。比喩的解釈を採用する場合は、「手」という言葉を「恩寵」や「権能」など、それが比喩的に示す意味に読み替えて説明する。比喩的解釈を拒む場合は、「手」の意味は不明のままにこれを是認し、ともかくもアッラーは「手」を持つのだと信じることで良しとする。

スンナ派の間では、特に、字義通りに採ると擬人神観を帰結しかねない文言に対して、比喩的解釈を行なうべきか、それとも、その文言をそのまま受け入れ、真意をアッラーに委ねるべきなのかという点が争点となる。スンナ派が模範とする「サラフ」（salaf：初期のイスラーム教徒たち）は、後者の立場を採っていた。

(4)「自己認識」：自派をどのように認識するのか。

(5)「法学派」：「アシュアリー学派」、「マートゥリーディー学派」、「ハディースの徒」というのは、神学的な文脈におけるスンナ派の内訳である。では、それらの潮流と、スンナ派内の四つの法学派――ハナフィー学派、シャーフィイー学派、マーリキー学派、ハンバリー学派――との関係はどうなっているのか。

アシュアリー学派

(1)学祖

アシュアリー学派の名祖はアブー・アル＝ハサン・アル＝アシュアリーである。バスラに生まれバグダードで没した。教友のアブー・ムーサー・アル＝アシュアリー（Abū Mūsā al-Ashʻarī：六六二／三年没）の子孫と言われる。アシュアリーは、初期には思弁的解釈を駆使するムウタズィラ派に帰属し、同派を代表する学者であるアブー・アリー・アル＝ジュッバーイー（Abū ʻAlī Muḥammad b. ʻAbd al-Wahhāb al-Jubbāʼī：九一五年没）に師事していたが、後に離反してスンナ派に転向。ムウタズィラ派時代に培った思弁的な議論を駆使し、スンナ派の信条を擁護した。

著作に、神学書の『誤謬と逸脱の民に対する反論の閃光 *al-Lumaʻ fī al-Radd ʻalā Ahl al-Zaygh wa al-Bidaʻ*』、『宗教の諸基礎についての解明 *al-Ibānah ʻan Uṣūl al-Diyānah*』、スンナ派の見解をムウタズィラ派などの見解と項目ごとに比較した『イスラームの徒の諸説と礼拝者たちの見解の相違 *Maqālāt al-Islāmīyīn wa Ikhtilāf al-Muṣallīn*』などがある。

アシュアリーは、アシュアリー学派とマートゥリーディー学派をスンナ派正統神学派と認めるイスラーム教徒によって、マートゥリーディーと並ぶ「スンナ派の二大導師」(imāmā ahl al-sunnah wa al-jamā'ah) とみなされている。

⑵理性に基づく思弁的な議論

アシュアリー学派は思弁的証明を採用する。ただし、ムウタズィラ派のようにクルアーンやスンナの表面的な意味に反する形で思弁的議論を展開するのではなく、あくまでテクストが伝える教説を擁護するために行使される。

⑶比喩的解釈

アシュアリー学派は比喩的解釈を採用する。特に後期には比喩的解釈が積極的に推奨されるようになり、場合によっては義務であると言われる場合もある。アシュアリー学派においても、「サラフ」が比喩的解釈を行なわなかったことは認識されている。ただしその理由は、当時は思弁的な議論を展開して「異端」的な教説を広める諸派が生まれておらず、対抗する必要がなかったためだと理解される。なお、初期のスンナ派の法学者たちには思弁神学を糾弾する者たちも多かった。この点については、初期の法学者たちが糾弾したのはあくまで「異端」的な教説を広める思弁神学者だったのだと理解される。

⑷自己認識

当然のことであるが、アシュアリー学派は、自派がムハンマドと教友の信条と同じものを奉じていると信じる。ただし、自派で展開される個々の神学的問題における論証の方法が、クルアーンやスンナの中にそのまま見出されると考えているわけではない。それらの多くは、アシュアリー以降に編み出されたものである。

しかし、必要――たとえば、異端的教説の拡大――が生じた場合に、思弁的な議論を行なうことで論敵に反駁し、人々にスンナ派の正しさを証明することの根拠は、クルアーンやスンナの中に見出されると考える。更に、仮に「サラフ」の時代にその必要が生じたのであれば、「サラフ」たちも同じように思弁的な証明によって論敵に反論したはずである、と主張される。また、一部の思弁的な論証は、クルアーンやスンナにその基本的な指針が示されているとも言う。こうした考え方については、本書の第七章に収めたアシュアリーの論考に詳しく書かれている。

一言で言えば、アシュアリー学派は、自派の信条の内容自体は預言者や教友と同一であるが、その論証の方法は時代の要請に従って展開・発展された部分もあると認識している。

(5)法学派

アシュアリー学派は、シャーフィイー法学派とマーリク法学派に全面的に受容された。初期にはアシュアリー学派を拒否する者も両法学派内に存在したが、徐々に支持を拡大し、後期には、法学においてシャーフィイー学派かマーリキー学派に帰属すれば、神学的にはアシュアリー学派に帰属するとの一般的認識が確立した。

マートゥリーディー学派

(1)学祖

マートゥリーディー学派の名祖はアブー・マンスール・アル゠マートゥリーディーである。サマルカンドに生まれ、同地で没した。当代を代表するハナフィー法学派の学者であり、同法学派の学祖アブー・ハニーファ（Abū Ḥanīfah al-Nuʻmān b. Thābit：七六七年没）のものとして伝わる神学的教説を継承し、体系的な神学を展開した。神学書『タウヒードの書 *Kitāb al-Tawḥīd*』とクルアーン注釈書『スンナ派の諸解釈 *Taʼwīlāt Ahl al-Sunnah*』などの著作が現存する。

マートゥリーディーは、アシュアリー学派とマートゥリーディー学派をスンナ派正統神学派と認めるイスラーム教徒によって、アシュアリーと並ぶ「スンナ派の二大導師」とみなされる。

(2)理性に基づく思弁的な議論

アシュアリー学派と同様。

(3)比喩的解釈

マートゥリーディー学派は比喩的解釈を採用する。ただし、後期アシュアリー学派のようにそれを積極的に推進するわけではなく、比喩的解釈を提示しなければ一般信徒が誤った信条に傾倒してしまう恐れがある場合に「許容される」との立場を採る。マートゥリーディー学派は比喩的解釈の問題において、それを推奨するアシュアリー学派と、それを忌避する「ハディースの徒」の中間の立場を採ると言うことが可能である。

(4)自己認識

アシュアリー学派と同様。

(5)法学派

マートゥリーディー学派は、ハナフィー法学派の学祖であるアブー・ハニーファの神学的教説を、同法学派の学者であるマートゥリーディーが体系化することでその基礎が形成された。必然的に、マートゥリーディーの教説はハナフィー法学派の中で広まり、同法学派の学者に受容された。

「ハディースの徒」

(1)学祖

「ハディースの徒」は自分たちをアシュアリー学派やマートゥリーディー学派のような独自の神学派とは認識しない。そのため、通常は学祖のような人物には言及がない。

ただし、「ハディースの徒」の内アシュアリー学派とマートゥリーディー学派の正統性を認める学者は、ハンバリー法学派の始祖アフマド・イブン・ハンバルの名を「ハディースの徒」――あるいは「伝承主義」(athariyah)――の「導師」(imām)として挙げることもある。これは、「ハディースの徒」が法学派としてはハンバリー学派と重複するためである。

(2)理性に基づく思弁的な議論

多くの学者は一定程度採用する。ただし、議論の中心はあくまでもクルアーンとスンナの引用である。アシュアリー学派などの教説に対しては、「クルアーンやスンナの文言よりも、理性に基づく(と思弁神学者たちが勘違いしている)議論を優先させ、誤謬に陥っている」と批判することが多い。一部の者は、思弁的な議論を行なうことを忌避するため、神学や論理学などの議論にそもそも与せず、それらに反駁さえしない態度をとる。

(3)比喩的解釈

多数派の学者は採用しない。クルアーンやスンナの文言を別の言葉で置換して理解しようとする態度を批判し、クルアーンやハディースで伝えられるままの表現をともかくも信じ、その意味が不明瞭である場合には詮索を行なわず、その真意をアッラーに委ねるべきとする。

(4)自己認識

「ハディースの徒」は自分たちを、信条の内容のみならず、その論証方法においても、預言者ムハンマドと教友、およびその後の「サラフ」の時代のイスラーム教徒と同じ立場を採っているものと認識する。

⑸法学派

「ハディースの徒」の主体はハンバリー法学派である。

②シーア派

二一世紀現在、イスラーム教徒の内の一割から二割がシーア派だと考えられている。

「シーア派」という宗派名は、「シーア・アリー」（shīʻah ʻAlī）＝「アリーの党派」、「アリーの派閥」という言葉に起源を持つ。この言葉の「党派」の部分だけが残り、宗派の名称として定着した。

その名称の通り、シーア派とは教友のアリー（ʻAlī b. Abī Ṭālib：六六一年没）に集う者たちのことである。より具体的には、アリーを他の教友たちに比べて特に愛する者たち一般、あるいは、アリーのイマーム位（イスマーイール派の場合は「委託者」の地位：第九章で後述）が啓示と指名によって――明白な形であれ暗示的にであれ――定められたこと、そして、イマームが彼の子孫に限定されるべきであることを信じる諸派を言う。

ところでここで、似た文脈で用いられる「カリフ」と「イマーム」という二つの単語の意味を簡単に整理しておきたい。というのも、「イマーム」はシーア派を理解するために不可欠な言葉だからである。

まず「カリフ」（khalīfah）であるが、この言葉は「代理人」という意味を持ち、神学や法学の領域では通常、イスラーム教共同体の正統な統治者を指す。もともと、「アッラーの使徒（ムハンマド）の代理人」との意でアブー・バクル（Abū Bakr al-Ṣiddīq：六三四年没）の時代から用いられている言葉である。

スンナ派は、初代カリフのアブー・バクルから第四代カリフのアリーまでの四名、あるいは、アリーの後に短期間カリフ位に就任したハサン（al-Ḥasan b. ʻAlī b. Abī Ṭālib：六六九年没）を含めた五名を「正統カリフ」（al-khulafāʼ al-rāshidūn）とみなす▼[7]。これは、スンナ派では彼らのことをイスラーム教徒が特に模範とすべき有徳の教友だったと考えるためである。

「イマーム」（imām）という言葉は、「率いる者」、「先導者」の意味を持つ。「カリフ」と同じように、イスラーム教共同体の正統な統治者の意で用いられる他、学者の尊称として、あるいは、集団礼拝を行なう際の先導役の礼拝者を指す言葉としても用いられる（本書では、以降、正統な統治者の意味でのみ用いる）。

スンナ派においては、共同体の正統な統治者を指す場合、「カリフ」の語も「イマーム」の語も同じように用いられる。一方シーア派においては、共同体の正統な統治者を指す言葉としては「カリフ」よりも「イマーム」が圧倒的に多用される。

また、シーア派の信条においては、「イマーム」であることは、彼の統治が法的に正統（合法）であるということ以上のことを意味する。すなわち、同派の信条において、イマームはその時代における最も優れた人間であり、預言者から預言の権能以外の諸々の知識を受け継いだ、罪や間違いから無縁の「無謬」（maʿṣūm）の指導者とされる。▼8 これは、スンナ派におけるイマームが、当代で最も優れた人間である必要も、最も知識ある者である必要もないことと対照的である。

シーア派においてイマームは、預言者を通してもたらされたアッラーからの導きと知識を人々に与える存在とされる。そのため、イマームに従うことは、シーア派の信条・宗教実践の核となる。神学書においても、イマーム論に割かれる頁の割合は非常に大きい。

アリーとは誰か

ところで、シーア派が好むアリーとは一体誰なのだろうか。

アリーは、ムハンマドと同じクライシュ族ハーシム家の出で、ムハンマドの従兄弟に当たる人物である。ムハン

▼7　本邦では「正統カリフ」と訳すのが慣例のため本書でもこの訳語を採用するが、原義としては「（特に模範とすべき）正しく導かれたカリフ」との意である。そのため、「正統カリフ」以外のカリフが「不法なカリフ」、「異端のカリフ」であったという意味ではない。

▼8　ただし、ザイド派においては、アリー、ハサン、フサイン以外のイマームについては「無謬性」が断定されず、イマームを無謬と信じるイマーム派に対して反論がなされる［al-Manṣūr bi Allāh 2001, 147ff., 400ff.; 2002 vol. 1, 441］。

マドが預言者として召命された最初期にイスラーム教に入信し、その後もムハンマドと行動を共にした最も有力な側近の一人であった。

アリーは、ムハンマドの愛娘のファーティマと結婚し、彼女との間にハサン、フサイン（al-Ḥusayn b. ʻAlī：六八〇年没）をもうけた。スンナ派とシーア派の一致した見方によれば、ムハンマドはアリーを厚く信頼し、娘ファーティマ、孫のハサンとフサインを深く愛していた。

ムハンマド逝去後、初代カリフにアブー・バクルが選出された。アブー・バクルの死後には第二代カリフにウマル（ʻUmar b. al-Khaṭṭāb：六四四年没）が、ウマルの死後には第三代カリフにウスマーン（ʻUthmān b. ʻAffān：六五六年没）が就任した。ウスマーンは、彼の縁故主義的政策に不満を持つ者たちによって殺害されてしまう。ウスマーンの死後にカリフに選出されたのがアリーである。

カリフに就任したアリーは、ウスマーンを殺害した者たちの罪を不問に付した。これは、ウスマーン殺害者たちと戦い、彼らを捕らえ、事態を収拾する力をアリーが持っていなかったためであると言われる。ウスマーンの殺害とアリーのカリフ就任、および、アリーがウスマーン暗殺者たちの罪を不問に付したことは、アリーに対する大規模な反乱を勃発させた。「第一次内乱」（al-fitnah al-ūlā）の幕開けである。

第一次内乱の一つの山場である「ラクダの戦い」（六五六年一二月）では、有力な教友のタルハ（Abū Muḥammad Ṭalḥah b. ʻUbayd Allāh：六五六年没）やズバイル（Zubayr b. al-ʻAwwām：六五六年没）らが預言者ムハンマドの妻アーイシャを擁立し、ウスマーンの血の復讐を求めアリーに対して蜂起した。大規模な激戦となり、タルハとズバイルは敗死、アーイシャは生き残ったものの、以降、政治の世界から身を引いて過ごした。

翌年には、ウスマーンと同じウマイヤ家出身でシリア総督のムアーウィヤ（Muʻāwiyah b. Abī Sufyān：六八〇年没）が率いる軍とアリー軍が衝突、「スィッフィーンの戦い」（六五七年六月から七月）が起こる。戦いはアリー軍の優位となったが、ムアーウィヤ軍が停戦を申し出て、アリーがこれを受諾。和睦が成立した。

しかし、アリー軍の中の和睦反対派の一群が、アリー軍から離反してしまう。彼らは更に、その矛先をアリーに対しても向けた。「正義はアリーの側にあったのだから、悪の側にいるムアーウィヤと和睦することは悪である。悪と和議を結んだことで、アリーもまた悪の側に堕ちた」と考えたためである。六六一年、アリーはこの離反者たちの手にかかり殺害される。[9]

なぜアリーに集うのか

シーア派の信条において、アリーは、神意に基づいて預言者ムハンマドが「指名」した彼の正統な後継者である。アリーへの「指名」が行なわれたことを示す最も象徴的な出来事として「ガディール・フンムの出来事」（wāqiʻah Ghadīr Khumm）が挙げられる。

「ガディール・フンムの出来事」とは、大勢の群衆の前で、アリーが後継者であることをムハンマドが宣言したとされる出来事である。これが起こったのは、「別離の説教」（khuṭbah al-wadāʻ）[10]の後に、ガディール・フンム（フンムの水場）という場所にムハンマド一行が立ち寄った際のことである。ムハンマドは、人々の前でアリーの手を摑んで高く掲げ、以下のように宣言したと言う。

私が彼のマウラー（主人）である者にとっては、アリーが彼のマウラーである。アッラーよ、彼の仲間となる者の仲間となり、彼の敵となる者の敵となってください。彼を助ける者を助け、彼を見捨てる者を見捨ててください。彼を愛する者を愛してください。［平野 2017, 59］

▼9　アリーとムアーウィヤの和睦に際してアリー軍を離脱した者たちは、イスラーム教における最初の分派である「ハワーリジュ派」を形成する。ハワーリジュ派については本書第一一章の解説部分で後述する。

▼10　「別離の説教」とは、大巡礼がイスラーム教徒の義務として課せられた後に、西暦六三二年にムハンマドが行なった最初で最後の大巡礼（「別離の大巡礼」）の際に、アラファで行なった説教のことを言う。

更に、この宣言が行なわれたまさにその場所で、クルアーンの「今日、我はおまえたちにおまえたちの宗旨を完成させ、おまえたちに我の恩寵を全うし、おまえたちに対して宗旨としてイスラームを是認した」（クルアーン第五章第三節）が啓示されたと言う。

シーア派においてこの出来事は、神意に基づいて、ムハンマドが明示的に後継者としてアリーを「指名」し、それを人々に教えた出来事と理解される。

また、本書に収めたシーア派のテクストにも書かれているように、預言者の「指名」を受けたアリーは、教友の中で最も優れた人間であったと信じられている。

シーア派の「教友」観

ところで、アリーが初代カリフに就任すべきだったのだとすれば、彼よりも先にカリフに就任したアブー・バクル、ウマル、ウスマーンをシーア派はどのように認識しているのだろうか。

一二イマーム派とイスマーイール派によれば、彼らは背教者であり、イスラーム教徒とはみなされない。その理由は、彼らは現世の権力を欲するあまり、「アリーに従うように」との預言者の命令を無視し、アリーのカリフ位を簒奪したからである。一方、ザイド派の多数派説では、彼らはアリーに先んじるという誤った選択をしたものの、背教者とはされず、教友であると考えられている。またザイド派では、アブー・バクル等の過ちを大罪とも微罪とも断定せず、その裁きをアッラーに一任する態度を採る［al-Manṣūr bi Allāh 2001, 54-55］。

一二イマーム派などがアブー・バクル、ウマル、ウスマーンを嫌うのは、右記の通り彼らがイマーム位の「簒奪者」だからであるが、この三名以外にも、アリーと対立、あるいは交戦した多くの教友が、一二イマーム派などでは背教者とみなされている。

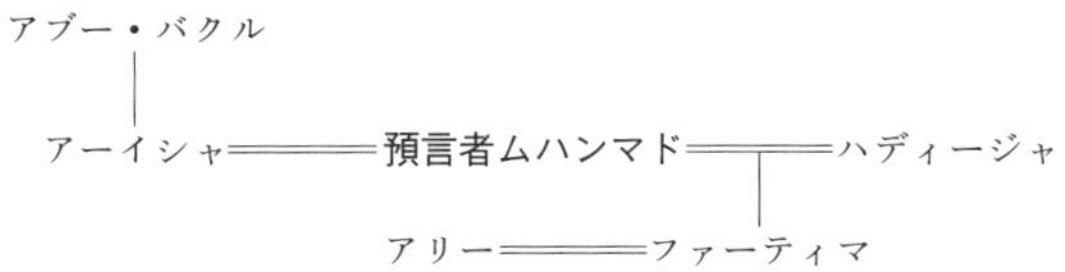

図表3 アブー・バクル&アーイシャ親子とアリー&ファーティマ夫妻の関係

コラム⑤　アリーと「教友」の間の確執・対立

アリーと一部の教友の間には、様々な出来事を背景とする確執、あるいは明確な対立があったと言われる。具体的な事例として、初代カリフのアブー・バクル&アーイシャ親子とアリー&ファーティマ夫妻の確執（図表3参照）と、アリー家と（第三代カリフのウスマーンが属する）ウマイヤ家の対立（図表4参照）を紹介したい。

アブー・バクル&アーイシャ親子とアリー&ファーティマ夫妻の間の確執は、いくつかの出来事が積み重なって生まれた。

第一の出来事は、アーイシャの姦通疑惑である。ある時、ムハンマドとその妻アーイシャを含む集団が戦役から帰還する際に、アーイシャが隊からはぐれてしまうことがあった。すると、そこにたまたま男が通りかかり、アーイシャを見つけ、自分のラクダに乗せて隊に連れて行ってやった。この出来事の後、アーイシャとその男が姦通を犯したのではとの噂が広まった。この噂にムハンマドは心を痛めたが、アリーは彼に、事実を追求して白黒をはっきりつけるべきだ、あなたにふさわしい女はもっと沢山いる、という助言を行なったと言う。この時のアリーの態度をアーイシャは根に持っていたと言われる（なお、スンナ派の説では、クルアーン第二四章第一一節から第一九節などが啓示されたことにより、アーイシャの姦通の疑いは完全に晴れたとされる）。

第二の出来事は、アブー・バクルの初代カリフへの就任が、アリーに相談もなく決められてしまったことである。これには、アリーとファーティマがムハンマドの葬儀の準備で忙しく、他のことに手が回らなかったという事情があった。スンナ派においては、アブー・バクルは共同体の統一を崩さないように努めた結果、事を急いだのだと考えられているが、シーア派によれば、この間にアブー・バクルはアリーに継がれるべきであったカリフ位を簒奪した。

第三の出来事は、ムハンマドの遺産を巡る騒動である。アブー・バクルがカリフ就任を宣言した後に、ムハンマドの娘であるファーティマは、アブー・バクルに自分の相続分の受け取りを求めたことがあった。しかし、アブー・バクルはこれを拒否して、ファーティマにムハンマドの財産を相続させなかった。アリーはアブー・バクルに不信感を持ち、アブー・バクルのカリフ就任後半年程、彼に忠誠の誓いを行なわなかったと言われる。そして、後にアリーがカリフになった際、アーイシャらが彼に反乱を起こしたのは既述の通りである。

アリー家とウマイヤ家の間には、世代をまたぐ対立が存在する。既述の通り、スィッフィーンの戦いではアリーとムアーウィヤが交戦した。この戦いは和睦に終わったものの、アリーが死亡するまで両軍は緊張状態にあった。

アリーの死後、彼の息子ハサンがごく短期の間カリフとして推戴された。ハサンは預言者ムハンマドの孫でもあり、カリフとしての資格は申し分なかった。しかし、ムアーウィヤは武力で彼を威嚇する。再び内乱が起こることを危惧したハサンは、ムアーウィヤにカリフ位を譲渡する決定を下した。一説によれば、カリフ位譲渡に際してムアーウィヤは、自分の治世の後には、カリフの地位を再びアリー家に戻すと約束したと言われる。

しかし、その後彼はカリフ位を自分の息子ヤズィードに世襲させてしまう。すると、これに異を唱えアリー家を支持する者たちが、ハサンの弟であるフサインを擁立するための活動を開始する。フサイン支持の声は高まっていったが、西暦六八〇年一〇月一〇日（ヒジュラ暦六一年ムハッラム月一〇日）、アリー家の支持基盤のあるクーファに向かう途中、カルバラーという町にいたフサインが、ヤズィードの派遣した軍に息子や側近もろとも虐殺される事件が起こる。これは一般に「カルバラーの悲劇」と呼ばれる。

アリーと戦火を交え、その子ハサンからイマーム位を簒奪し、フサインを殺害したウマイヤ家は、シーア派においては親の仇のように憎まれている。カルバラーの悲劇は、アリー家のみの正統性と、ウマイヤ家（あるいはスンナ派）の非正統性を確信するシーア派の成立を決定付けた出来事である。

図表4　アリー家とウマイヤ家の対立

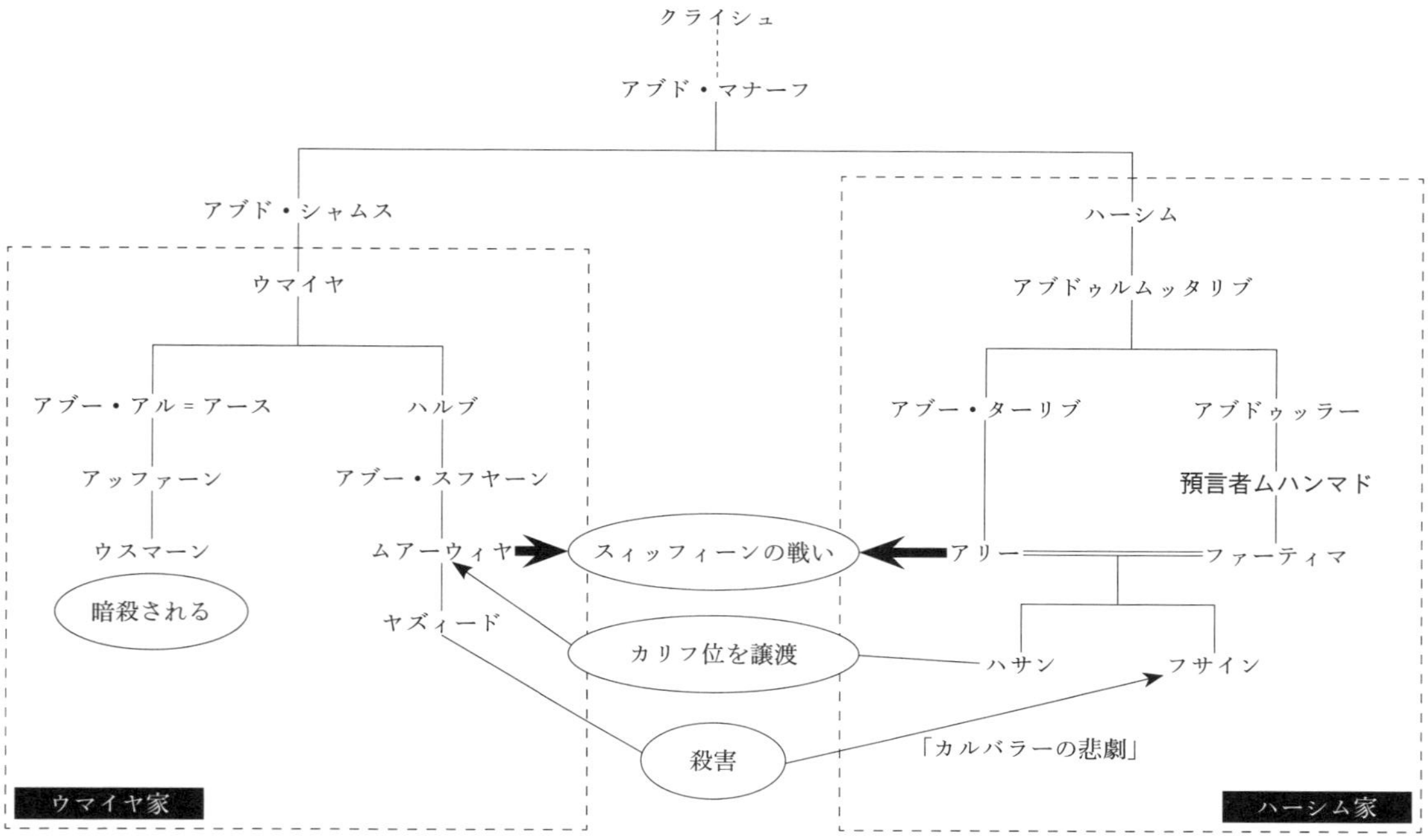

出典：菊地達也編『図説　イスラム教の世界』河出書房新社、2017年、28頁を一部省略、加筆

シーア派の諸分派名

既述のように、シーア派においては、無謬のイマームに付き従うことが正しい導きの上にあることの証となる。そのためシーア派は歴史上、「正しい」イマームの選出を巡って分裂を繰り返し、いくつもの分派を形成した。各々の分派に呼称がある他、一定の傾向を共有する複数の分派の総称も存在する。以下、シーア派関連の議論をする際によく言及される分派名・総称を若干数紹介したい。

ラーフィド派（al-Rāfiḍah）

「ラーフィド派」と「シーア派」の定義と異同についての見解は学者によって異なるため、混乱を招く可能性を持つ言葉である。「シーア派」と同義に用いることも多いが、シーア派をラーフィド派より広義に採る場合も、その逆の見方もある。

たとえば、アリーを他の教友たちに比べて特に愛する者たち一般を「シーア派」と呼び、その中でも、アブー・バクルやウマルよりもアリーが優れていると考える者たちを「ラーフィド派」と呼ぶとの説がある［al-ʿAsqalānī 2001: 493］。

「ラーフィド派」という呼称の由来については諸説存在する。

一説では、アリーの曾孫であるザイド・イブン・アリー（Zayd b. ʿAlī：七四〇年没）の許に一群の者が訪れ、彼にアブー・バクルおよびウマルとの「絶縁」（barāʾah）を求めた[11]。しかし、ザイドはこれを拒んだ。彼らはこれに異議を申し立て、ザイドを「拒否」（rafaḍū）して彼のイマーム位を否定したと言う。ザイドを「拒否」した集団と同じ立場を採る者たちが「ラーフィド派」と呼ばれる。この意味では、ラーフィド派とは単に「ザイドを拒否した者たち」との意である。

▼11　アブー・バクルとウマルはこの時既に死んでいる。「絶縁」とは、不信仰者とみなし、同胞ではないと宣言することである。

しかし、一二イマーム派においては、「ラーフィド」という名称を誉れある尊称として受け入れる言説も存在する。預言者ムハンマドが「昇天」(miʿrāj)の奇跡[12]を得た日、彼は、楽園の中で驚くほど豪華絢爛な宮殿をいくつも目にしたと言われる。その伝承によれば、彼は天使ジブリール(ガブリエル)にそれらの宮殿が誰のためのものか尋ねた。するとジブリールは、それらの宮殿が「あなたの兄弟であり、あなたの後にあなたの共同体を治めるあなたの代理人たるアリーのシーア」のものであると答えた。更にジブリールは、彼らが後の時代に「ラーフィダ」と呼ばれると教え、その理由を「彼らが偽りを拒否し(rafaḍū)、真理に留まるためである」と説明したとされる[al-Ṭabarī 1999, 251]。

ザイド派(al-Zaydīyah)

シーア派の一分派。アリーの曾孫であるザイド・イブン・アリーを第五代イマームとする者たち。ザイド派も、アブー・バクルたちよりもアリーを優れた教友とみなし、預言者に彼がイマームとして「指名」されていたと信じる点では他のシーア派と共通の立場を採る[13]。ただし、「ラーフィド派」に属する諸派とは異なり、アブー・バクル、ウマル、ウスマーンらの教友としての地位を否定せず、たとえ彼らがアリーに先んじるという過ちを犯したとしても、彼らを不信仰者とせず、彼らを大罪人とはみなさない立場を採る(ただし、ザイド派にも分派があり、分派により異説もある)。なぜならザイド派は、アリーと明白に対立して戦争を起こしたムアーウィヤらとは異なり、アブー・バクルらの不信仰や大罪を示す確定的な証拠は存在しないと判断するからである。

イマーム派(al-Imāmīyah)

シーア派のいくつかの分派の総称。アリーやハサン、フサインのみならず、その後の歴代のイマームは、神意に基づいた先代のイマームからの「指名」によって選ばれると信じる諸派を言う。イスマーイール派や一二イマーム派がその代表格である。

イスマーイール派（al-Ismāʻīlīyah）

イスマーイール派は、ジャアファル・アッ＝サーディクの次代のイマームが、彼の息子のイスマーイールに継承されたとする諸派を言う。イスマーイール派の中には分派が多く、一枚岩ではない。本書には、同派の中の「タイイブ派」（al-Ṭayyibīyah）という分派の著作の抄訳を収めた。詳細は、本書第九章で解説する。

一二イマーム派（al-Ithnāʻasharīyah）

シーア派の一分派。一二イマーム派は、ジャアファル・アッ＝サーディクの次代のイマームをムーサー・アル＝カーズィムとし、以降、彼の子孫をイマームとして仰ぐ。同派においては、第一二代イマームのムハンマド〔・アル＝マハディー〕（Muḥammad b. al-Ḥasan al-Mahdī）が生きたまま現象界から姿を消し、終末の前に再臨すると信じられている。これを、「幽隠」（ghaybah）と「再臨」（rujūʻ）の教義と呼ぶ。

一二イマーム派は、現在のシーア派の最大多数派であり、シーア派全体の九割ほどを占めると考えられている。

カイサーン派（al-Kaysānīyah）

シーア派の一分派。アリーの次代のイマーム位、あるいは、アリーからハサン、ハサンからフサインに継承されたその次のイマーム位が、アリーの異母子のムハンマド・イブン・アル＝ハナフィーヤに継承されたと考えた諸派。一部の派は、ムハンマド・イブン・アル＝ハナフィーヤの死を認めず、その「再臨」を信じた。

▼12 「昇天」とは、ムハンマドが一夜にして天馬に乗ってマッカからエルサレムに飛び、そこから天に昇った奇跡を言う。

▼13 なお、ザイド・イブン・アリーはスンナ派の学者にも非常に好まれる人物である。スンナ派の間では、アリーが最も優れた教友であるという見解はザイド自身が唱えたのではなく、彼の追従者が生み出した考えだと言われる［Marjūnī 2009, 387］。

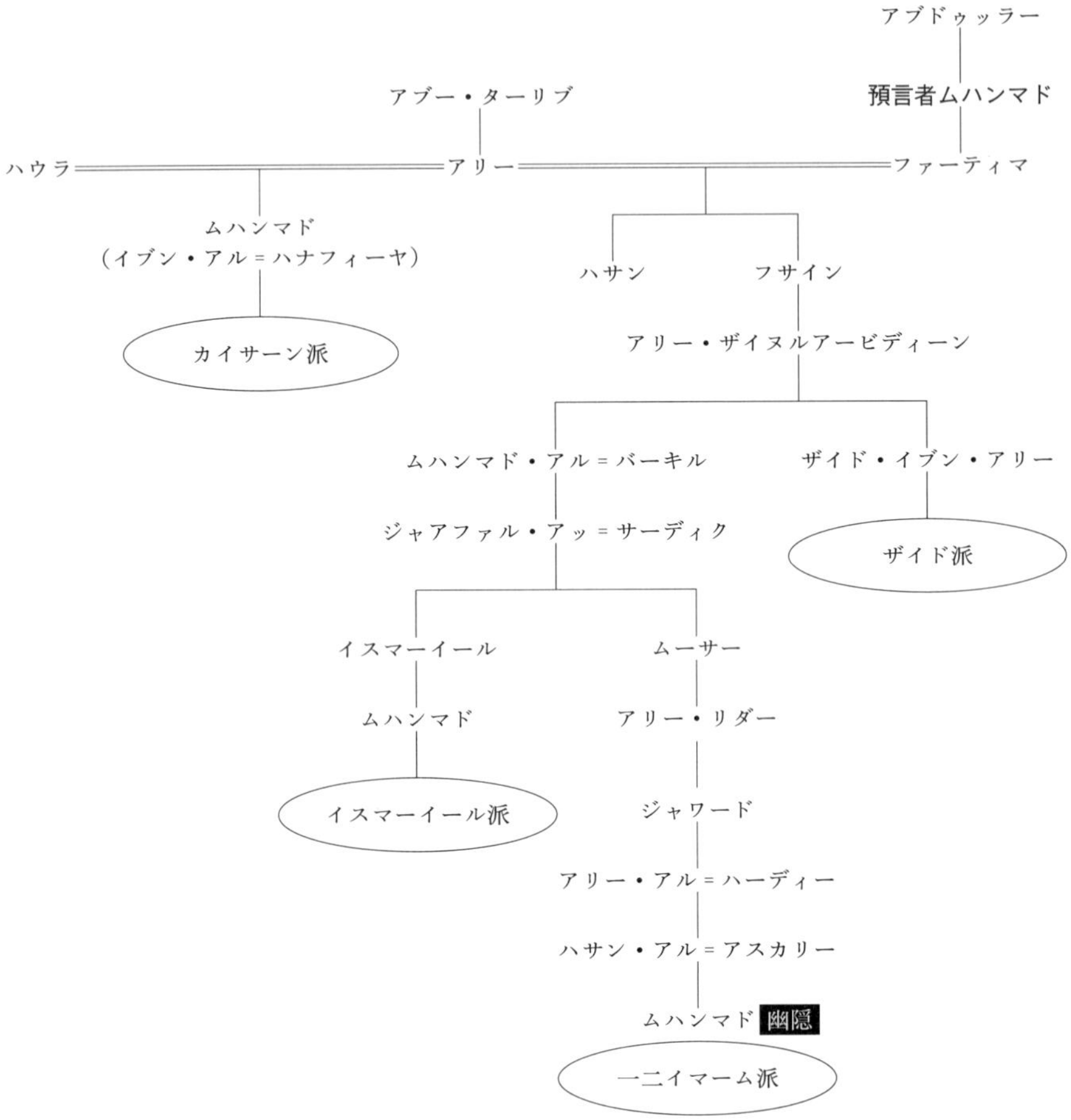

図表5　シーア派諸派のイマームの系譜図

極端派（al-Ghulāt）

シーア派の一群の分派の総称・蔑称。一般的には、イマームに何らかの形で神性が宿るとする諸派を指すことが多い。場合によっては、イマームを神そのものとみなす場合もある。彼ら以外のイスラーム教徒からは、極端派はもはやイスラーム教徒とはみなされないことが多い。

三．読解のためのキーワード――神学の専門用語

次に、イスラーム教神学の専門用語をいくつか紹介する。あまり煩雑になってしまっても良くないので、最低限、本書に訳出したテクストを読む前にあらかじめ知っておいた方が良い言葉の意味を手短に説明するに留める。これ以外の言葉は、本文に登場した際に、前後の文脈、あるいは私が注に付した説明を読めば足りる。

必然／可能／不可能

「必然」とは、必ず存在し、存在しないことがあり得ないことを言う。存在することが「必然」であるものを「必然存在」と呼ぶ。イスラーム教神学において、アッラーは「必然存在」とされる。

「可能」とは、存在することも、存在しないこともあり得ることを言う。存在することが「可能」であるものを「可能存在」と呼ぶ。アッラーではないありとあらゆる存在物は「可能存在」である。また、「可能存在」の中には、存在させられていないものも含まれる。

「不可能」とは、存在することがあり得ず、必ず非存在であることを言う。存在することが「不可能」であるものを「不可能存在」と呼ぶ。たとえば、「アッラーの息子」などの存在は「不可能」である。

無始／有始

「無始」とは、その存在に始まりがないことを言う。したがって、無始なる存在は時間の中に存在するのではない。それ故、無始なる存在は必然的に、永遠に存続する存在である。アッラーは無始なる存在である。

「有始」とは、その存在に始まりがあることを言う。アッラーではない存在は全て有始なる存在である。存在していないものが自分自身を存在させることはできないため、有始なる存在は、必然的にそれとは別のものによって生起させられたもの、すなわち「被生起物」とみなされる。

世界

「世界」という言葉は、アッラー以外の全てのものの総称である。

物体／偶有

「物体」とは、空間を占めるもののことを言う。イスラーム教徒の多数派説では、物体は、最小単位である「単子」が複数連結することによって構成される。▼14

「偶有」とは、物体に付着する性質を指す。たとえば、色や重さ、硬さ、動いている状態や静止している状態などのことを言う。

思弁神学では、偶有が有始であることから物体の有始性が導き出され、「世界」全体の有始性が結論付けられる。そして、「世界」の有始性が、「世界」を創造した無始なる者の存在証明の基礎となる。

属性

アッラーを形容する際に用いられる言葉。たとえば、「知識」、「生」、「権能」などの「概念属性」と名付けられる属性や、「知る者」、「生きる者」、「意図する者」などの「概念に起因する属性」と名付けられる属性などがある。

シーア派では属性をアッラーに宛がうことが否定されるが、スンナ派では「概念属性」と「概念に起因する属性」が共にアッラーに宛がわれる。なお本書では、アッラーの属性として使用される言葉には鍵カッコを付けた。

〈正義〉('adl)

シーア派神学における重要概念。シーア派において「正義」とは、アッラーが悪を行なうことがあり得ないこと、および、アッラーが必然となる行為を行なわないことがあり得ないことを意味する［al-Suyūrī 2012, 25］。もちろん、スンナ派においてもアッラーは正義であり、彼が悪を為さないことは全く同様に認められる。しかし、シーア派では、アッラーが正義であり悪を為さないということの理解の仕方がスンナ派とは異なっている。たとえば、シーア派では、アッラーが正義であるという基本的前提から、「人間の諸々の行為はアッラーの創造によるのではなく、人間自身が創造するものである」という信条が導かれる。これは、人間のあらゆる行為がアッラーの創造の対象だと考えるスンナ派と対立する信条である。

以上のような専門的な意味で「正義」と言う場合、本書においては〈正義〉と表記する。

〈善〉・〈悪〉

本書において〈善〉・〈悪〉と訳した"ḥasan"と"qabīḥ"は、「美」・「醜」と訳すこともできる。ある事物が〈善〉であること（あるいは「美しい」こと）、または〈悪〉であること（あるいは「醜い」こと）は、理性で知ることができるのか、啓示を通してしか知り得ないのかということが問題となる。

悪魔が「悪」であると言う場合や、勧「善」懲「悪」の意味で用いられる単語は、"ḥasan"と"qabīḥ"とは別で

▼14　論者によっては、複数の「単子」から構成されるものを、長さ・でのみ分割できる「線」（khaṭṭ）、長さと幅に分割される「面」（saṭḥ）、長さと幅と深さに分割できる「物体」（jism）に分けることもある［al-Shaykh al-Mufīd 1992/3, 17–18］。

ある。“ḥasan”と“qabīḥ”は、本書においては〈善〉・〈悪〉と表記する。

タクリーフ（taklīf）

義務負荷。アッラーがしもべに義務を課すこと。その者の行為が、来世における審判の対象となること。未成年や、狂気に陥った者などにはタクリーフが課せられない。タクリーフが課せられた者を「責任能力者」（mukallaf）と呼ぶ。

四．参考文献

タバータバーイー、モハンマド＝ホセイン、2007年『シーア派の自画像――歴史・思想・教義』森本一夫訳、慶應義塾大学出版会。

平野貴大、2017年「シーア派とイラン」菊地達也『図説　イスラム教の歴史』河出書房新社、59–79頁。

森伸生・柏原良英、1996年『正統四カリフ伝　下巻　ウスマーンとアリー編』日本サウディアラビア協会。

al-Bābartī, Akmal al-Dīn, 2007, *Sharḥ al-ʻAqīdah al-Ṭaḥāwīyah*, ed. by Ziyād Ḥamdān, Beirut: Mu’assasah al-Kutub al-Thaqāfīyah.

al-Baghdādī, ʻAbd al-Qāhir b. Ṭāhir b. Muḥammad, 1929, *Uṣūl al-Dīn*, editor unknown, Istanbul: Maṭbaʻah al-Dawlah.

al-Baghdādī, ʻAbd al-Qāhir b. Ṭāhir b. Muḥammad, 2005, *al-Farq bayn al-Firaq*, ed. by Muḥammad Muḥyī al-Dīn ʻAbd al-Ḥamīd, Cairo: Dār al-Ṭalā’iʻ.

al-Baʻlī, ʻAbd al-Bāqī b. ʻAbd al-Bāqī b. ʻAbd al-Qādir, 2011, *al-ʻAyn wa al-Athar fī ʻAqā’id Ahl al-Athar*, ed. by Muḥammad Ḥusayn al-Dimyāṭī, Riyad: Dār Ibn al-Qayyim.

Ibn Kamāl Bāshā, Shams al-Dīn Aḥmad b. Sulaymān, 2005, *Risālah fī Tafṣīl al-Firaq al-Islāmīyah*, In: Ibn Kamāl Bāshā, *Khams Rasā'il fī al-Firaq wa al-Madhāhib*, ed. by Sayyid Bāghajawān, Cairo: Dār al-Salām, pp. 125–161.

al-Ījī, ʻAḍud al-Dīn, 2011, *al-ʻAqā'id al-ʻAḍudīyah*, In: Ḥusayn b. Shihāb al-Dīn al-Kīlānī b. Qāwān, *Sharḥ al-ʻAqā'id al-ʻAḍudīyah*, ed. by Nizār Ḥamādī, Beirut: Mu'assasah al-Maʻārif, pp. 17–19.

Marjūnī, Kamāl al-Dīn Nūr al-Dīn, 2009, *Mawqif al-Zaydīyah wa Ahl al-Sunnah min al-ʻAqīdah al-Ismāʻīlīyah wa Falsafati-hā*, Beirut: Dār al-Kutub al-ʻIlmīyah.

al-Manṣūr bi Allā, ʻAbd Allāh b. Ḥamzah, 2001, *al-ʻIqd al-Thamīn fī Aḥkām al-A'immah al-Hādīn*, ed. by ʻAbd al-Salām b. ʻAbbās al-Wajīh, Amman: Mu'assasah al-Imām Zayd b. ʻAlī al-Thaqāfīyah.

al-Manṣūr bi Allā, ʻAbd Allāh b. Ḥamzah, 2002, *al-Risālah al-Nāfiʻah bi al-Adillah al-Wāqiʻah*, In *Majmūʻ Rasā'il al-Imām al-Manṣūr bi Allāh ʻAbd Allāh b. Ḥamzah*, 2 vols., ed. by ʻAbd al-Salām b. ʻAbbās al-Wajīh, Sana'a: Maktabah al-Imām Zayd b. ʻAlī, pp. 391–491.

al-Māturīdī, Abū Manṣūr, 2006, *Kitāb al-Tawḥīd*, ed. by ʻĀṣim Ibrāhīm al-Kayyālī, Beirut: Dār al-Kutub al-ʻIlmīyah.

al-Nawʻī, Yaḥyā b. ʻAlī b. Naṣūḥ, 2009, *Risālah fī al-Farq bayn Madhhab al-Ashāʻirah wa al-Māturīdīyah*, ed. by Edward Badeen, In: Edward Badeen, *Sunnitische Theologie in osmanischer Zeit*, Würzburg: Ergon, Arabic Part, pp. 25–29.

al-Shahrastānī, Abū al-Fatḥ Muḥammad b. ʻAbd al-Karīm, 1992, *al-Milal wa al-Niḥal*, 3 vols., ed. by Aḥmad Fahmī Muḥammad, Beirut: Dār al-Kutub al-ʻIlmīyah.

al-Shaykh al-Mufīd, Abū ʻAbd Allāh, 1992/3, *al-Nukat al-Iʻtiqādīyah*, ed. by Riḍā al-Mukhtārī, Mohr: al-Mu'tamar al-ʻĀlamī li Alfīyah al-Shaykh al-Mufīd.

al-Ṭabarī, Abū Jaʻfar b. Jarīr b. Rustam, 1999, *Dalā'il al-Imāmah*, Beirut: Mu'assasah al-Aʻlamī.

al-Suyūrī, al-Miqdād b. ʻAbd Allāh, 2012, *al-Nāfiʻ Yawm al-Ḥashr*, In: Mahdī Muḥaqqiq (ed.), *al-Bāb al-Ḥādī ʻAshara li al-ʻAllāmah al-Ḥillī*, Mashhad: Astan Quds Publication, pp. 1–59.

第一章

イージー『信条』

一．紹介

著者のアドゥドゥッディーン・アル＝イージーは、アシュアリー学派・シャーフィイー学派の著名な学者である。主著の『神学教程 *Mawāqif fī 'Ilm al-Kalām*』はスンナ派最重要古典の一つであり、今日でも東西で読まれている。

ここに訳出した『信条』は、イージーが帰属するアシュアリー学派の信条の要諦をまとめたものである。この論考を選んだのは次の二つの理由による。

第一は、本論考が詩の形式で書かれていないことである。同学派の有名な神学要諦には、詩の形式で書かれているものが多い。詩は暗記しやすいため、アラビア語で神学を学ぶ者には便利である。しかし、他言語に翻訳する場合は、簡潔な文章ではあっても、逆に意味が不明瞭になったり、言葉足らずになる部分が出てきてしまう。そのため、詩の形式で書かれた要諦は避けた。

第二の理由は、本論考の内容が網羅的であることである。アシュアリー学派の神学要諦は、神論と預言者論に主題が限定される場合がある。しかし本論考は、世界・アッラー・天使・啓典・来世・預言者・信仰・イマーム位・悔悟・勧善懲悪について、要点を網羅する形でまとめられている。

文字数の少ない神学要諦の内、詩で書かれておらず、かつ内容が網羅的なものとしてこのイージー『信条』が最も読みやすいと判断し、翻訳対象とした。

底本

al-Ījī, ʻAḍud al-Dīn, 2011, *al-ʻAqāʼid al-ʻAḍudīyah*, In: Ḥusayn b. Shihāb al-Dīn al-Kīlānī b. Qāwān, *Sharḥ al-ʻAqāʼid al-ʻAḍudīyah*, ed. by Nizār Ḥamādī, Beirut: Muʼassasah al-Maʻārif, pp. 17–19.

底本本文の意味の確定は、以下の注釈によった。

Ḥusayn b. Shihāb al-Dīn al-Kīlānī Ibn Qāwān, 2011, *Sharḥ al-ʻAqāʼid al-ʻAḍudīyah*, ed. by Nizār Ḥamādī, Beirut: Muʼassasah al-Maʻārif.

Jalāl al-Dīn al-Dawānī, 2002, *Sharḥ al-Dawānī li al-ʻAqāʼid al-ʻAḍudīyah*, In: Jamāl al-Dīn al-Ḥusaynī al-Afghānī, *al-Taʻlīqāt ʻalā Sharḥ al-Dawānī li al-ʻAqāʼid al-ʻAḍudīyah*, ed. by Sayid Hādī Khusrū Shāhī, Cairo: Maktabah al-Shurūq al-Duwalīyah.

二、アドゥドゥッディーン・アル＝イージー『信条』翻訳本文

その恵み故に、アッラーに称賛あれ。そして、彼の預言者とその一家に祝福あれ。

預言者——祝福と平安あれ——は言った。「私の共同体は、七三の派に分裂する。一派を除き、その全ては火獄に入る」。「彼ら（火獄を逃れる一派）は誰ですか」と問われると、彼は言った。「私が拠り、私の教友たちが拠るところのものに拠る者たちである」と。

これは、救いに与かるその一派――それはすなわちアシュアリー学派である――の諸信条である。

ハディースに依拠する「サラフ」たち、イスラーム教徒の導師たち、スンナと集団の徒は、次のことに合意している。世界は生起した物であり、存在していなかった後に、アッラーの「権能」によって存在を得た。そしてそれ〔世界〕は、消滅し得るものである。また、アッラーを認識するに至る思索は、聖法の上で義務として課せられるものである。▼1 その認識はそれ〔思索〕によって獲得され、〔それを教える〕教師は一切必要ではない。▼2

また、世界には無始なる者たる造り手が存在する。彼はかねてより常に在り、そして永劫に在り続ける。彼は、その本質故にその存在が必然なる者であり、その本質故にその非存在が不可能なる者である。▼3 彼の他に創造する者はなく、彼は完全性を示す全ての属性によって形容され、欠如を示す全ての特徴から無縁である。それ故に彼は、全ての知識認識対象を「知る者」であり、全ての可能存在に対して「能う者」であり、▼4 全ての存在物について「意図する者」であり、「話す者」であり、「生きる者」であり、「聞く者」であり、「見る者」である。

〔アッラーは〕欠陥を帰結する全てのことから無縁である。彼に似るものはなく、拮抗するものはなく、同質のもの

▼1 信仰が義務として課せられる者には、信仰するために必要な行為である「思索」もまた義務として課せられる。「思索」が義務である根拠は、以下の諸節が示す。「それ故、アッラーの慈悲の諸々の跡をよく眺め考えよ」（クルアーン第三〇章第五〇節）、「言え。諸天と地に何があるかよく眺め考えよ。だが、信仰しない民には諸々の徴も警告者も役立たない」（クルアーン第一〇章第一〇一節）、「まこと、諸天と地の創造と昼と夜の交替のうちには、賢慮を備える者たちへの諸々の徴がある」（クルアーン第三章第一九〇節）。第三章第一九〇節が啓示されたとき、ムハンマドは「左右の顎の間で常々それらについて語りながら、それらについて考えたことがない者に呪いあれ」と言ったと伝えられる。なお、アシュアリー学派においては、「アッラーへの信仰」は啓示の伝達により初めて義務となり、理性を具えていることのみによっては義務とならない。「聖法の上で義務として課せられる」との本文は、このことも示唆する [al-Dawānī 2002, 57–58]。

▼2 創造主の存在を認識するに至る手段は「思索」で十分であり、それを教える他者は不可欠ではない。

▼3 アッラーは本質的・絶対的に、存在することが必定であり、非存在となることはあり得ない。

▼4 知識認識対象とは、知識によって認識されるもの（つまり「知られ得るもの」）を意味する。可能存在とは、存在することも存在しないこともあり得るものを言う。アッラーは、可能存在を存在させることも存在させないこともでき、その選択において他からの束縛を受けない。

はなく、同輩はなく、〔彼を〕補助するものもない。[5] 彼は彼以外のものの中に臨在・定着することはなく、彼の本質に生起物が生じることはなく、彼が彼以外のものに一致することはない。〔アッラーは〕単子ではなく、偶有ではなく、物体ではなく、空間や方向の中にはおらず、彼が「ここ」や「あそこ」と示されることはない。

また彼は、復活の日、向かい合うことも並ぶことも方向もなく、信仰者たちによって見られる。[6]

アッラーが意思したものは存在を得、彼が意思しないものは存在を得ない。[7]〔人間とジンの〕不信仰と背神行為は、彼〔アッラー〕の創造と彼の意図によ〔って存在す〕るが、彼はそれに満悦するのではない。[8]〔アッラーは〕満ち足りる者であり、何物をも必要としない。彼に裁定を下す者はいない。彼に対しては、何物も――〔献神行為へと促す〕神佑も、最善なる事態〔の配慮〕も、苦痛に対する補償も――義務とならない。[9] また、褒賞も懲罰も義務とならない。彼が褒賞を与えるとき、それは彼の恩恵による。彼が懲罰を与えるとき、それは彼の公正さによる。

彼から〈悪〉はもたらされない。[10] 彼が行なうことに、抑圧や不正は帰されない。彼はその意思することを為し、その意図する裁定を定める。彼の行為に目的はない。[11] 彼は創造し、そのしもべに命じたものにおいて、義務故ではなく、恩恵と慈悲によって叡智を配慮した。

彼のほかに裁定者はいない。事物の〈善〉と〈悪〉、およびある行為が褒賞や懲罰の原因になることは、理性によって判断することはできない。つまり、〈善〉とは啓示がそれを〈善〉となしたものであり、〈悪〉とは啓示がそれを〈悪〉となしたものである。行為は、〈善〉または〈悪〉であるという意味での本質的性質を持たない。そのため、もし事態が逆であったならば、事態は逆となっていたことになる。[12]

また彼〔アッラー〕は、部位に分かれるものでも、部分に分かれるものでもない。彼の諸属性は、その本質において一つであり、〔被造物との〕関係付けに応じて終わりを持つようなものではない。[13] つまり、彼の「権能」の対象の中で存在を得た物は、多の中の少であり、それら二つ〔彼の「権能」の対象と、彼の「権能」の対象のうち実際に存在を得たもの〕の間に関係性はない。[14] 彼は、彼の被造物を増やすことも減らすこともできる。

至高なるアッラーは、二つあるいは三つあるいは四つの羽を持つ天使たちを有する。彼らの内にはジブリール（ガブリエル）、ミーカーイール（ミカエル）、イスラーフィール、アズラーイールがいる。彼ら（天使たち）の各々は定められた部署を持つ。彼らは、アッラーが彼らに命じたことにおいてアッラーに背かず、命じられたことを行なう。

クルアーンは、アッラーの創造されざる言葉である。▼15 それはムスハフ▼16の中に書かれるものであり、胸中に記憶されるものであり、舌によって読まれるものである。書かれるものは書くこととは別のものであり、読まれるものは

▼5　天使はアッラーを補助するためではなく、アッラーに仕えるために存在する。

▼6　スンナ派においては、信仰者が楽園の中でアッラーを見る「見神」（ru'yah Allāh）が信じられる。「〔顔は〕その主を見る」（クルアーン第七五章第二三節）。

▼7　つまり、存在するあらゆるものはアッラーの意思により、存在しないあらゆるものもアッラーの意思による。

▼8　この点は、アシュアリー学派の内部にも見解の相違が存在する。学祖アシュアリーの説では、アッラーの「満悦」は〈善〉・〈悪〉全ての事象を包括するとされる。イージーは、学祖とは異なる説を支持している。

▼9　一方、シーア派においては、これらのものはアッラーがその叡智の要求するところに従って必然的に為すものと信じられる。

▼10　アッラーから〈悪〉がもたらされないということは、人間が行為する〈悪〉がアッラーの被造物ではないということを意味しない。スンナ派において、アッラーは全てのものの創造主である。しかし、アッラーは叡智に基づいて被造物を創造しており、彼の行為に〈悪〉は帰されない。

▼11　アッラーは、何かの必要に駆られて被造物を創造するのではない。アッラーは充足した存在であり、被造物を必要としない。この信条は、「アッラーが目的を持って行為を為す」と考えるシーア派と対立する。

▼12　アシュアリー学派において、人間は事物の〈善〉・〈悪〉、美醜を啓示によってのみ判断し得る。啓示が義務／禁止を教えることで、ある行為が義務／禁止であることが初めて理解される。この点は、マートゥリーディー学派と見解を違える。

▼13　アッラーのある種の属性は、被造物とある意味での「関わり」を持つ。たとえば、「知識」という属性には、その複数の対象（知識認識対象）が存在する。しかし、知識の対象が複数である（あるいは、限界があること）ことは、アッラーの属性である「知識」が複数であること（あるいは、限界があること）を帰結しない。アッラーの「知識」は、その対象の複数性にかかわらず（あるいはそれに限界があることにかかわらず）、単一の「知識」であり、それによって全てのことを知る。

▼14　アッラーの「権能」の対象とは、あらゆる可能存在である。その中で存在を得たものは一部である。

▼15　シーア派において、クルアーンは創造されたものである。

▼16　クルアーンが紙の本として書かれたものを、ムスハフ（muṣḥaf）と呼ぶ。

読むこととは別のものである。[17]

彼（アッラー）の諸名は〔啓示によって〕規範的に定められるものである。彼に、預言者の許可が伝えられていない名を宛がうことは許容されない。

よみがえりは真実である。肉体が集められ、その中に魂が戻される。報復と決算も同様〔に真実〕である。「道」は真実である。[18]「秤」は真実である。[19]楽園と火獄の創造もまた〔真実である〕。[20]

楽園の民は楽園の中に、不信仰者は火獄の中に永遠に住まう。大罪を抱えるイスラーム教徒は火獄の中に永遠にいることはなく、最終的には出て楽園へと入る。恩赦は、微罪についても大罪についても、悔悟が伴わずとも起こり得ることである。[21]

執り成しは、慈悲深き者（アッラー）の許可した者が行なう真実である。使徒――祝福と平安あれ――の執り成しは、彼の共同体の内の大罪を持つ者のためにある。彼はその執り成しを受け入れられる者であり、彼の求めるものは拒否されない。[22]墓の懲罰は真実である。[23]ムンカルとナキールの質問は真実である。[24]

アーダム（アダム）に始まり、我らの導師ムハンマド――祝福と平安あれ――に至る、奇跡の伴う使徒たちの派遣は真実である。ムハンマド――祝福と平安あれ――は預言者たちの封緘であり、彼の後に使徒はいない。[25]使徒たちは、大罪からも微罪からも無縁・無謬である。彼らは、高位の天使たちよりも優れている。

リドゥワーンのバイアの民、およびバドルの民は、楽園の住人である。[26]

聖者たちの奇跡は真実である。アッラーはそれを彼のしもべたちの内の望む者に恵み、その意図する者に慈悲を特化する。[27]

アッラーの使徒――祝福と平安あれ――の後のイマームはアブー・バクル――アッラーが彼を嘉し給え――である。彼のイマーム位は合意（イジュマーウ）によって確定した。アッラーの使徒――祝福と平安あれ――は、誰のイマーム位も指名しなかった。[28]次いで「分かつ者」ウマル、次いで「二つの光の持ち主」ウスマーン、次いで「嘉された者」アリーである。[29]この順序の通りに、より優れた者である。「より優れている」ことは、その者が稼いだ善

▼17　つまり、クルアーンを書くことや読むことは人間の行為であり永遠ではないが、書かれる対象、読まれる対象はアッラーの永遠の言葉であるとされる。

▼18　「道」とは、火獄の上に架けられた橋であり、この道を渡り切った者は火獄の懲罰を免れ楽園に入る。火獄に入る定めの者は、「道」を渡り切れず火獄へと落ちていく。

▼19　審判の際に、生前の善行と悪行を量るための「秤」。

▼20　ここの表現が「楽園と火獄もまた」ではなく「楽園と火獄の創造もまた」となっている理由は、楽園と火獄は審判の日に創造されるのではなく、今現在すでに存在し、その民を待っているということを示すためである。

▼21　審判の際、アッラーが望む者の罪が、アッラーが望むだけ赦される。また、信仰者は、一度火獄に入ったとしても、最終的にはそこから出て楽園に入ることができる。

▼22　ムハンマドは審判の日、彼の共同体のために執り成しを行なう。スンナ派では、その執り成しの対象は、大罪を負い火獄に入った信仰者にまで及ぶ。

▼23　信仰者のうち罪を負って死んだ者と不信仰者は、墓の中で懲罰を受ける。

▼24　ムンカルとナキールは、墓の中の死者を訪れ、生前の信仰について問いただす天使である。

▼25　「ムハンマドはおまえたちのうちの男たちの誰の父でもない。しかし、アッラーの使徒であり、預言者たちの封緘である」（クルアーン第三三章第四〇節）。

▼26　「リドゥワーン（満足）のバイアの民」とは、「かつてアッラーは信仰者たちに、彼らがおまえとその木の下で誓約した時に満足した」（クルアーン第四八章第一八節）で言及される「木」の下で、ムハンマドに「忠誠の誓い」（バイア）をした者たちである。ムハンマドは、「アッラーが望まれれば、かの木の下で忠誠の誓いをたてた者たちは誰一人として、火獄へは入らない」（ムスリムの伝えるハディース）と述べたと伝えられる。「バドルの民」とは、バドルの戦いに参戦した三〇〇名ほどのイスラーム教徒を指す。「まことに私は、アッラーが望まれれば、バドルを目撃した者が誰一人として火獄に入らないことを願う」（アハマドの伝えるハディース）。

▼27　通常「聖者」と訳されるのは“walī”という言葉であり、「（アッラーに）近しい者」の意を持つ。「聖者」には様々な定義があるが、たとえば、アッラーを畏怖する心を常時絶やさず、献神行為を常に行なっている者を言う。聖者には多くの場合、超常現象が発現する。

▼28　シーア派は、ムハンマドがアリーを後継者に指名したにもかかわらず、アブー・バクルがイマーム位を簒奪したと信じる。スンナ派の信条では、初代アブー・バクルのイマーム位には、アリーを含む教友全体の合意が成立していた。

▼29　ウマルが「分かつ者」と呼ばれるのは、彼が真実と虚偽の区別を明らかにしたためである。ウスマーンが「二つの光の持ち主」と呼ばれるのは、彼が、ムハンマドの娘であるルカイヤ（Ruqayyah bint Muḥammad：六二四年没）と結婚し、彼女の死後に再びムハンマドの娘であるウンム・クルスーム（Umm Kulthūm bint Muḥammad：六三〇年没）と結婚したためである。別の説では、彼は毎日夜間に任意の礼拝に立ち、クルアーンを長時間読誦していた。そのため、夜間礼拝を一つの光、クルアーンを一つの光と数え、「二つの光の持ち主」と呼ばれたとも言われる［al-Ṣallābī 2002, 14］。アリーが「嘉された者」と呼ばれる理由には諸説あるが、彼が常日頃からアッラーとムハンマドの嘉すところに従ったためとも、ジブリール（ガブリエル）がムハンマドに、「ムハンマドよ、至高なるアッラーはアリーをファーティマのために嘉し、ファーティマをアリーのために嘉した」と言ったからとも言われる［al-Māzandarānī 1991 vol. 3, 132–133］。

によって得られるアッラーの許での褒賞がより多いことを意味するのであり、彼がより多くの知識を持つとか、彼の血統がより高貴であることなどを意味するのではない。

不信仰とは、信仰が無いことを意味する。そしてそれ（信仰）は、預言者――祝福と平安あれ――の到来によって必然的に知られるところのものを、真実として是認することである。[30] そして我々は、キブラの民の内の誰をも、「知る者」であり「選ぶ者」であり「能う者」である造物主の否定を伴う事、あるいは多神崇拝、あるいは預言者性の否定、あるいはムハンマド――祝福と平安あれ――の到来によって必然的に知られるところのものの否定、そして、五行のような完全な合意が成立していることの否定、そして禁じられていることを合法とみなすことによって以外は、不信仰者とみなさない。[31] こうしたこと以外の（逸脱した）見解を持つ者は、逸脱者であり、不信仰者ではない。[32] それ（不信仰に至らない程度の逸脱）には、擬人神観も含まれる。[33]

悔悟は義務であり、それは、アッラーからの神佑として受け入れられる。

「善を命じること」（の義務性）は、命じられる対象に従属する。つまり、命じられる対象が義務であれば（それを命じることは）義務であり、それが推奨事項であれば（それを命じることは）推奨事項である。その（善を命じることの）条件は、それがフィトナ（イスラーム教徒同士の争い）を導かないこと、および、それが受け入れられる公算があることである。[34] 密偵は許容されない。[35]

アッラーがあなたをこの正しい諸信条の上に堅固とし給うように。そして彼（アッラー）の愛《め》で、嘉す行為をあなたに恵み給うように。始まりにも終わりにも、アッラーに称賛あれ。そしてその預言者の上に、内においても外においても平安あれ。

三．参考文献

al-Dawānī, Jalāl al-Dīn, 2002, *Sharḥ al-Dawānī li al-ʻAqāʼid al-ʻAḍudīyah*, In: Jamāl al-Dīn al-Ḥusaynī al-Afghānī, *al-Taʻlīqāt ʻalā Sharḥ al-Dawānī li al-ʻAqāʼid al-ʻAḍudīyah*, ed. by Sayyid Hādī Khusrū Shāhī, Cairo: Maktabah al-Shurūq al-Duwalīyah.

al-Māzandarānī, Abū Jaʻfar Shahr Ashūb al-Sarwī, 1991, *Manāqib Āl Abī Ṭālib*, 4 vols., Beirut: Dār al-Aḍwāʼ.

al-Ṣallābbī, ʻAlī Muḥammad Muḥammad, 2002, *Taysīr al-Karīm al-Mannān fī Sīrah ʻUthmān b. ʻAffān*, Cairo: Dār al-Tawzīʻ wa al-Nashr al-Islāmīyah.

▼30　信仰の構成要素が「心による真実であるとの是認」のみであるのか、「心による真実であるとの是認」と「舌による告白」の二つであるのかについて、アシュアリー学派とマートゥリーディー学派の学者間に見解の相違がある。イージーは前者を採っている。

▼31　「キブラ」（qiblah）とは、イスラーム教徒が礼拝を行なう方向、すなわち、カアバ聖殿がある方向のことである。「キブラの民」とは、そこに向かって礼拝をする者、すなわち、イスラーム教徒であるとの自己認識を持つ者一般を指す。「五行」（あるいは「五柱」）とは、信仰告白、礼拝、喜捨、斎戒、巡礼を指す。

▼32　「逸脱者」（mubtadiʻ）と「不信仰者」（kāfir）は区別される。正しい信条から外れた「逸脱者」であっても、「不信仰者」であるとは限らない。

▼33　イスラーム教徒の内の擬人神観論者もまた、これらの不信仰となる条件に当てはまるわけではないため同胞とみなされる。

▼34　勧善懲悪はイスラーム教において定められた義務であるが、それが義務となる条件がここで説明されている。

▼35　つまり、勧善懲悪を目的としたものであっても、他者の行為を秘密裏に偵察したり詮索したりすることは許容されない。

第二章

サヌースィー『証明の母』

一．紹介

本論考『証明の母 *Umm al-Barāhīn*』は、アシュアリー学派の著名な学者であるサヌースィー（Abū ʻAbd Allāh Muḥammad b. Yūsuf al-Sanūsī：一四二九年頃没）の著作群の内、最もよく読まれている神学要諦の一つである。

本要諦は、サヌースィーが著した、内容・形式の重複する相互に関連性を持つ神学書群の一つに位置付けられる。サヌースィーは、対象読者のレベルや用途などに応じて文字数・内容を調節した神学要諦をいくつか残している（次頁の図表6参照）。

最も詳細な神学要諦が『大信条 *al-ʻAqīdah al-Kubrā*』である。次いで『中信条 *al-ʻAqīdah al-Wusṭā*』、『小信条 *al-ʻAqīdah al-Ṣughrā*』、『小小信条 *ʻAqīdah Ṣughrā al-Ṣughrā*』、『小小小信条 *ʻAqīdah Ṣughrā Ṣughrā al-Ṣughrā*』の順に簡潔な内容になっていく。

最後の『小小小信条』以外には、それぞれに対応する注釈書がある。また、『小信条』には補稿『諸前提 *al-Muqaddimāt*』が書かれ、この『諸前提』に対する注釈も存在する。

この中の『小信条』が、ここに訳出した『証明の母』のことである（二つの書名は、同一の一冊の要諦を指示する）。

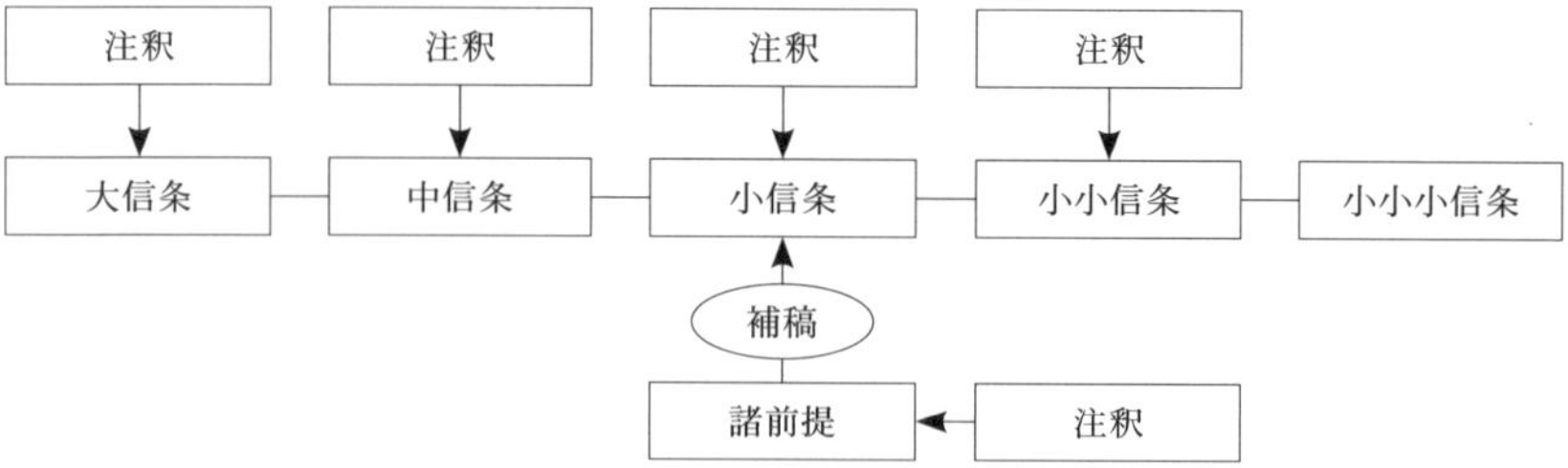

図表6　サヌースィーの神学要諦群

本論考の冒頭では、あらゆる事物が、論理上、「必然」、「可能」、「不可能」の三つの範疇に分類されるというイスラーム神学の前提事項が確認される。そのうえで、創造主にとって「必然となること」、「不可能となること」、「可能となること」をそれぞれ明示しながら、アッラーがどのような存在であるかを説明する。後半では、預言者にとって「必然となること」、「不可能となること」、「可能となること」を明示し、預言者が伝えた全ての教説が、アッラーからの真実の教えであることが説明される。

直接的に扱う内容は神論と預言者論に限定されているが、この要諦は、初学者にも理解できる簡潔な言葉で、「アッラーの他に神はない」、「ムハンマドはアッラーの使徒である」との二つの命題の中に、イスラーム教徒が奉じるべき信条の全体が包括されることを過不足なく示したものとして、彼以降のアシュアリー学派の学者たちに高く評価され、現在まで読み継がれている。

底本

al-Sanūsī, Abū ʻAbd Allāh Muḥammad b. Yūsuf, 2013, *Umm al-Barāhīn*, In: al-Sanūsī, *Rasāʼil al-Imām Abī ʻAbd Allāh Muḥammad b. Yūsuf*, ed. by ʻAbd al-Karīm Qabūl, Beirut: al-Maktabah al-ʻAṣrīyah, pp. 91–100.

底本本文の意味の確定は、以下の注釈によった。

Abū ʻAbd Allāh Muḥammad b. Yūsuf al-Sanūsī, 1932/1933, *Sharḥ Umm al-Barāhīn*, n.p: Maṭbaʻah al-Istiqāmah.

Sa'īd 'Abd al-Laṭīf Fawdah, 2004, *Tahdhīb Sharḥ al-Sanūsīyah Umm al-Barāhīn*, Amman: Dār al-Rāzī.
'Abd al-Ghanī al-Nabulsī, 2013, *al-Anwār al-Ilāhīyah fī al-Muqaddimah al-Sanūsīyah*, ed. by Bashīr Burmān, Beirut: Dār al-Kutub al-'Ilmīyah.

二、サヌースィー『証明の母』翻訳本文

アッラーに称賛あれ。そして我々の導師たるアッラーの使徒に祝福と平安あれ。
知りなさい。理性における（論理上の）判断の範疇は、必然、不可能、可能の三種に分かれる。[1]
必然とは、理性において、その非存在を想定できないものを言う。[2]
不可能とは、理性において、その存在を想定できないものを言う。[3]
可能とは、理性において、その存在もその非存在もあり得るものを言う。
タクリーフの課せられたあらゆる者には、我々の偉大なる庇護者（アッラー）について「必然となるもの」、「不可能となるもの」、「可能となるもの」を知ることが、啓示によって〔啓示の伝達を受けて初めて〕義務付けられる。そして同じように、彼には同様のことを、使徒たち――祝福と平安あれ――についても知ることが義務となる。

▼1　事物を認識し、その地位を判断・分類する枠組みには、⑴理性における判断、⑵聖法における判断、⑶経験における判断の三種がある。⑴理性における判断とは、経験の繰り返しにも、事物を用いた実験にもよらず、論理上導かれる事物の判定のことである。⑵聖法における判断とは、クルアーンとスンナを根拠として、ある行為が義務であるとか、許容であるといったことが判断されることを言う。⑶経験における判断とは、経験の繰り返しや実験によって得られる日常的な事物の判断を言う。

▼2　つまり、常に存在し、存在しないことがあり得ないということである。

▼3　「必然」の反対で、常に非存在であり、存在することがあり得ないということである。

我々の偉大なる庇護者（アッラー）について「必然となるもの」の中には、以下の二〇の諸属性が含まれる。

「存在」。

「無始性」。

「存続」。

「生起物との至高なる彼の相違」。

「至高なる彼が自存すること」。すなわち、彼が場所も特定因も必要としないことである。[4]

「唯一性」。すなわち、彼の本質においても、彼の諸属性においても、彼の諸行為においても、彼に第二の者がいないことである。

以上で六つの属性となる。最初のものが「自体的属性」、すなわち「存在」であり、残りの五つが「否定的属性」である。[5]

更に、至高なる彼には「概念属性」と名付けられる以下の七つの属性が必然である。

あらゆる可能存在を対象とする「権能」と「意図」[6]。

あらゆる必然存在、可能存在、不可能存在を対象とする「知識」[7]。

何物にも関連しない「生」。

あらゆる存在物を対象とする、「聞」と「見」。

「言葉」。それは文字でも音声でもなく、「知識」の対象となるものを対象とする。

更に、至高なる彼には「概念に起因する属性」と名付けられる七つの属性が必然である。それらは、既述の七つ「の概念属性」に付帯するものである。すなわち、至高なる彼が、「能う者」であり「意図する者」であり「知る者」

であり「生きる者」であり「聞く者」であり「見る者」であり「話す者」であることである。▼8

そして、偉大なる彼に関して不可能となるものの中には、以下の二〇の諸属性が含まれる。それらは、既述の二〇〔の諸属性〕の反対となるものである。

「非存在」。

「生起」。

「非存在〔の状態〕が生じること」。

「生起物との同質性」。たとえば、彼が物質となる、すなわち、いと高き彼の本質が空間に量を持つこと、あるいは物質の上に存立する偶有となること、あるいは物質に対して或る方向にいること、あるいは彼自身が方向を持つこと、あるいは空間や時間に拘束されること、あるいはいと高き彼の本質が生起物によって形容されること、ある

▼4　スンナ派において、アッラーは場所を持たない。場所は被造物だからである。「特定因」とは、或るものの存在の仕方を規定する、そのものの外部に存在する要因を言う。アッラーは自存するため、他の干渉を受けず、他を必要ともしない。

▼5　「無始性」、「存続」、「生起物との相違」、「自存」、「唯一性」が「否定的属性」と呼ばれるのは、これらの属性が何らかの事態を否定する属性だからである。すなわち、「無始性」は非存在の状態が存在の状態に先行することの否定、「存続」は非存在が存在の状態の上に発生することの否定、「生起物との相違」は生起物と一致することの否定、「自存」は場所や特定因を必要とすることの否定、「唯一性」は複数性の否定を意味する。

▼6　「可能存在を対象とする」とはすなわち、この「権能」と「意図」の属性は、可能存在に関わる属性であり、必然存在（アッラーとその諸属性）と不可能存在（たとえば、アッラーの息子）には関わらないことを意味する。たとえば、「権能」とは、「対象を存在させることも存在させないことも可能な力」のことを意味するが、アッラーという必然存在や、「アッラーの息子」という不可能存在にこの属性が関係することはあり得ないことである。

▼7　「知識」は、あらゆる可能存在、必然存在（つまり、アッラー自身）、不可能存在の全てを対象とする。

▼8　「概念に起因する属性」とは、「概念属性」を有することに起因して認められる属性である。つまり、アッラーは「知識によって知る者」であり、「生によって生きる者」である、と言われる。シーア派では「概念属性」が否定されるため、アッラーは「知識によらず知る者」であり、「生によらず生きる者」であると言われる。

いは彼が大小などで形容されること、あるいは彼がその行為や判断において、目的によって形容されることなどである。[9]

同様に、至高なる彼には、自存しないことが不可能である。すなわち、彼が場所に存立する性質となること、あるいは特定因を必要とすることなど〔は不可能である〕。

同様に、至高なる彼には、「一なる者」ではないことが不可能である。すなわち、彼がその本質において複合体であること、[10] あるいは彼にその本質において、またはその諸属性において同類の存在がいること、あるいは〔彼が為す〕何らかの行為において、影響因となるものが彼と共に存在することなど〔は不可能である〕。

同様に、至高なる彼には、何らかの可能存在について不能であること（権能を持たないこと）や、世界の内の何らかの物が存在することを彼（アッラー）が嫌うにも関わらず——たとえば、至高なる彼に意図が伴わない状態で、あるいは忘却や不覚によって、あるいは何かの事由に応じることによって、あるいは自然摂理によって——、それを生起させること（生起させざるを得ない状態に陥ること）などは不可能である。

同様に、至高なる彼には、何らかの知識認識対象について無知であること、あるいは〔疑念などの〕それ（無知であること）に準じる事態が不可能である。また、死、そして聾、そして盲、そして唖が不可能である。そして、「概念に起因する属性」の反対のもの〔が不可能であること〕は、これらのことから明らかである。

そして、至高なる彼にとって可能となることは、全ての可能存在の各々について、行為すること、あるいは行為しないことである。[11]

至高なる彼の存在を証明するものは、世界の生起性である。なぜなら、もしそれに生起させる者がいたのでなければ、それは自分自身で生起したことになり、互いに他に対して全く等しい二つの事態（すなわち、存在と非存在）の内の一方（すなわち、存在）が、いかなる原因もなく優位となったことになるが、それは不可能な事態だからである。[12]

世界の生起性の根拠は、それが、生起物たる諸々の偶有——運動や静止その他——と不可分であることである。生起物と不可分なるものは、生起物である。[13]

偶有の生起性の根拠は、それが、非存在から存在へ、存在から非存在へと変化することの目撃である。

至高なる彼に「無始性」が帰されることが必然であることの証明は次の通りである。仮に至高なる彼が無始なる者でないならば、彼は、〔彼とは別の〕生起させる者を必要とする生起物ということになり、循環、あるいは無限後退を帰結するからである。[14]

至高なる彼に「存続」が帰されることが必然であることの証明は次の通りである。仮に彼に非存在が伴うことが可能であるならば、彼から「無始性」が消滅することになる。なぜなら、彼は必然存在でなく、可能存在ということになるからである。可能存在は、生起物でしかあり得ない。いかにしてそのようなことがあろうか。至高なる彼の「無始性」が必然であることは、先述の通りである。

▼9　スンナ派において、「目的」を持つということは、何らかの必要性に迫られている状態を意味する。したがって、アッラーはその行為において「目的」を持たない。

▼10　複合体とは、個別に存在し得る物（具体的には、物体の最小単位である単子）が複数結合して成立する物体を指す。

▼11　可能存在を存在させることも、存在させないこともアッラーの自由である。存在させることと存在させないことのどちらかがアッラーに強いられることも、不可能となることもない。

▼12　世界の創造主の存在は、世界が何者かによって生起させられた生起物であることから導かれる。

▼13　世界が生起物であることは、世界のあらゆる部位が、何らかの偶有を具えていることから判断される。なぜなら、有始なものである偶有を必ず具えている物は、それ自体が有始でなければならないからである。

▼14　世界を創造した無始なる者を否定する場合、事態は二つの仮定に限定される。一つは、世界のことは世界とは別の或る者が創造したが、その或る者のことは世界が創造したとする仮定。これは循環である。もう一つは、世界を創った甲が有始であり、その甲を創った別のもの乙もまた有始であり、更に乙を創ったものも有始であり、無限に有始なるものに遡及する無限後退である。循環も無限後退もあり得ない事態であり、世界を創造した無始なる者の存在を否定することが誤りであることが分かる。

至高なる彼が「生起物と相違すること」が必然であることの証明は次の通りである。仮に彼が生起物の内の何かと同類であるならば、彼はそれと同じく生起物であることになるが、それは、これまであなたが知った至高なる彼の「無始性」と「存続」を根拠に、不可能な事態である。

至高なる彼が「自存」することが必然であることの証明は次の通りである。仮に至高なる彼が何らかの場所を必要とすれば、〔アッラーがその場所の〕属性となってしまう。しかしこの属性は、「概念属性」によっても「概念に起因する属性」によっても説明できない。我々の偉大なる庇護者は、それら二つ〔「概念属性」と「概念に起因する属性」〕によって形容されることが必然であり、したがって彼は属性ではない。また、仮に彼が特定因を必要とするのであれば、彼が生起物であることになる。いかにしてそのようなことがあろうか。至高なる彼の「無始性」と「存続」が必然であることの証明はすでになされている。

至高なる彼に「唯一性」が帰されることの証明は、仮に彼が一なる者でないならば、彼の無能が結論付けられるため、世界の内の何ものも存在しないことになることである。

至高なる彼に「権能」と「意図」と「知識」と「生」の属性が帰されることが必然であることの証明は、仮にそれらの内のいずれかが欠落すれば、生起物の内の何ものも存在しなくなることである。

至高なる彼に「聞」と「見」と「言葉」が帰されることが必然であることの証明は、クルアーンとスンナと合意〔イジュマーウ〕によって行なわれる。加えて、仮に彼がそれらによって形容されないとすれば、それと反対のものによって形容されることになるからである。それらは欠陥であり、至高なる彼に欠陥が帰されることは不可能な事態である。

至高なる彼にとって、全ての可能存在〔の各々〕について行為すること、あるいは行為しないことが可能であることの証明は以下の通りである。至高なる彼にそれらの内の何かが理性において〔論理上〕必然として課せられる場合、あるいは彼にそれが理性において〔論理上〕不可能となる場合、可能存在が必然存在か不可能存在に転じてしまうことになる。それは、理性においてあり得ない事態である。

使徒たち――祝福と平安あれ――について言えば、彼らに必然となるのは、「正直」〔真実を述べること〕、「信頼」、被造物への伝達を命じられたことの「伝達」である。

彼ら――祝福と平安あれ――に不可能となるのは、これらの性質と反対のもの――「虚偽」、そして、禁止事項として、または忌避事項として彼らに禁じられたことの内の何かを行なうことによる「裏切り」、そして、被造物への伝達を命じられたことの内の何かを「隠蔽」すること――である。

彼ら――祝福と平安あれ――に可能となるのは、病気その他の、彼らの地位に欠陥をもたらさない類の人間的偶有である。

彼ら――祝福と平安あれ――に「正直」が必然であることの証明は以下の通りである。仮に彼らが真実を述べていなかった〔正直でなかった〕とすれば、〔その事実は〕至高なる彼（アッラー）の知らせに対して虚偽を帰着させることになる。なぜなら至高なる彼は、「我がしもべは、我に関して伝達した全てのことにおいて真実を述べた」との〔意味内容を含む〕至高なる彼の言葉に相当する奇跡を下し、彼ら（預言者）の真実性を証明したからである。

彼ら――祝福と平安あれ――に「信頼」が必然であることの証明は以下の通りである。仮に彼らが禁止事項や忌避事項を行なうことによって裏切ったとすれば、その禁止事項や忌避事項が彼ら――祝福と平安あれ――にとっての献神行為となってしまう。なぜなら至高なるアッラーは我々に、言葉と行為において彼らを模範とするよう命じたからである。至高なるアッラーは、禁止事項や忌避事項を行為するよう命じることはない。

このことはそれ自体が、第三のもの（伝達）が必然であることの証明となる。

彼らに人間的偶有が可能となることの根拠は、彼らの上にそれが発生したことの目撃である。〔それらが彼らの上に発生したのは〕彼らの褒賞を増すためか、あるいは〔彼らの人間的偶有を通して〕聖法の〔意味を明らかにする〕ために課したか、あるいは〔彼らの共同体に〕現世に背を向けさせるため[15]か、あるいは至高なるアッラーの許でそれ（現世）がわずかな価値しか持たないこと、そして、その（現世の）中での彼の預言者たち――祝福と平安あれ――や彼の聖者たちの状態を考慮したとき、それ（現世）を彼らのための褒賞の場とすることに彼（アッラー）が満足しないことに、〔彼らの共同体に対して〕注意を促すためである。[16]

「アッラーの他に神はない。ムハンマドはアッラーの使徒である」との言葉は、これらの諸信条の意味内容を〔全て〕包括する。[17]

なぜなら、神であるということは「その神なる存在が、彼以外のものを何も必要としておらず、彼以外の全てのものが彼を必要とすること」を意味し、したがって、「アッラーの他に神はない」〔との言葉〕は、「自分以外のものを何も必要とせず、〔反対に〕彼以外の全てのものが彼を必要とするような存在は、至高なるアッラー以外にはいない」ということを意味するからである。

偉大なる彼（アッラー）が彼以外のものを何も必要としないことは、至高なる彼に対して、「存在」、「無始」、「存続」、「生起物との相違」、「自存」、「欠陥からの無縁」を必然となす。

これには、至高なる彼に「聞」、「見」、「言葉」が帰されることが必然であることも含まれる。なぜなら、仮に彼にこれらの属性が必然でないとすれば、彼は〔彼を〕生起させる者、あるいは場所、あるいは彼から欠陥を排除する〔彼自身とは別の〕存在を必要とするからである。

またここから、至高なる彼が、その行為と判断において目的を持つことから無縁であることが帰結される。さもなければ、至高なる彼が、その目的を達成させるものを必要とすることになってしまうからである。いかにしてそのようなことがあろうか。偉大なる彼は、彼以外のものを何も必要としない者である。

また同様にここから、以下のことも帰結される。可能存在に含まれる何かを行為すること、あるいは何かを行為しないことが至高なる彼に必然として課せられることはない。なぜなら、仮に、それ（可能存在）に含まれる何か——たとえば〔信仰者のための〕褒賞——が、理性において（論理上）、至高なる彼に〔必然的に〕課せられるとすれば、偉大なる彼が、そのことを、それによって完全性を得るために必要とするということになるからである。至高なる彼にとっては、彼の完全性を意味するもの以外、何も必然ではない。いかにしてそのようなことがあろうか。偉大なる彼は、彼以外のものを何も必要としない者である。

彼以外の全てのものが偉大なる彼を必要とするという事実は、至高なる彼に「生」、非限定的な「権能」と「意図」と「知識」が帰されることが必然であることを示す。なぜなら、仮にそれらの内の何かが欠落すれば、生起物のうち何ものをも存在させることができないことになり、何ものも彼を必要としないことになるからである。いかにしてそのようなことがあろうか。彼は、彼以外の全てのものが彼を必要とする存在である。

また、至高なる彼には「唯一性」も必然となる。なぜなら、仮に神性において彼と共に第二の者がいるとすれば、両者の無能が帰結されるため、何物も彼を必要としないことになるからである。いかにしてそのようなことがあろうか。彼は、彼以外の全てのものが彼を必要とする存在である。

またここから、世界の全てが生起したものであることも帰結される。なぜなら、仮にその中の何かが無始であったとすれば、その何かは満ち足りており、至高なる彼を必要としないことになるからである。いかにしてそのようなことがあろうか。彼は、彼以外の全てのものが彼を必要とすることが必然である存在である。

またここから、存在する全てのものは、いかなることに関しても影響・痕跡をもたらす力を持たないことも帰結される。さもなければ、その影響・痕跡は、我々の偉大なる庇護者無しに存在を得たことになるからである。いかにしてそのようなことがあろうか。彼は、いかなる場合であろうとも、彼以外の全てのものが非限定的に（全面的

▼15 「聖法の〔意味を明らかにする〕ため」とはたとえば、彼が結婚することで、結婚の仕方や結婚生活の送り方を信者に明らかにすることができるといったことを意味する。「〔彼らの共同体に〕現世に背を向けさせるため」とはつまり、預言者の周りの人々に、「預言者でさえ病苦その他で苦しむのだから、現世に幸福を求めることは虚しい」と悟らせることを意味する。

▼16 現世の富では彼らに報いることはできない。楽園における最低の位階の者にでさえ、現世で誰にも与えられなかったようなものが褒賞として与えられる。

▼17 ここから先の部分は、新しい信条を説明するのではなく、これまで述べてきた諸信条がこの言葉に包括されることの証明に充てられる。

に）彼を必要とする存在である。これは、存在する何らかのものが、それが自然に有する性質によって影響・痕跡を与えるとあなたが考える場合の話である。他方、多くの無知なる者が主張しているように、アッラーがその中に宿した力によってそれが影響・痕跡を与えるとあなたが考えたとしても、同様にそれは不可能な事態である[18]。なぜなら、もしそのようであれば、我々の偉大なる庇護者が、一部の諸行為を存在させるために、媒介を必要とすることになるからである。それは、あなたが既に知った通り、偉大なる彼が彼以外のものを何も必要としないことが必然であることから、誤りである。

今や、「アッラーの他に神はない」との言葉が、我々の偉大なる庇護者について、タクリーフの課せられた者に知ることが義務として課せられる三種のこと――すなわち、至高なる彼に「必然となること」、「可能となること」、「不可能となること」――を包括することが、あなたに明らかとなった。

一方、「ムハンマド――祝福と平安あれ――はアッラーの使徒である」との我々の言葉には、全ての諸預言者、諸天使、諸啓典、来世への信仰が含まれる。なぜなら彼――祝福と平安あれ――は、それら全てを真実であると証明するために到来したからである。

またここから、使徒たち――祝福と平安あれ――が「正直」であること（真実を述べること）の必然と、彼らに虚偽が不可能であることが帰結される。さもなければ、使徒たちは、世界の隅々までを知る我々の偉大なる庇護者の信託を預かる者とはならないからである。

また、禁じられた行為を犯すことが一切不可能であることも〔帰結される〕。なぜなら彼らは、彼らの言葉と行為と沈黙によって人々に教示するために派遣されたからである。したがって、それら全てにおいて、彼らをその被造物全てのために選び、その啓示の本義を託した我々の偉大なる庇護者（アッラー）の命に背くことがないことが結論付けられる。

またここから、彼らに、彼らの高い地位に欠陥をもたらさない種類の人間的偶有が可能であることが帰結される。なぜならそれは、彼らの使徒性、および、至高なるアッラーの許での彼らの高い地位を傷つけることはなく、むしろそれ（地位の高さ）を高めるからである。

今や、二つの証言の文句が、その文字の少なさにもかかわらず、タクリーフの課せられた者に知ることが課せられた、至高なるアッラーおよびその使徒たち――祝福と平安あれ――に関する信条の全てを含むことが、あなたに明らかとなった。

おそらくは、その簡潔性と、既述のこと（諸信条）を含む包括性故に、聖法はそれ（二つの証言）を、心の中にあるイスラーム（帰依）の指標となし、それ無しには誰の信仰も受け入れられないものとなしたのである。[19]それ故理性ある者は、そこに含まれる諸信条を想起するためにそれを多念し、その意味内容を彼の血肉とする。彼はそれ（二つの証言）故に、至高なるアッラーが望めば、数えきれない神秘を目の当たりにする。

恵みあふれるアッラーの許に神佑はある。彼の他に主はなく、彼の他に崇められるものはない。我々は崇高なる彼に、我々と我々の愛する者たちが、死の床において証言の言葉を――その意味を知った状態で――唱えることができるよう求める。[20]

アッラーが我々の導師ムハンマドを祝福し給うように。思念する者たちが彼に言及する度に。そして、忘れる者

▼18　アッラーが被造物に宿した力によって被造物が自由に行為するとの考えはムウタズィラ派の信条である。本書で後述のように、一二イマーム派もこのムウタズィラ派の立場を採っており、スンナ派と対立する。

▼19　「アッラーの他に神はない」、「ムハンマドはアッラーの使徒である」という二つの命題を証言することで、人はイスラーム教徒とみなされる。

▼20　「しもべが『アッラーの他に神はない』と言い、それにおいて死んだとすれば、楽園に入らないことはない」（ブハーリーとムスリムの伝えるハディース）。

たちが彼への言及を忘れる度に。

アッラーがアッラーの使徒の教友全員と、審判の日に至るまでに彼らに至善をもって追随した者たちに、満足し給うように。

全ての預言者と使徒たちの上に平安あれ。

諸世界の主アッラーに称賛あれ。

第三章
アブー・ハニーファ『訓戒』

一、紹介

この『訓戒 *Waṣīyah*』は、『大いなる理解 *al-Fiqh al-Akbar*』、『広遠なる理解 *al-Fiqh al-Absaṭ*』、『ウスマーン・アル＝バッティーへの書簡 *Risālah ilā ʻUthmān al-Battī*』、『知る者と知を求める者 *al-ʻĀlim wa al-Mutaʻallim*』と並ぶ、ハナフィー法学派の学祖である「最も偉大なる師」(al-imām al-aʻẓam) アブー・ハニーファに帰される五つの神学論考の一つである。

アブー・ハニーファは、病床にあって自分の弟子たちを集め、この『訓戒』を言い残したと伝えられる。「訓戒」と訳した"waṣīyah"という単語は、「遺言」と訳すことも可能である。

アブー・マンスール・アル＝マートゥリーディーやアブー・アル＝ムイーン・アン＝ナサフィー(Abū al-Muʻīn al-Nasafī：一一一四年没)など、後にハナフィー法学派の神学を体系化した大学者たちは、これらの論考を通して学祖アブー・ハニーファの信条(それはすなわち、彼らから見れば「スンナ派正統信条」である)を学んだ。マートゥリーディー神学派の祖であるマートゥリーディーの主著『タウヒードの書 *Kitāb al-Tawḥīd*』や、同学派で最重要視される神学書の一つ、アブー・アル＝ムイーン・アン＝ナサフィーの『諸証明の解明 *Tabṣirah al-Adillah*』にも、アブー・

ハニーファに帰されるこれらの諸論考の内容が多分に反映されている。

ただし、一読してわかるように、この『訓戒』で扱われる内容は極めて限定的である。スンナ派の信条を網羅するわけではなく、かといって、特定の問題を詳しく解説しているわけでもない。神学の重要なテーマであるアッラーの属性論についても、「言葉」の属性にしか直接的には触れられない。そもそも、イスラームの根本教義である「神が唯一である」ことを示す内容さえ本論考には含まれない。一方で、ウドゥー（礼拝前などに行なう清め）の際にフッフ（くるぶしから下を覆う厚手の足袋）を撫《な》でることの是非や、ムハンマドの妻であるアーイシャ（'Ā'ishah bint Abī Bakr：六七八年没）の徳高さなど、一見するとあまり重要とは思えない問題が取り上げられている。『訓戒』の重要性は、内容の包括性ではなく、「スンナ派」とスンナ派以外の諸派とを区別する境界線を見事に示している点にある。

『訓戒』本文の冒頭でも述べられているように、本論考の目的は「スンナ派」と非スンナ派の諸派とが見解を違える諸点から特に重要な問題を抽出することであり、スンナ派の信条の全体像を示すことや、特定のテーマを詳述することではない。そのため、宗派を問わずイスラーム教徒の見解が一致している神の唯一性などのテーマはこの論考では扱われていないのである。

なお、右で訳者が「スンナ派」という言葉をカッコで括ったのは、本論考に、ハナフィー＝マートゥリーディー学派の特徴が色濃く表われているためである。つまり、本論考では、同じくスンナ派に包摂され得る神学的潮流であるアシュアリー学派および「ハディースの徒」と対立する教説もまた、「スンナ派」の教説として言及される。たとえば、第一の論点では、信仰が増減しない旨が指摘されているが、これはハナフィー＝マートゥリーディー学派の信仰論の特徴である。アシュアリー学派と「ハディースの徒」においては、『訓戒』で示される「スンナ派の見解」とは異なり、信仰の増減が肯定される。

したがって、本論考で示される「スンナ派」と「非スンナ派」の境界線は、ハナフィー＝マートゥリーディー学派とそれ以外の諸学派・宗派との境界線をも同時に示していると言うことができる。

底本

Abū Ḥanīfah, Nuʻmān b. Thābit, 2009, *Waṣīyah al-Imām Abī Ḥanīfah*, In: Akmal al-Dīn al-Bābartī, *Sharḥ Waṣīyah al-Imām Abī Ḥanīfah*, ed. by Muḥammad Ṣubḥī al-ʻĀyidī & Ḥamzah Muḥammad Wasīm al-Bakrī, Amman: Dār al-Fatḥ, pp. 51–55.

底本本文の意味の確定は、以下の注釈によった。

Akmal al-Dīn al-Bābartī, 2009, *Sharḥ Waṣīyah al-Imām Abī Ḥanīfah*, ed. by Muḥammad Ṣubḥī al-ʻĀyidī & Ḥamzah Muḥammad Wasīm al-Bakrī, Amman: Dār al-Fatḥ.

二．アブー・ハニーファ『訓戒』翻訳本文

私の学友たち、私の兄弟たちよ。知りなさい。スンナ派の教説は、以下の一二の点にまとめられる。これらの諸点を守った者は、逸脱者とはならず、我欲の追随者とはならない。したがって、我々の導師たるムハンマド――祝福と平安あれ――の執り成しに与かるためには、これらの点を厳に守ることがあなた方に求められる。[1]

第一

信仰とは、舌による告白と、内心による真実であるとの是認である。[2] 告白のみでは信仰とはならない。なぜなら、仮にそれ（告白）が信仰だとすれば、偽信者たちは皆信仰者となるからである。同様に、「知っていること・認識」

▼1　ムハンマドは審判の日、彼の共同体のために執り成しを行なう。

(ma'rifah)のみでは信仰とはならない。なぜなら、仮にそれ（知っていること）が信仰だとすれば、啓典の民は皆信仰者となるからである。アッラーは偽信者について次のように言った。「そしてアッラーは偽信者たちがまさしく嘘つきであると証言する」（クルアーン第六三章第一節）。またアッラーは啓典の民について次のように言った。「我らが啓典を与えた者たちは自分の息子を知るように彼を知る」（クルアーン第二章第一四六節）。[3]

信仰は、増えず、減らない。[4]なぜなら、その減少は不信仰の増加によってしかあり得ず、その増加は不信仰の減少によってしかあり得ないからである。いかにして、一人の人間が同時に信仰者であり不信仰者であることがあり得ようか。

信仰者は真の信仰者であり、不信仰者は真の不信仰者である。信仰の中に疑念（shakk）は存在しない。[5]それは、不信仰の中に疑念が存在しないことと同様である。これについて至高なる彼は次のように言った。「それらの者、彼らは真に信仰者である」（クルアーン第八章第四節）、「それらの者、彼らは真に不信仰者である」（クルアーン第四章第一五一節）。ムハンマド――祝福と平安あれ――の共同体の内の罪人は全て信仰者であり、不信仰者ではない。

行為は信仰とは別のものである。信仰は行為とは別のものである。[6]なぜなら、信仰者から行為が免除される事態は多発するが、「彼から信仰が免除された」と言われることは許容されないからである。たとえば、崇高なるアッラーは生理中の女性から礼拝を免除したが、「彼は彼女から信仰を免除した」とか、「彼は彼女に信仰の放棄を命じた」と言うことは許容されない。預言者（ムハンマド）は彼女（生理が生じた女性）に「斎戒を止め、それを後で履行せよ」と命じたが、「信仰を止め、それを後で履行せよ」と言うことは許容されない。また、「貧者には喜捨が課せられない」と言うことは許容されるが、「貧者には信仰が課せられない」と言うことは許容されない。

善いことと悪いことの定めの全ては、至高なるアッラーからのものである。もし誰かが善いことと悪いことの定めがアッラー以外の者から来たと主張すれば、その者は至高なるアッラーを否定する不信仰者となり、その者のタウヒードは失効する。[7]

第二

我々が認めるところによれば、行為は三つに分かれる。義務（farīḍah）、徳（faḍīlah）、罪（maʿṣiyah）である。

義務とは、アッラーの命令、意志、愛、嘉し、定命（qaḍāʾ）、天命（qadar）、創造、裁定、知識、神佑、「護持された書板」▼8への書き記しの伴う行為である。

徳とは、至高なるアッラーの命令は伴わないが、彼の意志、愛、嘉し、定命、裁定、知識、神佑、創造、「護持された書板」への書き記しの伴う行為である。

罪とは、至高なるアッラーの命令を伴わず、その意志を伴うが愛は伴わず、定命を伴うが嘉しは伴わず、天命を伴うが神佑は伴わず、彼の見放し、知識、「護持された書板」への書き記しの伴う行為である。▼9

▼2　信仰の構成要素が「心による真実であるとの是認」のみであるのか、「心による真実であるとの是認」と「舌による告白」の二つであるのかについて、アシュアリー学派とマートゥリーディー学派の学者間に見解の相違がある。本論考は後者の説を採っている。

▼3　スンナ派においては、信仰は「知っていること・認識」のみによっては成立しない。イスラーム教が真実であると頭で認識していても、嫉妬や傲慢さからそれを拒否する者は信仰者ではない。信仰の構成要素である「是認」（taṣdīq）とは、真実として知ったこと、認識したことを、積極的に受け入れることを意味する。

▼4　信仰が増減しないとの説がマートゥリーディー学派の多数派説である。なおこのことは、天使や預言者と、一般信徒が宗教的に同じ水準に位置することを意味しない。なぜなら、「畏怖心」（これは「信仰」とは別の概念である）や行為における差は認められるからである。

▼5　「疑念」は信仰を打ち消す。これは、スンナ派の一致した見解である。

▼6　アシュアリー学派とマートゥリーディー学派においては、「行為」は信仰の構成要素とならない。これは、両学派の一致した見解である。「ハディースの徒」は、「身体による行為」を信仰の構成要素に含める。

▼7　なぜなら、そうした考えは、アッラー以外の創造者を想定し、アッラーの「権能」を否定するからである。

▼8　「護持された書板」（al-lawḥ al-maḥfūẓ）とは、世界に起こる過去から未来の全てのことが書かれた天界の書板のことを言う。

▼9　罪もまた、アッラーの定めによって、アッラーが「意志」することで生じる（これはスンナ派の合意事項である）。しかし、それにアッラーの「満悦」は付随しない。これがスンナ派の多数派説であるが、アシュアリー学派には異説が存在する。

第三

我々は、彼にその必要はなく、そこにもたれるのでもなく、至高なるアッラーが玉座に鎮座したことを認める。そして彼は、玉座の庇護者であり、玉座とは別のものであり、必要性も持たない。なぜなら、仮に彼が必要に迫られる者であったとすれば、被造物と同様に、世界を存在させ、それを管理することは能わなかったはずだからである。また、仮に彼が座りもたれることを必要としたならば、玉座の創造より前に、アッラーはどこにいたと言うのか。アッラーはそのようなことをいと高く超越する。[10]

第四

我々は、クルアーンが創造されざるアッラーの言葉であり、アッラーの啓示、アッラーの降示（tanzīl）であることを認める。クルアーンは彼ではなく、彼とは別のものでもない。正しくは、それは彼の属性であり、ムスハフの中に書かれるものであり、舌によって読まれるものであり、胸中に記憶されるものであるが、それらの中に臨在しているのではない。インク、紙、筆記行為は全て被造物である。なぜならそれらは全てしもべ（人間）の行為だからである。至高なるアッラーの言葉は被造物ではない。筆記、文字、単語、節は、しもべがそれを必要とするために存在する、クルアーンを指し示すものであり、至高なるアッラーの言葉は彼の本質に自存しており、その（クルアーンの）意味が、これらのものによって理解されるからである。それ故、至高なるアッラーの言葉を被造物であると考える者は、偉大なるアッラーを否定する不信仰者である。至高なるアッラーは、はじめからそうであるままの状態で在り続ける、崇められるべき者であり、彼の言葉は、彼から分離することのないまま、読まれるものであり、書かれるものであり、記憶されるものである。

第五

我々は、この共同体の内、我々の預言者ムハンマド——祝福と平安あれ——に次いで優れた者は「篤信者」アブー・バクルであり、次いでウマル、次いでウスマーン、次いでアリーであることを認める。▼11 彼ら全員に、アッラーの満悦があるように。至高なる彼は言った。「〔信仰において〕先立つ者たちは〔楽園においても〕先立つ者たち。これらの者は近く侍る者たち。至福の楽園の中で」（クルアーン第五六章第一〇節から第一二節）。先立った各々の者は、より優れた者である。篤信の信仰者は皆彼らを愛し、滅びの定めにある全ての偽信者は彼らを嫌悪する。

第六

我々は、しもべ（人間）が——その諸行為、信仰の告白、およびその認識を含め——創造されたものであることを認める。行為者が被造物であれば、その者の諸行為は必然的に被造物である。▼12

第七

我々は、至高なるアッラーが被造物を創造したのであり、〔その際に〕彼らは力を持たなかったことを認める。彼らは弱く無能であり、アッラーこそが彼らを創造する者であり、彼らに糧を与える者である。至高なる彼は言った。「アッラーは、おまえたちを創り、そしておまえたちに糧を与え、そしておまえたちを死なせ、そしておまえたちを生かす者」（クルアーン第三〇章第四〇節）。

▼10　この部分は、クルアーンの「慈悲あまねく者、玉座に彼は鎮座した」（クルアーン第二〇章第五節）に関連して書かれたものである。アッラーは「玉座」に「鎮座」したが、それは、被造物が座るように為されたのではない。また、アッラーは「玉座」に「鎮座」する必要があったわけでもない。「玉座」はアッラーの被造物である。

▼11　シーア派とは異なり、スンナ派の一致した見解では、これら四名は正しく導かれた正統なカリフ（イマーム）とされる。アブー・バクルが「篤信者」と呼ばれるのは、ムハンマドが一夜にしてマッカからエルサレムへと飛びそこから昇天した奇跡を得たとの噂を聞いたとき、何の躊躇もなくそれを信じたからである。

▼12　人間が被造物であることと同様に、人間の行為もまたアッラーの被造物である。この立場は、人間はその行為を自ら創造するとするシーア派の立場と対立する。

糧を求めることは許されたことである。許されたものからの蓄財は許されたことであり、禁じられたものからの蓄財は禁じられたことである。

人間は、三種に分かれる。その信仰において誠実な信仰者と、その不信仰において頑迷な不信仰者と、その背信について偽る偽信者である。[13] 至高なるアッラーは、信仰者には行為を、不信仰者には信仰を、偽信者には誠《まこと》を課した。至高なる彼は言った。「人々よ、あなた方の主を畏れよ」（クルアーン第四章第一節）。つまり本節は、信仰者たちよ、付き従え、不信仰者たちよ、信仰せよ、偽信者たちよ、誠実たれ、との意である。

第八

我々は、遂行能力が行為の前でも行為の後でもなく行為と同時に存在することを認める。なぜなら、仮にそれが行為の前に存在したとすれば、しもべは、必要に迫られているときに至高なるアッラー無しに済ますことができることになるからである。これは、啓示で示された規範に反している。至高なる彼は言った。「そしてアッラーは満ち足りた者であり、おまえたちは貧しき者たちである」（クルアーン第四七章三八節）。あるいは、仮にそれが行為の後に存在したとすれば、不可能な事態に陥る。なぜなら、それは遂行能力も力も伴わない〔行為の〕達成だからである。

第九

我々は、居住者にとっては一昼夜の間、旅人にとっては三昼夜の間、フッフ（khuff：くるぶしから下を覆う厚手の足袋）をウドゥーの際に撫《な》でること〔が許容されると考えること〕が義務であると認める。なぜなら、伝承はそのように伝わっているからである。[14] この伝承は〔虚偽を申し合わせることが想定し得ないほどの〕絶対多数の者によって伝えられる伝承に近いものであり、これを否定する者には不信仰が危惧される。

旅路における礼拝の短縮と斎戒の解除は、クルアーンの明文によって定められた軽減措置である。[15] 至高なる彼は言った。「おまえたちが地上を闊歩するさいは、礼拝を短縮してもおまえたちに罪はない」（クルアーン第四章第一〇一節）、「それ故、おまえたちのうちの病人、または旅にある者は、別の日に〔同じ〕日数を」（クルアーン第二章第一八四節）。

第一〇

我々は、至高なるアッラーが「筆」に書くことを命じたことを認める。「筆」は、「主よ、私は何を書けばよろしいでしょうか」と言い、アッラーは「審判の日に至るまでに生じるあらゆるものを書け」と答えた。至高なる彼は言った。「そして彼らが為したあらゆることは書冊の中に。大小あらゆるものが書き留められている」（クルアーン第五四章第五二節から第五三節）[16]。

第一一

我々は、墓の懲罰が必ず起こることを認める。また、ムンカルとナキールの質問が真実であることを認める[17]。それらの根拠は、諸々の伝承が伝えられていることによる。

また、楽園と火獄が真実であることを認める。両者はそれぞれの住民のために〔今現在既に〕創造されたものであ

▼13　アッラーの目から見て「偽信者」は「不信仰者」と全く変わりがないが、現世の法規定としてはイスラーム教徒として扱われる。

▼14　「定住者は一昼夜、旅人は三昼夜撫でよ」（ムスリム、ナサーイー、イブン・マージャらの伝えるハディース）。

▼15　一定の条件を揃えた旅の途中では、四ラクアの礼拝を二ラクアに短縮することが求められる（ハナフィー学派以外の学派では、短縮が許容される）。また、ファジュル（暁）の時間から旅人の状態にある場合は、ラマダーン月中であってもその日の日中の斎戒を行なわないことが許容される。

▼16　この「筆」によって、過去と未来に起こるあらゆることが「護持された書板」に記された。

▼17　ムンカルとナキールは、墓の中の死人に質問をするために訪れる天使である。一説では彼らは、ムハンマドについてどのように考えるか、と尋ねる。

る。至高なる彼は、信仰者を指して「それ（楽園）は敬虔な者たちのために用意された」（クルアーン第三章第一三三節）と言い、不信仰者を指して「それ（火獄）は不信仰者たちのために用意された」（クルアーン第二章第二四節、第三章第一三一節）と言った。[18] アッラーはそれらを褒賞と懲罰のために創造した。

また、（行ないを量る）「秤」が真実であることを認める。至高なる彼は言った。「そして我らは審判の日に、公正な秤を置く」（クルアーン第二一章第四七節）。

また、（行ないが書かれた）帳簿を読むことが真実であることを認める。至高なる彼は言った。「おまえの書を読め。今日、おまえ自身がおまえに対する精算者として十分である」（クルアーン第一七章第一四節）[19]。

第一二

我々は、至高なるアッラーが、この命を死の後に生き返らせることを認める。彼は彼らを、褒賞と懲罰、および諸権利の回復のために、五万年にも相当する日によみがえらせる。[20] 至高なる彼は言った。「アッラーは墓の中の者たちをよみがえらせる」（クルアーン第二二章第七節）。

楽園の民がアッラーを見ることは真実であり、それは如何にとなく、擬人化を伴わず、方向もなくなされる。[21]

我々の預言者ムハンマド――祝福と平安あれ――の執り成しは、大罪を犯した者を含む楽園の民全てに対して向けられる真実である。[22]

アーイシャは、ハディージャ（Khādījah bint Khuwaylid：六一九年没）――アッラーの満悦あれ――に次いで、世界で最も優れた女性であり、信徒たちの母である。[23] アーイシャは姦通から無縁であり、ラーフィド派が述べることから無実である。彼女の姦通を証言する者こそ、姦通の子である。[24]

楽園の民は楽園の中に永遠に留まり、火獄の民は火獄の中に永遠に留まる。至高なる彼は信仰者について「これらは楽園の民。彼らはその中に永遠である」（クルアーン第二章第八二節）と言い、不信仰者について「これらは火獄の民。彼らはその中に永遠である」（クルアーン第二章第三九節）と言った。

▼18　この部分は、楽園と火獄が今現在は存在せず、復活の日に創造されるとするムウタズィラ派への反論が含まれる。

▼19　この帳簿は、各人の生前の行為が記録された本である。各人は復活の日、この帳簿を受け取る。

▼20　「その時間が五万年に相当する一日に」（クルアーン第七〇章第四節）。

▼21　スンナ派の一致した見解として、楽園に入った信仰者は、アッラーを見る褒賞を授かる。しかし、「アッラーを見ること」は、現世において人間が何らかの対象物を見るようになされるわけではない。つまり、特定の方向にアッラーが存在したり、アッラーが物質になるわけでもなく、両者に距離が確定したり光の伝達があるわけでもない。その様態は、現世の人間には理解し得ない。

▼22　審判の日、ムハンマドは彼の共同体のための執り成しを行なう。スンナ派の教説では、火獄に入った信仰者の多くが彼の執り成しによって救われる。

▼23　ムハンマドの妻ハディージャ、同じくムハンマドの妻アーイシャ、ムハンマドの娘ファーティマ（Fāṭimah bint Muḥammad：六三三年没）の内、誰が最も優れた女性であるのかについては諸説存在する。

▼24　ムハンマドが生きているときに、その妻アーイシャに姦通の噂が流れたことがあった。アッラーは啓示によって彼女の無罪を証明した（クルアーン第二四章第一〇節から第二一節）。スンナ派においては、啓示が下された後にアーイシャが姦通を犯したと信じる者は不信仰者である。なぜなら、その者はアッラーの言葉を虚偽として否定したことになるからである。

第四章

イブン・カマール・パシャ『一二の問題におけるアシュアリー学派とマートゥリーディー学派の相違』

一．紹介

アシュアリー学派とマートゥリーディー学派は、学派形成後、相互のスンナ派としての正統性を徐々に認めるようになっていく。オスマン朝が成立する頃には、ハナフィー法学派、シャーフィイー法学派、マーリキー法学派に帰属する学者たちの間では、アシュアリー学派とマートゥリーディー学派はスンナ派の二大神学派であり、アシュアリーとマートゥリーディーは「スンナ派の二大導師」(imāmā ahl al-sunnah wa al-jamā'ah) であることが一般的な認識となるに至る。

こうした認識が広まるにつれ、両学派の相違点を主題とした著作が書かれるようになる。ここに訳出した『一二の問題におけるアシュアリー学派とマートゥリーディー学派の相違 *al-Ikhtilāf bayn al-Ashā'irah wa al-Māturīdīyah fī Ithnatay 'Ashrah Mas'alah*』は、そのような著作群の一つに数えられる。

著者のイブン・カマール・パシャ (Ibn Kamāl Bāshā：一五三四年没) は、ハナフィー＝マートゥリーディー学派の学者である。初期には軍人であったが、その後学者に転身し、当代一、二を争う学者に上り詰めた。母語のトルコ語の他、アラビア語とペルシャ語の三言語で多数の著作を残した。これらの著作の主題は、神学、法学、文法学、クルアーン学、ハディース学、修辞学、論理学、哲学、タサウウフ（神秘主義）、医学など、実に多岐に渡る。

本論考の特徴を指摘すれば、第一に、著者が両学派の相違点をわずか一二の点に絞っていることが印象的である。両学派の相違点を一二に絞る方法は、同種の著作群の伝統というわけではなく、著者独自の見解である。ただし、著者の完全なオリジナルというわけでもない。本論考の内容は、アッ＝シャリーフ・アル＝ジュルジャーニー（ʻAlī b. Muḥammad al-Sharīf al-Jurjānī：一四一三年没）が書いた同じ主題の論考の内容を踏襲したものであり、一二の問題の順序、各項目の内容もほぼ同一である［al-Jurjānī n.d.］。

第二に、両学派の見解が単純に並置されている点も特徴的である。本論考では、どちらの見解がより有力であるとか、どちらが正しいかという点、あるいは、両学派の相違がどの程度の相違であるのか——表現上の相違か実質的な相違か——といった点については一切踏み込んでいない。著者の目的はおそらく、両学派の見解の相違はわずかなものであり、両学派は共にスンナ派の正統な神学派として認められるということを示すことであろう。

底本

Ibn Kamāl Bāshā, 2009, *Risālah al-Ikhtilāf bayn al-Ashāʻirah wa al-Māturīdīyah fī Ithnatay ʻAshrah Masʼalah*, ed. by Edward Badeen, In: Edward Badeen, *Sunnitische Theologie in osmanischer Zeit*, Würzburg: Ergon, Arabic Part, pp. 19-23.

底本本文の意味の確定は、以下の注釈によった。

Saʻīd ʻAbd al-Laṭīf Fawdah, 2011, *Sharḥ Risālah Masāʼil al-Ikhtilāf bayn al-Ashāʻirah wa al-Māturīdīyah li al-ʻAllāmah Ibn Kamāl Bāshā*, In: Shams al-Dīn Aḥmad b. Sulaymān Ibn Kamāl Bāshā, *Masāʼil al-Ikhtilāf bayn al-Ashāʻirah wa al-Māturīdīyah*, ed. by Saʻīd ʻAbd al-Laṭīf Fawdah, Amman: Dār al-Fatḥ, pp. 7-77.

二、『一二の問題におけるアシュアリー学派とマートゥリーディー学派の相違』翻訳本文

知りなさい。アブー・アル＝ハサン・アル＝アシュアリー師はスンナ派の導師であり、彼らの先導である。そしてアブー・マンスール・アル＝マートゥリーディー師も同様である。そして、シャーフィイー（Muḥammad b. Idrīs al-Shāfiʻī：八二〇年没）の一党と彼の追従者たちは、信条（uṣūl）において彼すなわちアブー・アル＝ハサン・アル＝アシュアリーに、法学（furūʻ）においてシャーフィイーに追従する者たちである。そして、アブー・ハニーファの一党は、信条においてアブー・マンスール・アル＝マートゥリーディー師に、法学においてアブー・ハニーファに従う者たちである。我々の導師たちの一部がそのように我々に教えている。至高なるアッラーが彼らに慈悲を与え給うように。▼1

二人の導師と彼らの追従者たちの間には、一二の問題についてしか論争は存在しない。▼2

第一の問題

マートゥリーディーは言う。「創形」（takwīn）は、至高なるアッラーの本質に存立する永遠なる属性であり、彼のその他全ての諸属性と同様である。それは、「創形されるもの」とは別のものである。そしてそれ（創形の属性）は、世界と、その各々の部分の内の創形されるものと、それが存在する時間において、関係を持つ。それは、至高なるアッラーの「意図」が永遠であると同時に、「意図」の対象たちと、それらが存在する時間において関係を持つことと同様である。▼3 また、至高なる彼の「権能」が、その「権能」の対象たちと共にあることも同様である。

▼1 底本は「彼に慈悲を与え給うように」（raḥima-hu Allāh）とあるが、誤記であると思われる。

▼2 両学派の見解の相違が一二以上存在することは素人目に見ても明白である。著者は、両学派の間の諸々の見解の相違の主軸となる論点がこの一二点に絞られると考えたということである。

▼3 「創形」とは、個々の被造物を、特定の時間に特定の場所に存在させることを指す。この部分で言及される「創形されるもの」とは、個々の被造物を指す。

一方アシュアリーは言う。それは、生起する属性であり、至高なるアッラーの本質には存立しない。それは、彼の行為属性の一つであり、永遠の属性には含まれない。そして、「創形」や「存在化」（ījād）のような行為属性は全て生起物である。[4] 世界の存在は、「在れ」（kun）との言葉と関係を持つ。[5]

第二の問題

マートゥリーディーは言う。至高なるアッラーの「言葉」は聞かれ得るものではない。聞かれ得るものは、それ（アッラーの言葉）を指し示すものである。

一方アシュアリーは言う。ムーサー（モーセ）――平安あれ――の物語でよく知られている通り、それは聞かれ得るものである。[6]

イブン・フーラク（Abū Bakr b. Fūrak al-Iṣfahānī：一〇一五／六年没）は言う。読誦者の読誦において聞かれるものは二つある。読誦者の声と、至高なるアッラーの「言葉」である。

またアル＝カーディー・アル＝バーキッラーニー（Abū Bakr Muḥammad b. al-Ṭayyib al-Bāqillānī：一〇一三年没）は言う。至高なるアッラーの「言葉」は一般的慣行において聞かれ得るものではない。しかし、至高なるアッラーが、その被造物の内の望む者に、慣行とは類似しない方法で、文字や音声を介さずに聞かせることはあり得ることである。

アブー・イスハーク・アル＝イスファラーイーニー（Abū Isḥāq al-Isfarāyīnī：一〇二七年没）と彼に追従する者は言う。至高なるアッラーの「言葉」は、根本的に、聞かれ得るものではない――これはアブー・マンスール・アル＝マートゥリーディー師が選択した説である。そのように『始まり *al-Bidāyah*』にある。[7]

第三の問題

マートゥリーディーは言う。世界の造物主は、「知識」（ʿilm）の意においても、「完璧に為すこと」（iḥkām）の意においても、「叡智」（ḥikmah）によって形容される。

一方アシュアリーは言う。もしそれが「知識」の意であれば、至高なるアッラーの本質に存立する永遠の属性である。しかし、もしそれが「完璧に為すこと」の意であれば、それは「創形」に含まれる生起した属性であり、創造主の本質はそれによって形容されない。▼8

第四の問題

マートゥリーディーは言う。至高なるアッラーは、単子であれ偶有であれ、献神行為であれ背神行為であれ、全ての存在物を意図する。ただし、献神行為はアッラーの意志・意図・定命・天命・満悦・嘉し・命令を伴って生じるのに対し、背神行為はアッラーの意志・意図・定命を伴うが、彼の満悦、嘉し、命令は伴わずに生じる。

▼4 アシュアリー学派では、「創形」は生起物とされる。なぜなら、それは特定の場所・時間に生起する被造物を形成することであり、アッラーの永遠の属性とはみなせないからである。

アシュアリー学派は次のように言う。仮に「創形」の属性が、「権能」の属性を「権能の対象」に関係付けていることを意味するのであれば、それは、「権能の対象」（すなわち被造物）が存在しなければ存在し得ないのだから、生起物となる。あるいは仮に、「創形」の属性が、その属性の痕跡を存在させる力のことを意味するのであれば、それは「権能」の属性そのものであり、「創形」の属性など存在しない、と。

これに対してマートゥリーディー学派は言う。「権能」があらゆる「権能の対象」にかかるのに対し、「創形」は、その内、存在に移行させられたものにしかかからない。また、「権能」の属性は、創造する力の痕跡を発現させることができることを意味するのに対し、「創形」の属性は、創造する力の痕跡を発現させること自体を意味するため、両者は別のものである、と [Shaykh Zādeh 2003, 192–193]。

▼5 「我らがあるものを欲した時、それに対する我らの言葉は、我らがそれに『在れ』と言うだけで、そうすればそれはある」（クルアーン第一六章第四〇節）。

マートゥリーディー学派の多くは本節の「在れ」の意味を、瞬時に存在せしめることができることの比喩と解釈する [Shaykh Zādeh 2003, 195]。

▼6 「それでそれ（火）がやってくると、彼は、涸川（谷）の右土手の祝福された場所の、木から呼ばれた。『ムーサーよ、まことにわれはアッラー、諸世界の主』」（クルアーン第二八章第三〇節）。

▼7 『始まり』とは、マートゥリーディー学派のヌールッディーン・アッ＝サーブーニー（Nūr al-Dīn al-Ṣābūnī：一一八四年没）著『充足からの始まり *al-Bidāyah min al-Kifāyah*』のことである。

▼8 この問題は、第一の問題（「創形」の問題）と関連する。「完璧に為すこと」とは、被造物の「創形」に付随する様態であるため、「創形」をアッラーの永遠の属性と認めれば、アッラーを「叡智」によって形容する際に、「完璧に為すこと」との意味をそこに含めることになる。

一方アシュアリーは言う。至高なるアッラーの満悦と嘉しは、彼の「意図」同様に、全ての存在を包括する。[9]

第五の問題

能わないことを義務として課すことはマートゥリーディーにおいては許容されない。ただし彼においては、能わないことを〔義務としてではなく〕重荷として課すことは許容される。

一方、アシュアリーにおいては両者が許容される。

第六の問題

マートゥリーディーは言う。タクリーフに関わる法規定の一部は、理性によって知られる。[10] なぜなら理性は、それによって一部のものの〈善〉・〈悪〉が認識され、それによって、信仰と、恵みを与える者への感謝が義務であることが認識される道具だからである。また、〔それらが義務であると〕知らせる者、およびそれを義務として課す者は至高なるアッラーに他ならないが、それは理性の媒介によってなされ得る〔と彼は言う〕。それはちょうど、使徒が義務を知らせる者[11]であっても、真に義務を課す者は至高なるアッラーに他ならず、それを使徒の媒介によってなすことと同様である。したがって彼（マートゥリーディー）は言う。その創造主についての無知は誰であっても免責されない。彼（人間）は、諸天と地の被造物を見ないのだろうか。たとえ彼に使徒が遣わされなかったとしても、被造物には、彼らの理性によって、彼（創造主）を知ることが義務として課せられる。[12]

一方アシュアリーは言う。たとえ理性によって一部のものの〈善〉性が認識できるとしても、理性ではなく、啓示によらなければ、何も義務として課せられず、何も禁じられない。またアシュアリーにおいては、タクリーフに関係する法規定の全ては、啓示によって知られる。

第七の問題

マートゥリーディーは言う。幸福なる者が不幸になることもあれば、不幸なる者が幸福になることもある。アシュアリーは言う。終結〔死〕と結末〔審判〕において以外、幸福も不幸もない。[13]

第八の問題

不信仰〔の罪〕を〔アッラーが〕赦すことは、〔理性においても啓示においても〕許容されない。

一方アシュアリーは言う。理性においては許容されるが、啓示に基づけば許容されない。

第九の問題

マートゥリーディーは言う。信仰者を火獄の中に永遠に留めること、および、不信仰者を楽園の中に永遠に留めることは、理性においても啓示に基づいても許容されない。

一方アシュアリーにおいては〔理性においては〕許容される〔が、啓示に基づけば許容されない〕。

第一〇の問題[14]

一部のマートゥリーディー学派は言う。「名」と「名付けられるもの」は一つのものである。[15]

▼9　ただしこの説においても、悪や背神行為自体にアッラーが満悦するのではなく、それらが咎められ罰されるべき悪・背神行為として存在することに満悦する、と考える。

▼10　つまり、人間に課せられる義務の一部は、啓示の伝達が無い状態であっても、理性によって知ることが可能である。

▼11　底本では「知られる者」(ma'rūf) となっているが、「知らせる者」(mu'arrif) と修正された Fawdah [2009, 42] が正しいと判断した。

▼12　マートゥリーディー学派においては、たとえ啓示に基づく宗教的教説が伝達されていなくとも、理性を具える者には、世界の創造主を信仰することが義務として課せられ、来世における救済の条件となる。これはマートゥリーディー学派の定説である。

▼13　ここで言う「幸福」とは、救済の道の上にあることを意味し、「不幸」とは、滅びの道の上にあることを意味する。

▼14　「名と名付けられるものの問題」は、アッラーの属性やアッラーの諸名についての議論や、クルアーンが被造物かどうかの議論に関わりがあるため、神学的な問題となる。

一方アシュアリーは言う。両者、そして「名付け」は異なる。[16] そして彼らの一部は、「名」を三種類に分ける。一種は、〔その名が〕それ（そのもの）自体〔であるもの〕、一種は、それとは別のものであるもの、一種は、それ自体でもそれとは別のものでもないものである。「名付け」がそれら二つ（「名」と「名付けられるもの」）とは別のものであることには見解の一致がある。[17] そしてそれ（「名付け」）は、名付ける者に生じるものである。このように『言葉の始まり *Bidāyah al-Kalām*』にある。[18]

第一一の問題

マートゥリーディーは言う。男であることは預言者であることの条件であり、女が預言者であることはあり得ない。

一方アシュアリーは言う。男であることは預言者であることの条件ではなく、女であることはそれ（預言者性）を打ち消さない。[19] このように『言葉の始まり』にある。

第一二の問題

マートゥリーディーは言う。しもべの行為は「獲得」（kasb）と名付けられ、「創造」（khalq）とは名付けられない。一方、真理なる者（アッラー）の行為は「創造」と名付けられ、「獲得」とは名付けられない。「行為」（fiʿl）〔という言葉〕は、両者に当てはまる。[20]

一方アシュアリーは言う。「行為」は、本義としては存在化（存在させること）を意味する。しもべの「獲得」は、転義として「行為」と名付けられる〔に過ぎない〕。権能ある者（アッラー）は「創造」をただひとり占有する。そして、創造主が占有することが許容されないものは「獲得」である。[21]

▼15「おまえの至高なる主の名を讃美せよ」（クルアーン第八七章第一節）、「それ故、おまえの偉大なる主の名によって讃美せよ」（クルアーン第五六章第九六節）、「威厳と厚恩を具えたおまえの主の名に祝福あれ」（クルアーン第五五章第七八節）。

言語学者のバタルユースィー（Abū Muḥammad ʻAbd Allāh b. al-Sayyid al-Baṭalyūsī：一一二七年没）は、「名」と「名付けられるもの」が同一であることの意味を以下のように説明する。「名」と「名付けられるもの」の一致は、「表現」（ʻibārah）と「それによって表現されるもの」（muʻabbar ʻan-hu）が同一であるとか、「言葉」（lafẓ）と「人間」（shakhṣ）が同一であることを意味しない。したがって、論敵の一部が行なう『名』と『名付けられるもの』が一致すると言うのなら、『火』と発言すれば口が燃えるのか」といった批判は無意味である。「名」と「名付けられるもの」は、以下の三つの局面において同一となる。第一に、五感で認識できない「不在者」に言及する際、その不在者から名が生まれる。これらの「名」は心に想起された像から生まれるが、実物を見たとき、その名がその対象と一致する。第二に、多くの場合、「名付けられるもの」の中に存立する概念に従って「名」が生まれる。たとえば、ある生物が「生」を具えるとき（生きているとき）、それは「生きるもの」と呼ばれ、死ねばそう呼ばれない。動きを具えるものを「動くもの」と呼ぶが、停止すればそう呼ばれない。このように、「表現」と「それによって表現されるもの」が一致しないことを承知していても、比喩的に、「名」は「名付けられるもの」と一致して用いられる。第三に、アラブ人は、「名」という言葉によって、「名付け」のもとにある現実の個物を指示することがある。たとえば、「この者は、ザイドと名付けられる者である」と言うが、同じ意味で、「この者は、ザイドとの名である」とも言う［al-Baṭalyūsī 2007, 96–97］。

マートゥリーディー学派は、仮に「名」と「名付けられるもの」が別のものだとすれば、イスラーム教徒がアッラーを崇拝する際、アッラーではなくただの「名」を崇拝することになると言う［Shaykh Zādeh 2003, 197］。

▼16「名」と「名付けられるもの」が異なると考える陣営が「名」と呼ぶものは、名付けられる対象を指示する、言葉による「表現」（ʻibārah）のことである。そのため、ある人物が目の前に存在し、彼をよく知っていたとしても、その名を問う場合もあり得る［al-Baṭalyūsī 2007, 94–95］。アシュアリー学派は、「そしてアッラーに至善の諸々の名は属す」（クルアーン第七章第一八〇節）との節も、「名」が「名付けられるもの」とは異なることを示すと言う［Shaykh Zādeh 2003, 197］。

▼17 底本では「名付けと、それとは別のものが」（anna al-tasmiyah wa ghayra-hā）となっているが、「名付けがそれら二つと別のものであること」（anna al-tasmiyah ghayru-humā）と修正されたFawdah［2009, 65］が正しいと判断した。

▼18『言葉の始まり』は、アブー・トゥラーブ・イブラーヒーム・イブン・アブドゥッラー（Abū Turāb Ibrāhīm b. ʻAbd Allāh：一六世紀没か）の著作を指していると考えられる。

▼19 なお、アシュアリー学派の多くの学者は、学祖の見解には反対し、マートゥリーディーと見解を同じくする。

▼20 マートゥリーディーが人間の行為を「行為」と呼ぶことは、彼が、シーア派のように「人間は自分の行為を創造する」と考えていることを全く意味しない。

▼21 底本の“wa mā lā yajūzu tafarrudu al-khāliqi kasban”は文法的に不備があるため、Fawdah［2009, 74］の“wa mā lā yajūzu tafarrudu al-qādiri bi-hi fa huwa kasbun”を採用した。

三、参考文献

al-Baṭalyūsī, Abū Muḥammad ‘Abd Allāh b. al-Sayyid, 2007, *Rasā’il fī al-Lughah*, ed. by Walīd Muḥammad al-Sarāqibī, Riyadh: Markaz al-Malik Fayṣal.

Fawdah, Sa‘īd ‘Abd al-Laṭīf, 2011, *Sharḥ Risālah Masā’il al-Ikhtilāf bayn al-Ashā‘irah wa al-Māturīdīyah li al-‘Allāmah Ibn Kamāl Bāshā*, In: Shams al-Dīn Aḥmad b. Sulaymān Ibn Kamāl Bāshā, *Masā’il al-Ikhtilāf bayn al-Ashā‘irah wa al-Māturīdīyah*, ed. by Sa‘īd ‘Abd al-Laṭīf Fawdah, Amman: Dār al-Fatḥ, pp. 7–77.

al-Jurjānī, al-Muḥaqqiq al-Sharīf, n.d., *Risālah fī al-Masā’il al-Mukhtalifah bayn al-Māturīdīyah wa al-Ash‘arī*, Manuscript: Institute for Advanced Studies on Asia, Tokyo University, No. 1137, fols. 35r–36r.

Shaykh Zādeh, 2003, *Naẓm al-Farā’id wa Jam‘ al-Fawā’id*, In: Bassām ‘Abd al-Wahhāb al-Jānī, *al-Masā’il al-Khilāfīyah bayn al-Ashā‘irah wa al-Māturīdīyah*, Beirut: Dār Ibn Ḥazm, pp. 165–266.

第五章

アブー・ヤアラー『信条』

一 紹介

アブー・ヤアラー『信条 *al-I'tiqād*』は、ハンバリー学派の著名な学者である著者が、自派の信条の基本的論点を説明したものである。本書に収録したアシュアリー学派の二つの神学書と比べたとき、この『信条』が、クルアーンとハディースの引用を多用しているのがわかるだろう。これが、「ハディースの徒」が自派の見解の真実性を証明する際の基本的な方針である。すなわちアブー・ヤアラーは、クルアーンの文言と、真正性が確証されたハディースの文言を軸に議論を進め、伝承の内容を伝えられたままに承認するという「ハディースの徒」の基本的スタンスを貫いている。

もっとも、一口に「ハディースの徒」と言っても、学者によって様々な立場がある。たとえば、クルアーンやハディースの文言に「比喩的解釈」を差し挟むことの是非について、「ハディースの徒」の学者たちは見解を違えている。つまり、それを否定し糾弾する者もいれば、その妥当性をある程度認める者もいる。「ハディースの徒」の多数派は前者の立場を取るが、アブー・ヤアラーもこちらに分類される。

直接的に読めば擬人神観を帰結しかねない伝承を比喩的に解釈すべきか否かという問題は、「ハディースの徒」

と、アシュアリー学派やマートゥリーディー学派のような思弁神学派の間に存在する最も鋭い対立項の一つである。アシュアリー学派とマートゥリーディー学派は、「何ものも、彼（アッラー）のようではない」（クルアーン第四二章第一一節）との一般原則を適用し、擬人神観を帰結しかねない内容を含む伝承を比喩的に解釈することを許容する。一方、『信条』本文からも明らかなように、「ハディースの徒」は、伝承の真正性が確認されればその伝承の文言を伝えられたままに承認する。そして、その文言について補足説明を行なわない傾向が強い。

この「比喩的解釈の是非」の問題以外にも、「ハディースの徒」がアシュアリー学派やマートゥリーディー学派とは異なる信条を奉じていることが本『信条』のいくつかの箇所から読み取ることができる。

たとえば、「信仰の構成要素」の問題について、アブー・ヤアラーは、信仰が「言葉による告白」、「心による真実であるとの是認」、「身体による行為」の三つの要素によって構成されると説く。これは、信仰の構成要素から「身体による行為」を排除するアシュアリー学派やマートゥリーディー学派とは異なる見解である。また彼は、アッラーの無始なる「言葉」が、「文字」と「音声」から成ると表現する――なおこれは「ハディースの徒」の定説であり、アブー・ヤアラー独自の見解ではない。この点においても「ハディースの徒」は、アッラーの「言葉」は「文字」でも「音声」でもないとするアシュアリー学派やマートゥリーディー学派と真っ向から対立する。

更に、本『信条』の最後の部分では、スンナ派の多数派が帰属するアシュアリー学派を「逸脱した諸派」の一つに分類している。この部分からも、「ハディースの徒」がアシュアリー学派などの思弁神学をどのように認識するのかをうかがい知ることができる。

以上のように、決して網羅的な内容ではないものの、アブー・ヤアラー『信条』は、「ハディースの徒」とアシュアリー学派（およびマートゥリーディー学派）の間に神学上の明確な対立が存在することを示しながら、本邦では具体的に触れられることの少ない、「ハディースの徒」の神学的議論の特徴を明らかにする内容となっている。

底本

Abū Ya'lā, Abū al-Ḥusayn Muḥammad b. al-Qāḍī, 2002, *Kitāb al-I'tiqād*, ed. by Muḥammad b. 'Abd al-Raḥmān al-Khumayyis, Riyadh: Dār Aṭlas al-Khuḍarā'.

二 アブー・ヤアラー『信条』翻訳本文

アッラーに称賛あれ、彼が嘉すまでに。いと高きアッラーの他に神はない。称賛に値する者、称賛の主、称賛の帰す者にして始まる者、アッラーに称賛あれ。我々を非存在の後に存在に出でさせ、最善の共同体の内に加えた者、そして、我々のために、彼(アッラー)を示すものとして、その被造物のうち彼にとって最も高貴なる者、彼の使徒たちのうち彼のもとで最も誉れある者を選び、その者の地位を先立つ者たちの頭に据え、その使信を預言者たちのうち最善のものとなした者、アッラーに称賛あれ。アッラーが彼(預言者ムハンマド)と善良なる彼の一家を、彼らに特化し彼ら全員を覆う祝福によって、祝福し給うように。

さて、アッラーが我々を、うまくこなせないことを自らに負担させること、そして、できもしないことを求めることから守護し給うように。また、それらのことから遠ざかるようあなたに忠告する。そして逸脱と虚偽から我々を守護し給うように。また、それらから遠ざかるようあなたに忠告する。なぜならこの二つ(逸脱と虚偽)は、犯すことのできることのうち最悪のものであり、稼ぐことのできる最も醜いものだからである。

あなたは今、あなたがそれに従い、それによって逸脱と惑わす我欲から免れ、偉大なるアッラーから高き位階を与えられるために、私の流派、私の信条、それによって私が私の偉大なる主に仕えるところの宗旨について問うた。私はアッラーからのふんだんな褒賞に期待を寄せつつ、懲罰の悪から彼へと逃れつつ、正しい言葉を述べることができるための助力を彼により頼みつつ、あなたが問うたことについてあなたに回答する。

〔アッラーへの信仰の義務〕

まずその中から我々が最初に言及するのは、至高なるアッラーがそのしもべたちに義務として課し、その使徒――祝福あれ――を派遣してもたらし、そのために彼の啓典を下したところのものについてである。それはすなわち偉大なるアッラーに対する信仰である。

その（「信仰」の）意味は、使徒たちが彼（アッラー）の許からもたらし、それについて啓典が下され、それを携えて使徒たちが派遣されたところの、彼（アッラー）が言ったこと、彼が命じ義務としたこと、彼が禁じたことを、「真実であると是認すること」（taṣdīq）である。[1] 至高なる彼は言った。「そして我らはおまえ以前にも『我の他に神はなく、それ故おまえたちは我に仕えよ』と啓示せずに使徒を遣わしたことはない」（クルアーン第二一章第二五節）。

〔信仰の諸問題[2]〕

そして、それを真実であると是認することは、「言葉による告白」、「心による真実であるとの是認」、「身体による行為」によって成る。

誠実さの伴う行為や言葉の増加によってそれ（信仰）は増加し、背神行為によってそれは減少する。[3]

信仰〔を表明する言葉〕には条件節を付加する。条件節の付加は疑念を意味せず、学者たちによって行なわれるスンナ（模範とすべき慣行）である。したがって、もし人が「あなたは信仰者か」と問われれば、彼は「私は信仰者である。アッラーが望み給えば」あるいは「信仰者であることを望む」また「私はアッラーとその天使とその啓典とその使徒を信仰した」と言うべきである。[4]

「信仰」（īmān）と「帰依」（islām）は、二つの〔別の〕意味を持つ二つの〔別の〕名詞である。なぜなら、聖法において、「帰依」は心における「真実であるとの是認」を伴って二つの証言を行なうことを意味し、「信仰」はあらゆる献神行為を指すからである。

〔アッラーの言葉としてのクルアーン〕

クルアーンは、啓示されたアッラーの「言葉」であり、被造物ではない。どのように読まれ、どのように書かれ、どのような場所でどう唱えられようとも同じである。書くことは書かれるものであり、読むことは読まれるものであり、唱えることは唱えられるものである。▼5

いかなる状況であっても、いかなる側面においても、アッラーの「言葉」は無始であり、被造物ではない。つまり、それ（クルアーン）は創造されざるアッラーの「言葉」であり、生起物ではなく、行為されたものではなく、物体ではなく、単子ではなく、偶有ではない。それは彼（アッラー）の本質の属性の一つであり、あらゆる生起物と性質を異にするものである。

〔アッラーの「言葉」〕

彼（アッラー）はやむことなく、常に「話す者」であり続ける。それ（その属性）が彼の本質と分離し、非存在となることはあり得ない。またそれ（アッラーの言葉）は、ときに偉大なるアッラーから、ときに読誦する者から聞かれる。

崇高なるアッラーからそれを聞く者とは、彼（アッラー）自身がその語りかけを行なう者である。「昇天」の夜、

▼1 「信仰」を「真実であると是認すること」と言い換えたこの文章は、「信仰」の言語としての意味が「真実であるとの是認」(tasdīq)であると説明したものである。神学的な意味での「信仰」の「構成要素」は、次の箇所で説明される。

▼2 ここでは、「信仰の構成要素の問題」、「信仰の増減の問題」、「信仰を表明する言葉に条件節『アッラーが望み給えば』との言葉を挿入することの是非の問題」、「信仰と帰依の相違に関する問題」が言及され、それぞれ、「ハディースの徒」の通説が支持されている。

▼3 ハンバリー学派は「身体による行為」を信仰の構成要素に数えるため、行為によって信仰が増減する。

▼4 したがって、「私は真に信仰者である」とは言ってはならない。これは、「私は真に信仰者である」と言うべきと考えるマートゥリーディー学派の立場と対立する。

▼5 アシュアリー学派とマートゥリーディー学派においては、「書くこと」と「書かれること」は峻別されるが、「ハディースの徒」においては両者は同一視される。

我々の預言者ムハンマド――祝福と平安あれ――に彼が言葉をかけたことや、トゥールの山におけるムーサーがその例である。[6] 同様に、彼（アッラー）自身がその語りかけを行なう者は、その天使たちの中にも、それ以外にもいる。アッラーの無始なる「言葉」は、本義・実際として、読誦者から聞くことができる。それは理解される文字であり、聞くことができる音声である。[7]

〔アッラーの諸属性〕

次いで、偉大なるアッラーが、何ものも彼に似ない「一なる者」であることへの信仰に言及しよう。

我々は彼の諸属性を擬人化せず、それを「いかに」と説明しない。〔人間の〕思惑が彼の諸属性をいかにと明かすことはない。どのような思惑に至ろうとも、アッラーはそれを超越する。

彼は、「生」によって「生きる者」であり、「知識」によって「知る者」であり、「聞」によって「聞く者」であり、「見」によって「見る者」であり、「言葉」によって「話す者」であり、「意図」によって「意図する者」であり、「命令」によって「命令する者」であり、「禁止」によって「禁止する者」である。

また我々は、彼がその「手」によってアーダム（アダム）を創造したことを認める。[8] 至高なる彼は言った。「我らが我が〔両〕手によって創造したものに跪拝することをおまえに阻止したものは何か」（クルアーン第三八章第七五節）。そして言った。「いや、彼の〔両〕手は広げられている」（クルアーン第五章第六四節）。また彼は「右〔手〕」を持つ。彼は言った。「そして諸天も、彼の右〔手〕によって巻き上げられる」（クルアーン第三九章第六七節）。

また、彼は「顔」を持つ。彼は言った。「彼の顔を除き、あらゆるものは滅び去る」（クルアーン第二八章第八八節）。また彼は言った。「だがおまえの主の威厳と厚恩を帯びた顔は残る」（クルアーン第五五章第二七節）。

また彼は「足」を持つ。預言者――祝福と平安あれ――は言った。「そして主はその足をその中に入れ給う」。〔「その中」とは〕火獄の中に、との意である。これをアハマド〔・イブン・ハンバル〕（Aḥmad b. Ḥanbal：八五五年没）、ブハーリー（Abū ʻAbd Allāh Muḥammad b. Isnāʻīl al-Bukhārī：八七〇年没）、ムスリム（Muslim b. Ḥajāj：八七五年没）、アブー・イーサー・アッ＝ティルミズィー（Abū ʿĪsā al-Tirmidhī：八九二年没）その他が伝えている。

また、彼が毎夜この世の空に「降る」ことを認める。アッラーの使徒――祝福と平安あれ――は言った。「我らの主は、毎夜、夜の最後の三分の一が残る頃、この世の空に降る」。これはブハーリーの〔伝える〕文言である。この「降下」の伝承は、アハマド、マーリク（Mālik b. Anas：七九五年没）、ブハーリー、ムスリム、アブー・イーサー・アッ＝ティルミズィー、アブー・ダーウード（Abū Dāwūd al-Sijistānī：八八九年没）、イブン・フザイマ（Muḥammad b. Isḥāq b. Khuzaymah：九二四年没）、ダーラクトゥニー（ʻAlī b. ʻUmar al-Dāraquṭnī：九九五年没）、および、イスラーム教徒たちの諸導師が伝えている。

また、彼は信仰者たる彼のしもべに対して「笑う」。アッラーの使徒――祝福と平安あれ――は言った。「アッラーは、一方が他方を殺し、各々楽園に入る二人の男に対してお笑いになる。一方はアッラーの道に戦って殺され、その後にアッラーは殺害した者に悔悟を与えられ、彼はアッラーの道に戦って殉教するのである」。これはブハーリーその他が伝えている。

また我々は、アッラーが、諸々の〔被造物の〕「魂」（nafs）とは異なる「魂」を持つことを認める。彼は言った。「そしてアッラーはおまえたちに、彼の魂（nafs）について警戒させる」（クルアーン第三章第二八節）、「我は、我が魂（nafs）のためにおまえを〔選び抜き〕仕上げた」（クルアーン第二〇章第四一節）。またブハーリーがアブー・フライラ（Abū Hurayrah al-Yamānī：六七八／九年没）から自身に伝わる伝承経路によって伝えるところによれば彼（アブー・フライ

▼6 「それでそれ（火）がやってくると、彼は、涸川（谷）の右土手の祝福された場所の、木から呼ばれた。『ムーサーよ、まことにわれはアッラー、諸世界の主』」（クルアーン第二八章第三〇節）。

▼7 アシュアリー学派とマートゥリーディー学派においては、アッラーの「言葉」は永遠であり、文字でも音声でもない。文字と音声は、アッラーの「言葉」を指し示すものに過ぎない。

▼8 本段落以降で言及されているのは、伝承によって明らかとなるアッラーの諸属性（al-ṣifāt al-khabarīyah）の若干の例である。アシュアリー学派とマートゥリーディー学派においては、この種の伝承は比喩的に解釈されることが多い。あるいは、一部の伝承は、アッラーについて述べたものではないと判断され、退けられることもある。「ハディースの徒」は、これらの伝承を伝えられたままに承認する。

ラ）は言った。「アッラーの使徒――祝福と平安あれ――は言われた。『偉大なるアッラーは言われた。我は我がしもべが我を思うときにいる。そして我は彼が我を唱念するときに彼と共にいる。すなわち、彼が彼の魂（nafs）のなかで我を唱念すれば、我は我が魂（nafs）のなかで彼を唱念する』」。

また我々は、アッラーが玉座の上に「鎮座」したことを認める。そのように、クルアーンの七つの章――高壁章（第七章第五四節）、ユーヌス章（第一〇章第三節）、雷章（第一三章第二節）、ターハー章（第二〇章第五節）、フルカーン章（第二五章第五九節）、跪拝の啓示（第三二章第四節）、鉄章（第五七章第四節）――の中で述べられている。

また我々は、慈悲あまねく者が、アーダムを彼の「姿」に創造したことを認める。これは、アハマド・イブン・ハンバル、イブン・フザイマその他が伝えている。また、「慈悲あまねく者の姿に」とも伝えられている。これはダーラクトゥニー、アブー・バクル・アン＝ナッジャード（Abū Bakr al-Najjād：九六〇年没）、アブー・アブドゥッラー・イブン・バッタ（Abū ʿAbd Allāh b. Baṭṭah：九九七／八年没）その他が伝えている。

また我々は、アッラーが「指」を持つことを認める。アブドゥッラー〔・イブン・マスウード〕（ʿAbd Allāh b. Masʿūd：六五三年頃没）は次のように伝えている。彼は言った。「ユダヤ教徒の学者の一人がアッラーの使徒――祝福と平安あれ――の許を訪れ、彼に次のように言った。『復活の日が来ると、アッラーは諸天を〔一つの〕指の上に、諸々の大地を〔一つの〕指の上に、山と木を〔一つの〕指の上に、水と土を〔一つの〕指の上になし、そしてそれらを揺さぶり、そして「我こそ王、我こそ王」と言い給う』」。〔イブン・マスウードは続けて〕言った。「そのとき私は、アッラーの使徒が彼の言ったことに喜び、それを真実と認めたために、その奥歯が見えるほどに笑われたのを見た。そしてアッラーの使徒は言った。『しかし彼らは、アッラーを彼の真価に則り評価しなかった（測らなかった）。そして大地は全て、復活の日、彼の一握り。そして諸天も、彼の右〔手〕によって巻き上げられる。称えあれ。彼は彼らが同位に配するものから高く超越する』」（クルアーン第三九章第六七節）。これを、ヒバトゥッラー・アッ＝タバリー（Hibah Allāh al-Ṭabarī al-Lālikāʾī：一〇二七年没）、ブハーリー、ムスリム、アブー・イーサー・アッ＝ティルミズィーが伝えている。また、同様の文言を、アル＝ムバーラク・イブン・アブドゥルジャッバール・アッ＝サイラフィー

(al-Mubārak b. ʻAbd al-Jabbār al-Ṣayrafī：一一〇七年没）が、私の父の学習サークルにおいて、彼からアブドゥッラー（・イブン・マスウード）にまでさかのぼる伝承経路によって私に伝えている。彼は言った。「一人のユダヤ教徒が預言者――祝福と平安あれ――の許を訪れ、言った。『ムハンマドよ。アッラーは諸天を〔一つの〕指で、諸々の大地を〔一つの〕指で、諸々の被造物を〔一つの〕指でつかみ、そして「我こそ王」と言い給う』。〔イブン・マスウードは続けて〕言った。「するとアッラーの使徒――祝福と平安あれ――は、奥歯が見えるほどに笑われ、言われた。『しかし彼らは、アッラーを彼の真価に則り評価しなかった』」（クルアーン第三九章第六七節）。アブー・イーサー〔・アッ＝ティルミズィー〕は「これは真正で良好な伝承である」と述べている。別の文言によれば、彼（イブン・マスウード）は言った。「するとと預言者――祝福あれ――は、喜び、それを真実と認めたために笑われた」。

また、ブハーリーはその真正伝承集において、ヌーン章（筆章＝第六八章の別称）を解説するアブー・サイード（Abū Saʻīd al-Khudrī：六九三／四年没）の言葉を、彼自身の伝承経路によって伝えている。彼は言った。「私は預言者――祝福あれ――が、『我らの主は、その下腿を顕わにする。すると、全ての信仰者の男と信仰者の女は彼に跪拝する。しかし、この世において見栄や名声のために跪拝していた者は残り、その後跪拝するために赴いても、彼の背が一つの板になって〔跪拝することができずに〕戻る』と言われたのを聞いた」。

またブハーリーは、彼からアナス（Anas b. Mālik：七一〇年頃没）にさかのぼる伝承経路において次のように伝えている。彼は言った。「アッラーの使徒は言われた。『アッラーは、あなた方のうち誰かが、知らない土地で自分のラクダを見失い、後にそれを見つけたときよりも、そのしもべの悔悟に喜び給う』」。

またブハーリーは、彼からアブドゥッラー〔・イブン・ウマル〕（ʻAbd Allāh b. ʻUmar b. al-Khaṭṭāb：六九三／四年没）にさかのぼる伝承経路において次のように伝えている。彼は言った。「ダッジャール（偽メシア）が預言者――祝福あれ――の許で言及されると、彼は言われた。『あなた方がアッラーを識別できないということはない。アッラーは片目ではないのだから』。そして彼はその手でご自分の目を指し示し、言われた。『まことに、ダッジャールは右目が不能であり、その目はまるでブドウの実のようである』」。

〔諸属性を伝える伝承に対する態度〕

もし、真正な伝承によって伝えられるこれらの〔アッラーの〕諸属性、あるいはそれに類似するものを信じる者が、物体、種、形、長さについて擬人神観を採用すれば、その者は不信仰者である。[9]

そしてもしそれらに、語義が示すように、あるいは転義によって、比喩的な解釈を加えれば、その者はジャハム派である。[10]

その〔正しい〕事態は、〔アッラーを形容する表現を伝える伝承について〕比喩的解釈を行なわず、詳解（tafsīr）を行なわず、物体を帰すことをせず、擬人化をせず、もたらされたがまま〔承認すること〕である。教友とタービウーンもそのようにしたのであり、それが義務である。

〔天命〕

天命は、良いものも悪いものも、甘いものも苦いものも、少ないものも多いものも、外に顕われたものも内に秘められたものも、愛されるものも嫌われるものも、美しいものも醜いものも、始めも終わりも、アッラーからのものであると信じることが義務である。彼はその定命をそのしもべに対して定め、彼らに天命を定めた。彼ら（しもべたち）のなかに、偉大なるアッラーの意思に対抗できる者は一人もおらず、彼の定命を破る者はいない。彼らは皆、絶対的に、彼（アッラー）が彼らをそのために創造したところのものに向かって進んでおり、彼が彼らに対して定めたものの中にいる。

そして、それは偉大なる我らの主による公正である。つまり、彼は〔しもべに対して〕献神行為を意図し、それを意思し、それを嘉し、それを愛し、それを命じた。一方、背神行為を命じず、それを愛さず、それを嘉さないが、それを天命とし、それを定め、それを意思し、それを意図した。そして、殺害された者は、その天寿によって死亡する。[11]

〔死後の出来事〕

そして、墓の懲罰、およびムンカルとナキールを信仰することも義務である。至高なるアッラーは言った。「まことに彼には窮屈な生がある」（クルアーン第二〇章第一二四節）。クルアーン注釈者たちは、〔本節で意図されるものを〕「墓の懲罰である」と言う。

預言者はウマル・イブン・アル＝ハッターブ――アッラーが彼を嘉し給え――に言った。「あなたはどうするか。墓の天使二人は、黒く青い熾烈なる者である。彼らの目は閃く稲妻のようであり、彼らの声は轟く雷鳴のようである。彼らは自分たちの髪を踏みつけ、彼らの犬歯によって掘る。彼らはその手に槌を持ち、もしそれで人間やジンが殴られれば死んでしまうだろう」。ウマル――アッラーが彼を嘉し給え――は言った。「その日、私はどのような状態なのですか」。彼（預言者）は言った。「今日のあなたの状態にある」。彼（ウマル）は言った。「では、彼らに対しては、あなたで十分です。アッラーの使徒よ▼12」。また、ブハーリーは彼からウンム・ハーリド（Umm Khālid Bint Khālid：没年不詳）にさかのぼる伝承を伝えている。彼女（ウンム・ハーリド）は言った。「私は、預言者――祝福と平安あれ――が墓の懲罰から〔アッラーに〕加護を求めているのを聞いた」。また預言者――祝福あれ――は言った。「もし誰か一人の者が墓の狭隘から逃れられるとすれば、サアド・イブン・ムアーズ（Sa'd b. Mu'ādh：六二七年没）が

▼9　「ハディースの徒」は以上に挙げた伝承の内容をそのまま承認するが、そのことは彼らが擬人神観を採用することを意味しない。これらのハディースの内容は、「いかに」と問わず、擬人化を伴わずに承認される。

▼10　ジャハム派は、スンナ派から批判される一派である。ここでアブー・ヤアラーは、語義をとる形であれ、転義をとる形であれ、「表面的・直接的な意味」（zāhir）ではなく、別の意味に解釈することを非難している。なお、「語義」は「表面的・直接的な意味」とは異なる。「語義」とは言語学上の根本的意味を指すが、「表面的・直接的な意味」は、その文脈において、その言葉から最初に人間の理性の中に立ち現われる意味のことである。

▼11　人間がどのような死に方をしたとしても、それはアッラーが定めた天寿である。

▼12　つまり、「あなた（ムハンマド）のもたらした教えへの信仰と、あなたへの追従と愛で十分である」との意味。

逃れるだろう」。

そして次に、よみがえりのための叫び声を信仰することは義務である。これは、墓の中からの〔死者たちの〕復活のために、〔天使〕イスラーフィールの声によってなされる。つまり、あなたはあなたが死んでいることを自覚し、墓の中で窮屈となり、あなたの墓の中で質問を受け、死の後に復活することを自覚する。これは確定した必定である。それを否定する者は不信仰者である。

次に、復活と「道」[13]を信仰することが義務である。その日、信仰者の徴は「安全となれ、安全となれ」〔との祈願〕である。伝承の中で「道」は、「それは剣よりも鋭く、髪よりも細い」と伝えられる。

次に、「秤」を信仰することが義務である。至高なる彼は言った。「そして我らは復活の日に、公正な秤を置く」〔クルアーン第二一章第四七節〕。アブドゥッラー・イブン・マスウードは言った。「人々は、『秤』のもとに連れてこられると、そこで極めて激しい議論を交わす」。預言者――祝福と平安あれ――は言った。「『秤』は慈悲あまねく者の手にあり、彼はそれを下げ、上げる」。

次に、「溜池」と「執り成し」を信仰することが義務である。預言者――祝福と平安あれ――は言った。「私には、アイラとアダンの間――彼はその大きさがアイラとアダンの間であることを意図した――の溜池がある。その水差しは、天の星々の数である」。アナス・イブン・マーリクは言った。「『溜池』を嘘と否定する者は、そこから飲むことはできない」。

次に、「審問」を信仰することが義務である。偉大なるアッラーは、しもべたちに、あらゆる細事、大事について、および彼らが犯した各々の罪について、〔復活の日の〕諸々の立ち処において問う。

次に、アッラーが楽園と火獄を、彼が諸々の被造物を創造するよりも前に創造したことを信仰することが義務である。楽園の恵みは永遠に途絶えず、天女は死なず、火獄の懲罰は継続し、その民はその中に永遠に留まる。〔その火獄の民とは〕タウヒードを奉じず、スンナに従わずに現世から出た〔死んだ〕者たちである。

一方、タウヒードを奉じた罪人たちは、執り成しによってその中から出ることができる[14]。預言者――祝福と平安あれ――は言った。「私の執り成しは、私の共同体の内の大罪を持つ者のためにある」。また、多神教徒の〔多神教徒を親に持つ〕子たちは、火獄に入る。▼15

〔預言者〕

次に、ムハンマドが我々の預言者――祝福と平安あれ――であり、預言者たちの封緘《ふうかん》であり、使徒たちの長であり、敬虔な者たちの導師であり、諸世界の主の使いであることを信仰することが義務である。

彼〔アッラー〕は彼〔ムハンマド〕を、我々に対して、そして全被造物に対して遣わした。彼はアーダム〔アダム〕の子〔人類〕の長であり、〔復活の日に〕大地が割れて出てくる最初の者である。アーダムも彼以外の者たちも、彼の旗の下にくだる。なぜなら〔彼は〕全ての預言者の証言者であり、全ての共同体の証言者だからである。至高なるアッラーは、全ての預言者に、彼を信仰し、彼についての吉報を伝えるようにとの確約を取り付けた。彼が預言者となる前および後に、アッラーが彼に特別に与えた驚異的な奇跡たる諸々の徴に加えて、彼の形容と彼の明証は、彼ら〔諸預言者〕の啓典の中に存在する。▼16

〔クルアーンとその模倣不可能性〕

その中〔ムハンマドにもたらされた奇跡〕の一つに、全ての啓典を司り、それらについて証言し、それらを真実であることを明かす、彼の啓典〔クルアーン〕がある。それは詩にも書簡にも似ず、〔他の〕あらゆる言葉とは異なる。耳

▼13　火獄の上に架けられた、楽園へと至る橋。この橋を渡りきれた者は、火獄に入らずに楽園に入ることができる。

▼14　スンナ派の信条では、イスラーム教徒の内の罪人は、アッラーが望めば火獄には入らずに楽園に入るが、アッラーが望めば火獄に一定の期間入れられ、その後楽園に入る。

▼15　多神教徒の子供が成熟するよりも前に死んだ場合に楽園に入るのか火獄に入るのかについては、スンナ派の中にも見解の相違がある。

▼16　つまり、ムーサーに与えられたタウラーや、イーサーに与えられたインジールなどの啓典の中にも、ムハンマドの到来を予言する文言があったことを意味する。

と認識を驚嘆させ、「虚偽がその（クルアーン）前から、また後ろからもやって来ることはなく、英明にして称賛されるべき者の啓示である」（クルアーン第四一章第四二節）。また人間とジンには、たとえ彼らが互いに協力したとしても、それと同じようなものをもたらすことは不可能である。〔クルアーンは〕韻律、模倣不可能性、簡潔さ、簡明さ、言葉の正しさ、能弁さ、忠告、諫言、あらゆる献神行為の命令、寛大さ、礼節、あらゆる忌まわしい行為・浪費・背神行為・醜悪な行ないの禁止、清浄・礼拝・斎戒・喜捨・巡礼・ジハード・近親との絆を保つこと・努力・寄与・実直・忠実・畏怖・希望などのあらゆる誉れある行ないによる崇拝行為、およびそうした崇拝行為を増加させる数えきれないもの、更には、彼（ムハンマド）――祝福と平安あれ――の民が「これとは別のクルアーンを持ってこい。あるいはそれを挿げ替えよ」（クルアーン第一〇章第一五節）と言ったときの彼の反論を併せ持つ啓典である。彼（ムハンマド）は彼らに、「言え。私にはそれを自分勝手に挿げ替えることはできない。私は私の主から私に啓示されたものに従っているに過ぎない」（クルアーン第一〇章第一五節）と応じた。

そして彼は彼らにこう述べた。「言え。もしアッラーが望んだならば、私がそれをおまえたちに読み聞かせることも、彼がおまえたちにそれについて知らせることもなかった。そして私はおまえたちの間で生を過ごしてきた。おまえたちは悟らないのか」（クルアーン第一〇章第一六節）。すなわち、「四〇年の間、私は貧しい孤児であり、書くこともできず、教師にも、魔術師にも、巫者にも、詩人にも師事することはなかった。それなのに、あなた方はそれを考えないのか。あなた方は、この徴がアッラー以外には為し得ないということを知っているにもかかわらず」という意味である。また彼は「おまえたちは過去にそれを為し得ず、これからも彼らは為し得ないにもかかわらず」（クルアーン第二章第二四節の類似表現）と言った。こうして彼（アッラー）はこの徴を、彼（ムハンマド）の生前、および彼の死後に、クルアーンの中になした。誰一人として、その韻律・構成・真実性・有意性・その中の益と知の多大さにおいて、それ（クルアーン）と同等のもの、あるいはその中の一章〔と同等のもの〕をもたらすことはできない。また同時に、被造物はそれを完全に認識することも、それが孕む知の極致まで到達することもできない。また、「アリフ・ラーム・ミーム。ローマは制圧された。この地の近くで。だが彼らは、彼らの敗北の後、いずれ制圧するであろう」（クルアーン第三〇章第一節から第三節）との彼の言葉によって、昔の者たち、および後の者たちの諸々の時代について彼——祝福と平安あれ——に告げ知らせた。[▼17] また「いずれその集まりは打ち負かされ、敗走する」（クルアーン第五四章第四五節）との彼の言葉によって、それをその生起の前に告げ知らせた。[▼18] また、至高なる彼は言った。「あれは、我らがおまえに啓示する隠されたものの消息。おまえもおまえの民も、これより前にはそれを知らなかった」（クルアーン第一一章第四九節）。

〔夜行と昇天の奇跡〕

彼（ムハンマド）——祝福あれ——には、最も偉大なる徴が与えられた。それは地上と天において彼にもたらされ、人類が未だかつて同じ経験をしたことはなく、預言者たちの誰一人としてそこに達したことはないものである。理解力と知性と英明さの持ち主がこの徴について熟慮すれば、アッラーが彼（ムハンマド）のために、諸々の位階の誉れ、そして、それによって彼を昔の者たちと後の者たちよりも優位な者となしたところのものを、その徴の中に集めたことを知るだろう。

彼は〔天馬である〕ブラークに乗り、一夜のうちにエルサレムを訪れ、そしてそれ（ブラーク）によって諸天に昇り、そこで天使たちや預言者たちに挨拶し、彼らと共に礼拝を行ない、楽園に入り、火獄を見、その夜のうちに彼に五回の礼拝が義務として与えられ、彼はその主を見、彼（アッラー）は彼を彼に寄せて近づけ、彼に言葉をかけ、彼に誉れを与え、彼に諸々の恩寵（karāmāt）と証明（dalālāt）を目撃させ、ついにはその主に近づいて下り、彼は弓二つの間隔、あるいは更に近くなった。[▼19]

▼17　ササン朝ペルシャが東ローマ帝国のシリア地方を攻略した後、東ローマがペルシャ軍を駆逐した出来事を指す［中田 2014, 434–435］。

▼18　「バドルの戦いに際して、マッカの多神教徒たちが『我らは援けを得る（勝利する）集りである』と言ったのに対してこれらの節が啓示された」［中田 2014, 565］。

▼19　「称えあれ、そのしもべを、夜に、〔マッカの〕禁裏モスクから〔エルサレムの〕最遠のモスクへと夜行させた者に」（クルアーン第一七章第一節）。

そしてアッラーはその「手」を彼（ムハンマド）の両肩の間に置き、彼はその〔「手」の〕冷たさをその両胸の間に感じた。[20] そして彼（アッラー）は昔の者たちと後の者たちの知識を彼（ムハンマド）に授けた。偉大なる彼は言った。「我らがおまえに見せた光景は、人々への試練に他ならない」（クルアーン第一七章第六〇節）。

そしてそれは、覚醒した状態での目撃であり、眠った状態で起こったのではない。その後彼はその夜の内に、彼の身体を伴ってマッカに帰った。

〔ムハンマドに与えられる「称えられし地位」〕

また彼（アッラー）はその啓典の中で、「そしていずれ必ずやおまえの主は、おまえに授け、そうしておまえは満足するだろう」（クルアーン第九三章第五節）との言葉によって、彼が来世において、現世で彼に与えたよりも多くの徳と誉れを彼に与えることを告げている。また、彼に来世において与えられる最も偉大な地位は、昔の者たちと後の者たちの誰もそれと等しいものを得ることはない。マッカの人々の出来事について書かれたイブン・アブー・ハイサマ・アブー・バクル・アハマド（Ibn Abī Khaythamah：八九二年没）の『歴史』では、彼からムジャーヒド（Mujāhid b. Jabr：七二二年頃没）にさかのぼる伝承経路によって伝えるところによれば、「きっとおまえの主は、おまえを称えられし地位の上によみがえらせる」（クルアーン第一七章第七九節）との彼（アッラー）の言葉について、彼（ムジャーヒド）が「彼（アッラー）は彼（ムハンマド）を玉座の上に座らせる」と述べたと伝えられる。

また、アブー・シャイバの二人の息子、アブー・バクル（Abū Bakr b. Abī Shaybah：八四九年没）とウスマーン（ʻUthmān b. Abī Shaybah：八五三年没）は、「きっとおまえの主は、おまえを称えられし地位の上によみがえらせる」（クルアーン第一七章第七九節）との彼（アッラー）の言葉について、ムジャーヒドが「彼（アッラー）は彼（ムハンマド）を玉座の上に座らせる」と述べたと伝えている。

同様のことを、〔アハマド・イブン・ハンバルの息子〕アブドゥッラー・イブン・アハマド（ʻAbd Allāh b. Aḥmad b. Ḥanbal：九〇三年没）が、彼からムジャーヒドにさかのぼる伝承経路で伝えている。イスハーク・イブン・ラーハワイフ（Isḥāq b. Rāhawayh al-Marwazī：八五三年没）は、イブン・ファディール（Muḥammad b. Faḍīl：八一〇年頃没）、次いでライス（Abū al-Ḥārith al-Layth b. Sa'd：七九一年没）、次いでムジャーヒドにさかのぼる伝承経路によって、「きっとおまえの主は、おまえを称えられし地位の上によみがえらせる」（クルアーン第一七章第七九節）との彼の言葉について、彼（ムジャーヒド）が「彼（アッラー）は彼（ムハンマド）を、彼（アッラー）と共に、玉座の上に座らせる」と述べたと伝えている。イブン・ウマイル（Ibn 'Umayr：没年不詳）は言った。「私は、アブー・アブドゥッラー・アハマド・イブン・ハンバルが、『彼はムハンマドを玉座の上に座らせる』とのムジャーヒドの伝承について問われ、次のように言ったのを聞いた。『学者たちは、それを受け入れるべきだと述べている。我々はこの伝承を、伝えられた通りに受け取る』」。イブン・アル＝ハーリス（Bishr b. al-Ḥārith al-Marwazī al-Ḥāfī：八四二年没）は言う。「たしかに、彼はムハンマドを玉座の上に座らせる」。アブドゥッラー・イブン・アハマドは言う。「そして私は、この伝承を退ける全ての者を否定する」。

イブン・アッバースは「称えられし地位」（クルアーン第一七章第七九節）との彼（アッラー）の言葉について、「彼が彼を玉座の上に座らせる」と述べたと伝えられる。

我々の導師アブー・バクル・アル＝マッルーズィー（Abū Bakr al-Marrūdhī：八八八年没）はこれらの伝承を伝え、それについて大著を著している。私の父――アッラーの慈悲を――も、我々に免状を与えたものの中で、彼（マッルーズィーか？）についてそれ（この種の伝承）を伝えており、彼からイブン・ウマル、次いで預言者――祝福と平安あれ――にさかのぼる伝承経路において、「きっとおまえの主は、おまえを称えられし地位の上によみがえらせる」（クルアーン第一七章第七九節）との彼（アッラー）の言葉について彼（マッルーズィー）が「彼は彼を寝台の上に座らせ

▼20 この出来事は夜行と昇天の奇跡とは関係なく、別の日に起こった出来事としても伝えられている。「〔…〕そして私は彼が彼の手のひらを私の両肩の間に置くのを見た。すると私は彼の指先の冷たさを私の胸の中に感じた」（アハマドやティルミズィーらの伝えるハディース）。

る」と述べたと伝えている。また、彼からアーイシャ――アッラーが彼女を嘉し給え――にさかのぼる伝承経路において、彼女は言った。「私がアッラーの使徒――祝福と平安あれ――に『称えられる地位』について尋ねると、彼は言った。『我が主は、私を玉座の上に座らせることを約束された』」。

彼（著者の父か?）からイブン・ウマルにさかのぼる伝承経路によれば、〔イブン・ウマルは言った〕「ウマル・イブン・アル＝ハッターブ――アッラーの慈悲あれ――は私に言った。『私は預言者――祝福と平安あれ――に、彼の主が彼に約束しているものについて尋ねた。すると彼は言った。「彼は私に、称えられる地位を約束された。そしてそれは、玉座の上に座ることである」』」。

また彼（ムハンマド）には、約束された日において、約束された溜池が与えられている。[21]

預言者に対して声を荒げる者は、その行為を喪失し無にすることが定められている。偉大なるアッラーは言った。「おまえたちは、おまえたちの声を預言者の声の上に上げるな。また、おまえたちの互いへの大声のように彼に向かって大声で話すな。おまえたちが気づかない内に、おまえたちの行為を無にすること〔がないように〕」（クルアーン第四九章第二節）。

また彼は、その預言者と対話する際、および彼に話しかける際の礼節を、彼らに教えた。彼は言った。「おまえたちは、おまえたちの間での使徒の呼びかけを、おまえたちの互いの呼びかけのようにするな」（クルアーン第二四章第六三節）。つまり、〔ムハンマドに対して〕「アハマドよ」、「ムハンマドよ」、「アブー・アル＝カースィムよ」などと言わず、「アッラーの使徒よ」、「アッラーの預言者よ」などと言え、との意味である。同様に偉大なる彼は、「おまえたちがアッラーと彼の使徒を信仰し、彼を援助し、彼を称揚し、彼を賛美するために」（クルアーン第四八章第九節）と言い、彼（ムハンマド）を偉大な者とみなすよう彼らに命じた。

彼（アッラー）自身もまた、彼に語りかける際に、彼を偉大な者、誉れある者とし、その他全ての彼の預言者と区別した。すなわち、彼は〔ムハンマドに対して〕「使徒よ。おまえの主からおまえに下されたものを伝えよ」（クルアーン第五章第六七節）と言ったが、〔ムハンマド以外の〕諸預言者に対しては、「アーダム（アダム）よ」、「ヌーフ（ノア）

よ」、「イブラーヒーム（アブラハム）よ」、「ムーサー（モーセ）よ」、「イーサー（イエス）よ」と、彼らの名によって語りかけている。また、〔アッラーは〕「そして使徒がおまえたちに与えたものがあればおまえたちはそれを受けとれ。そして彼がおまえたちに禁じたものをおまえたちは避けよ」（クルアーン第五九章第七節）と言い、彼（ムハンマド）からの命令と禁止を、クルアーンの〔命令とその〕禁止と同等に扱っている。また彼（アッラー）は彼の諸属性の内の二つの属性を彼（ムハンマド）に帰し、言った。「おまえたちの許におまえたち自身の中から使徒が確かにやってきたのである。おまえたちが悩むことは彼にとって辛く、彼はおまえたちに心を砕き、信仰者たちに対して憐れみ深く、慈悲深い」（クルアーン第九章第一二八節：傍点引用者）。

また、彼（アッラー）は彼（ムハンマド）以外の誰のためにも、その預言者性の〔証明の〕ために誓いを立てることはなかった。すなわち彼は言った。「ヤー・スィーン。英明なるクルアーンにかけて。まことにおまえ（ムハンマド）は使徒たちの一人であり、まっすぐな道の上にある」（クルアーン第三六章第一節から第四節）。また彼は言った。「おまえの生命にかけて。まことに彼らは、彼らの混乱の中を闇雲にさ迷う」（クルアーン第一五章第七二節）。

また彼（アッラー）はイブラーヒームの言葉として「また、彼らがよみがえらされる日に、私を辱め給うな」（クルアーン第二六章第八七節）と述べ、その後に、彼（アッラー）はそれに応えた。一方、我々の預言者——祝福と平安あれ——については、〔預言者から〕それを求めることなく、彼（アッラー）〔の方〕がそれを最初に言及し、「アッラーが預言者（ムハンマド）そして彼と共に信仰した者たちを辱めない日に」（クルアーン第六六章第八節）と言っている。

また、ムーサーは「彼は言った。主よ、私の胸を広げ給え」（クルアーン第二〇章第二五節）と言い、その後にアッラーは「おまえの願いはおまえに与えられた。ムーサーよ」（クルアーン第二〇章第三六節）と言い、それに応えた。一方、我々の預言者——祝福と平安あれ——には「我らはおまえのために、おまえの胸を広げたのではなかったか」（クルアーン第九四章第一節）と言った。

▼21　審判の日、この溜池から飲んだ者は、もはや渇きを覚えることがないと言われる。

また、彼（アッラー）は彼（ムハンマド）の罪を、それに言及することなく赦したが、彼以外の者の罪については、それを顕わにした上で赦した。彼は言った。「こうしてアーダムは彼の主に背き、道を誤った。その後、彼の主は彼を選び、彼に顧み戻り、導いた」（クルアーン第二〇章第一二一節から第一二二節）。また彼はダーウード（ダヴィデ）について言った。「そこでダーウードは我らが彼を試みたと考えた。それ故彼は彼の主に赦しを乞い、身を屈してひれ伏し、悔いて帰った。それ故我らは彼にそれを赦した」（クルアーン第三八章第二四節から第二五節）。また「また、我らはかつてスライマーン（ソロモン）に試練を与え、彼の高御座の上に一体の肉体を投じ、それから彼は悔いて帰った」（クルアーン第三八章第三四節）と言い、「そして、ズン＝ヌーンを〔想起せよ〕。彼が怒って出かけたときのこと。彼は我らが彼に対して力を及ぼすことがないだろうと思った。それから彼は、諸々の暗闇の中で祈った。『あなたの他に神はない。称えあれ、あなたこそ超越者。まことに私は不正な者たちの一人でした』。そこで我らは彼に応えた」（クルアーン第二一章第八七節から第八八節）と言った。一方、我々の預言者に対しては「アッラーがおまえのために、おまえの罪のうち先行したものも後回しになったものも赦すために」（クルアーン第四八章第二節）と言い、その罪に言及していない。また「そして我らは、おまえの背を押しつぶしていたおまえの重荷を取り除いたのではなかったか」（クルアーン第九四章第二節から第三節）と言い、その「重荷」の正体に言及しなかった。

〔教友〕

次に、アッラーの使徒の後に最善の被造物であり、諸々の預言者と使徒の後に全ての被造物の中で最も偉大な位階を持つ者であり、アッラーの使徒の後継者位に全ての被造物の中で最も適任である者は「篤信者」アブー・バクル――彼にアッラーの嘉しを――であることを信仰することが義務である。次いで、彼の後は、順にアブー・ハフス・ウマル・イブン・アル＝ハッターブ――アッラーが彼を嘉し給え――、次いで「二つの光の持ち主」[22]ウスマーン・イブン・アッファーン――アッラーが彼を嘉し給え――、次いで、この特徴と性質において、アル＝ハサンの父、アリー・イブン・アブー・ターリブである――アッラーが彼を嘉し給え。

また我々は、かの一〇名に楽園を証言する。彼らは預言者の教友たる、アブー・バクル、ウマル、ウスマーン、アリー、タルハ、ズバイル、サアド（Saʿd b. Abī Waqqāṣ：六七〇年没）、サイード（Saʿīd b. Zayd：六七一年頃没）、アブドゥッラハマーン・イブン・アウフ（ʿAbd al-Raḥmān b. ʿAwf：六五二／三年没）、アブー・ウバイダ・イブン・ジャッラーフ（Abū ʿUbaydah b. al-Jarrāḥ：六三九年頃没）である。▼23

そして、かの使徒――祝福と平安あれ――の教友の全て、つまり、その最初の者から最後の者に至るまでに〔アッラーの〕慈悲を祈願し、彼らの美点に言及すること〔が義務である〕。また、ムアーウィヤは信仰者たちの従兄弟であり、諸世界の主の啓示を書き留めた者である。▼24

〔逸脱の徒〕

また、逸脱と迷妄の民を退けることが義務である。彼らとはたとえば、擬人神観論者、物質神論者、アシュアリー派、ムウタズィラ派、ラーフィド派、ムルジア派、カダル派、ジャハム派、ハワーリジュ派、サーリム派、カッラーム派、その他の非難されるべき諸派を言う。▼25

▼21　審判の日、この溜池から飲んだ者は、もはや渇きを覚えることがないと言われる。

▼22　つまり、アリーも、預言者たちの後に続く、最も優れた人間の一人である。そして、彼はアブー・バクル、ウマル、ウスマーンに次ぐ、後継者位にふさわしい四人目の者である。

▼23　「アブー・バクルは楽園に入る。ウマルは楽園に入る。ウスマーンは楽園に入る。アリーは楽園に入る。タルハは楽園に入る。ズバイルは楽園に入る。アブドゥッラハマーン・イブン・アウフは楽園に入る。サアド・イブン・アブー・ワッカースは楽園に入る。アブー・ウバイダ・イブン・アル＝ジャッラーフは楽園に入る。サイード・イブン・ザイドは楽園に入る」（アハマドの伝えるハディース）。

▼24　ムアーウィヤは教友の一人で、第四代イマームのアリーと対立し、スィッフィーンの戦いを起こした。シーア派では彼は反逆者たる不信仰者であるが、スンナ派では彼は――たとえ政治的判断を誤ったとしても――偉大な教友の一人である。

▼25　「ハディースの徒」の多くの者の見解では、アシュアリー学派（およびマートゥリーディー学派）は、スンナ派を構成せず、逸脱した諸派に含まれる。

これが私の信条であり、私の主にそれによって仕える ところのもの。またこれは私の父――アッラーの慈悲を――が拠っていたところのものである。

アッラーに称賛あれ。アッラーがムハンマドとその一家全員に祝福を与え給うように。

第六章

イブン・クダーマ『比喩的解釈の咎』

一．紹介

イブン・クダーマ（Ibn Qudāmah al-Maqdisī：一二二三年没）はハンバリー学派の著名な学者である。アブー・ヤアラー同様、イブン・クダーマもまた、比喩的解釈を否定し、アシュアリー学派やマートゥリーディー学派などの思弁神学者に敵対するタイプの「ハディースの徒」の論客である。

ここに訳出した『比喩的解釈の咎 *Dhamm al-Ta'wīl*』は、「ハディースの徒」と思弁神学者の間の主要な対立事項の一つである、「クルアーンやハディースの文言を比喩的に解釈することの正当性」の問題に焦点を当て、自派の正しさと、論敵の誤りを主張するものである。

すなわち、イブン・クダーマは本論考で、思弁神学者が採用する比喩的解釈はイスラーム教において禁じられるものであること／その根拠がクルアーン、スンナ、学者たちの合意（イジュマーウ）に見出されること／そして、クルアーンとハディースで伝えられるままの文言をそのまま是認するという「ハディースの徒」の立場こそ、ムハンマドとその教友、およびその後の学者たちの道であることを主張する。

これまで、本邦で一般に流通している書籍では、「ハンバリー学派は思弁神学派と対立する」ということに言及されることがあっても、具体的にどのような問題意識で前者が後者を批判するのか、そして、その対立は一体どの程度のものであるのかという点は紹介されてこなかった。本論考の紹介を通して、スンナ派内部に潜在する神学的対立項の一局面を紹介することができれば幸いである。

この章の次の第七章に収めたテクストには、イブン・クダーマのような批判に対する思弁神学者側の反論が書かれているので、併せて読まれたい。

底本

Ibn Qudāmah, Muwaffaq al-Dīn, 1994, *Dhamm al-Ta'wīl*, ed. by Badr b. 'Abd Allāh al-Badr, Sharjah: Dār al-Fatḥ.

二 イブン・クダーマ『比喩的解釈の咎』翻訳本文

慈悲あまねく慈悲深きアッラーの御名において。

アッラーに称えあれ。不可視界と現象界を知る者。定めと意図を遂行する者。創造と再生、滅びと救済の采配をただひとり行なう者。彼は一群を背きの上に、一群を崇拝の上に創造し、両陣営を二つの階層に振るい分けた。すなわち、悪を為した者には最悪〔な結末〕があり、善を尽くした者には至善と、更に追加がある。[1] そしてアッラーが、我々の導師、選ばれし者ムハンマドとその一家に祝福を与え、その祝福により、彼の復活に栄誉を与え給うように。

さて、私は、サラフに追随することと、来世において彼らと共にいることを愛する者が彼らと同じ道を歩むことができるよう、至高なるアッラーの名と属性についての、サラフと、至善をもって彼らに追従した者たちの立場(madhhab)について語りたいと思う。なぜなら、現世において〔何かに〕追従する者は、来世において、その追従される者と共にいるからである。また彼（何かに追従する者）は、追従される者に約束された良いものと悪いものと同じものが約束された道を歩む者だからである。このことは、至高なる彼の言葉「そして、移住者たちと援助者たちの最初の先行者たちと、至善をもって彼らに追従した者たち、アッラーは彼らに満足し、彼らも彼に満足する」（クルアーン第九章第一〇〇節）および、誉れある彼の言葉「そして、信仰し、その子孫たちが信仰によって彼らに追従した者たち、我らは彼らに彼らの子孫たちを追いつかせた」（クルアーン第五二章第二一節）が示している。また彼（アッラー）はイブラーヒーム（アブラハム）――平安あれ――の言葉として次のように言った。「私に追従した者は私の身内である」（クルアーン第一四章第三六節）。また彼は、それと対極のことについて「そして、その者のために導きが明らかにされた後で使徒に刃向かい、信仰者たちの道ではないものに追従する者は、我らは彼を、彼が自らを任せたものに任せる」（クルアーン第四章第一一五節）と言った。また至高なる彼は言った。「信仰した者たちよ。ユダヤ教徒とキリスト教徒を後見としてはならない。彼らは互いに後見である。お前たちの内、彼らに自らを任せた者は彼らの身内である」（クルアーン第五章第五一節）。また彼は言った。「すると彼らはフィルアウン（ファラオ）の命令に従った。フィルアウンの命令は良識に適っていなかったにもかかわらず。彼は復活の日、彼の民を率いて、彼らを火獄へ連れ下る」（クルアーン第一一章第九七節から第九八節）。このように、彼（アッラー）は彼らを、彼らが彼（フィルアウン）に現世で追従していたことを理由に、来世において火獄に入る彼の追従者となしたのである。

伝承によれば、〔復活の日に〕アッラーは、あらゆる民のために、彼らが現世において崇拝していたもの――石や木や太陽や月その他――に形を与える。そして言う。「全ての人間を、現世で彼の責を負っていたものに任せることが我からの公正であろう」。そして言う。「全ての共同体は、現世で彼らが崇拝していたものに追従する」。そうして、彼らは彼らに追従し、彼らは彼らを火獄の中へと引き連れていく。

つまり、これと同様に、現世において、スンナや逸脱、善や悪においてある指導者に追従したあらゆる者は、来

▼1　「最悪」とは火獄の懲罰であり、「至善」とは楽園であり、「追加」とは楽園においてアッラーを見ることである。

世においてサラフと共にいることになる。したがって、来世においてサラフと共にいること、そして彼らに約束された楽園と〔アッラーの〕満足を与えられることを望む者は、至善をもって彼ら（サラフ）に追従しなければならない。彼らの道以外のものに追従する者は、至高なる彼の言葉「そして、その者のために導きが明らかにされた後で使徒に刃向かい、信仰者たちの道ではないものに追従する者は、我らは彼を、彼が自らを任せたものに任せる」（クルアーン第四章第一一五節）の一般的な意味の範疇に含まれる。

私は本書を、三つの節に分けた。

第一節　彼ら（サラフ）の立場の解明
第二節　彼らに追従すべきであることについて
第三節　彼らの議論が正しく、彼らの結論が真理であることの解明

我々は至高なるアッラーに、我々、および全てのイスラーム教徒を彼のまっすぐな道へと導き、我々、および彼らを、その慈悲によって安寧の楽園の相続人となし給うことを求める。

第一節　至高なるアッラーの諸属性についての彼らの立場の解明

サラフ――アッラーの慈悲あれ――の立場は、至高なるアッラーの諸属性と諸名を、彼がその徴と啓示の中で彼自身によって形容したか、あるいは彼の使徒の舌を通して形容した通りに、いかなる追加も削除もなく、いかなる誇張も説明もなく、その直接的な意味に反する比喩的解釈もなく、被造物の属性や被生起物の性質に似せた擬人神観もなく信じるというものである。彼らはそれがもたらされたままに認め、それを言った者にそれについての知識を委ね、それを語った者にその意味を委ねた。[2]

彼ら（サラフ）の一部は次のように言った。またこれは、シャーフィイー――アッラーの慈悲あれ――の言葉と

しても伝えられている。「私は、アッラーからもたらされたものをアッラーの意図において信仰し、アッラーの使徒――祝福と平安あれ――からもたらされたものをアッラーの使徒の意図において信仰する」と。

彼らはそれを語った者（アッラー、あるいはアッラーの使徒）が真実を述べていることを知っており、それが真実であることに疑念を持っていなかった。そのため彼らは、そのまことの意味を知らないままに、彼を、真実を述べる者であると承認し、知らないことについては沈黙したのである。そして次〔の世代〕の者も、先〔の世代〕の者のこの態度に倣った。彼らは互いに、彼らの内の最初の者（預言者の世代）が採った立場によくよく追従し、そこに留まるよう助言し合い、彼らから逸脱し、彼らの方法から逸れることがないよう忠言し、彼らの道と彼らの立場を互いに明らかにした。願わくは至高なるアッラーが、我々を彼らに倣う者たちの一員となし給うように。そして彼らが証明したものを我々も証明し、彼らが歩んだ道を我々も歩めるように。

彼らの立場が、我々が以上で述べた通りであることの典拠は、彼らがクルアーンと使徒――祝福と平安あれ――の諸伝承を我々に伝える際に、それを真実であると認め、それを信仰し、それを受け入れ、それに疑問を持たず、それを言った者が真実を述べていることに疑念を挟まず、その中の属性に関わるものについて説明せず、それを比喩的に解釈せず、それを被造物の属性に似せなかったという事実である。

なぜそう言えるのかと言うと、もし彼らがそれらの内の何かを行なっていたとしたら、それを彼らが行なったと伝えられていたはずであり、それが完全に隠蔽されることはあり得ないことだからである。というのも、伝達され、知られる必要があることを隠そうとすることは、虚偽の伝達を試みることと同じ程度醜悪であり、不法な行為であり、許されないからである。

むしろ、彼らはこのことについて、沈黙する以上のことを為したことが伝えられている。すなわち彼らは、「曖昧な節」に関して質問する者を見れば、ときに辛辣な言葉によって、ときに殴打によって、ときにその質問が激し

▼2 「それを言った者」と「それを語った者」とは、アッラー、あるいはその預言者ムハンマドである。

く嫌悪されるものであることを示して拒絶することによって、その者を排除するよう努めた。

それ故に〔二代目カリフの〕ウマル――アッラーが彼を嘉し給え――は、〔アブドゥッラー・〕サビーグ（Ṣabīgh b. ʻIsl：没年不詳）が「曖昧な節」について質問を発していると伝え聞いたとき、ナツメヤシの太い枝を用意させた。そしてあるときウマルが説教をしていると、ある者が立って、彼に「撒布し撒き散らすものにかけて。そして重荷を運ぶものにかけて」（クルアーン第五一章第一節から第二節）とその後の節〔の意味〕について尋ねた。ウマルは下りて言った。「あなたの名前は何か」。彼は言った。「私はアブドゥッラー・サビーグだ」。ウマルは言った。「私はアブドゥッラー・ウマルだ。あなたの頭を見せなさい」。彼はそれを顕わにし、彼はその上に髪を認めた。そして彼（ウマル）は彼（サビーグ）に言った。「もし私があなたの頭を剃られているのを認めたら、あなたの両目がその中にある者（つまり、あなた）を、この剣で打っていただろう」[3]。そして彼（ウマル）は彼（サビーグ）について命じ、彼（サビーグ）は激しく殴打され、バスラに送られた。バスラの民は、彼と共に座さないよう命じられた。彼はしばらくその状態にあり、疥癬《かいせん》に冒されたラクダのようであった。彼が集まりに参加すると、人々は「信仰者たちの長（ウマル）の命令である」と言い、彼の許から散り散りに別れた。ついに彼は悔悟し、かつて自分の中にあったもの（考え）が全く残っていないことをアッラーに誓ったため、ウマルは彼と共に座すことを〔人々に〕許したのである。その後、ハワーリジュ派が台頭し、彼（サビーグ）の許を訪れたとき、彼に「今やあなたの時である」と言った。しかし彼は、「否。私は正しいしもべ（ウマルのこと）の忠告に聞き従う」と返答した。

〔マーリク法学派の学祖〕マーリク・イブン・アナス――アッラーが彼を嘉し給え――は、「アブー・アブドゥッラーよ、『慈悲あまねく者、玉座に彼は鎮座した』（クルアーン第二〇章第五節）とありますが、どのように鎮座したのですか」と質問された。マーリクが目を垂れて黙りこくったので、人々は彼の反応を待った。その後彼は頭を上げ、彼に言った。「鎮座は知り得ないものではない。しかし、その様態は理解し得るものではない。それを信仰することは義務であり、それについて質問することは逸脱（bidʻah）である。私はあなたを罪人と考える」。そして彼は命じられ、追い出された。

彼ら（ウラマー）の中の一群について、このことについての議論を退け、諸属性についての伝承を伝えられたまま踏襲するよう命じたことが伝えられている。そして導師たちの中の一群について、彼らの立場が我々が彼らについて語った通りであることが伝えられている。

〔…数名の伝承者名略…〕サハル・イブン・ウスマーン・イブン・サハルは我々に話した。「〔…数名の伝承者名略…〕私はムハンマド・イブン・アル＝ハサン〔・アッ＝シャイバーニー〕（Muḥammad b. al-Ḥasan al-Shaybānī：八〇五年頃没）が次のように言うのを聞いた。東から西の全ての法学者たちは、クルアーンと、信頼に足る者たち（thiqāt）がアッラーの使徒――祝福と平安あれ――の言葉として伝えた偉大なる主の属性に関するハディースを、説明せず、形容せず、被造物に似せずに信仰すべきことに見解を一致させている。したがって、もしそれらの何かを説明すれば、預言者――祝福と平安あれ――が信仰していたものから外れ、共同体（al-jamāʻah）を離反したことになる。なぜなら彼らはそれを形容せず、説明しなかったからである。彼らはクルアーンとスンナの中にあるものを信仰し、そして沈黙した。〔ジャハム派の名祖である〕ジャハム（Jahm b. Ṣafwān：七四六年没）の見解を採用した者は集団を離反したことになる。なぜならその者は、他でもなく、何らかの形容によってそれを形容したからである」。

ムハンマド・イブン・アル＝ハサンは、「アッラーは現世の空に降る」などの内容を持つハディース群について次のように言った。「これらのハディースは、信頼に足る者たち（thiqāt）が伝えている。それ故我々もそれを伝え、それを信仰するが、それを説明することはない」。

〔…数名の伝承者名略…〕アル＝ハーフィズ・アブー・バクル・アハマド・イブン・アリー・イブン・サービト・アル＝ハティーブ（al-Ḥāfiẓ Abū Bakr Aḥmad b. ʻAlī b. Thābit al-Khaṭīb al-Baghdādī：一〇七一年没）[4]は我々に伝えて言った。「〔アッラーの〕諸属性について言えば、真正スンナ集の中で伝えられるそれ（諸属性）についてのサラフ――アッラーが彼

▼3　ムハンマドは、やがて現われるイスラーム教徒に敵対する集団の特徴として、髪が剃られている旨の言葉を残したため、ウマルは、サビーグがまさにその集団の一人なのかどうかを確かめたのである。

らを嘉し給え――の立場は、それを肯定し、その文言を踏襲し、その説明と擬人神観を否定することである」。

この問題の本質は、〔アッラーの〕諸属性について語ることは〔アッラーの〕そのものについて語ることの一部であるということであり、それについては正確に模倣されなければならない。なぜなら、偉大なる諸世界の主を肯定することは、その存在を肯定することであり、境界と様態を限定する意味での肯定ではないのであるから、これと同様に、彼の諸属性を肯定することはその存在の肯定であり、境界と様態を限定する意味での肯定ではないからである。

したがって、我々が「至高なるアッラーは手を持つ」、「聴覚を持つ」、「視覚を持つ」と言うとき、それはアッラー自身が肯定した諸属性を肯定するのであり、「手」の意味は「権能」であるとか、「聴覚」や「視覚」は「知識」であるとは言わず、〔反対に〕それらが身体部位であるとも言わない。我々はそれらを、行為するための身体部位や器官であるところの手や聴覚や視覚に似せて理解しない。

我々は言う。それが肯定されることが伝えられている。なぜなら、それらについては「啓示による指定」が伝えられているからである。またそれを被造物に似せることを否定することが義務となる。なぜなら、至高なるアッラーの言葉に「何ものも、彼のようではない。そして彼は、聴く者であり見る者である」（クルアーン第四二章第一一節）とあり、また「そして彼には、彼に匹敵する者は一人としてない」（クルアーン第一一二章第四節）とあるからである。〔…数名の伝承者名略…〕アブー・ウスマーン・イスマーイール・イブン・アブドゥッラハマーン・アッ＝サーブーニー（Abū ʻUthmān Ismāʻīl b. ʻAbd al-Raḥmān al-Ṣābūnī：一〇五七年没）は言った。「クルアーンとスンナに忠実に従うハディースの徒は、彼らの至高なる主を、彼の啓典と啓示が述べ、真正の諸伝承が伝え、公正で信頼に足る者たち（al-ʻudūl al-thiqāt）が伝達するところの、彼の使徒が証言した諸属性によって認める。彼らは彼の（アッラーの）諸属性をその被造物の諸属性と似せる擬人神観を信じず、擬人神観論者のように『いかに』と説明せず、ムウタズィラ派とジャハムのように言葉をその意味から改ざんしない。アッラーはスンナ派を、改ざんと、『いかに』と説明することから護り、彼らに理解と知識を授けた。そのため彼らは、タウヒードとタンズィーフ[5]の道の上を歩み、属性否定と擬人神観を採用せず、偉大なる彼の言葉『何ものも、彼のようではない。そして彼は、聴く者であり見る者である』（クルアーン第四二章第一一節）に従ってきたのである」。

サーブーニーは、〔マディーナの〕七法学者[6]と、彼らの後の導師たち――彼は数多くの導師たちの名を挙げた――に言及し、言った。「彼らは全員、互いに異論を持たず見解を一致させており、誰一人として、我々が以上で述べたことに反対する意見を持っていなかった」。

〔…数名の伝承者名略…〕アブー・バクル・アハマド・イブン・イブラーヒーム・アル＝イスマーイーリー（Abū Bakr Aḥmad b. Ibrāhīm al-Ismāʿīlī：九八一年没）は我々に伝えて言った。「我々とあなた方にアッラーが慈悲を与え給うように。知りなさい。ハディースの徒すなわちスンナ派の立場は、アッラーと、その天使・啓典・使徒を認め、至高なるアッラーの書と、アッラーの使徒――祝福と平安あれ――に伝わる伝承のうち真正なものが伝えることを受け入れることである。それによって伝えられるものに修正を加える理由は存在せず、それを拒否する理由も存在しない。なぜなら、彼らはクルアーンとスンナに従うよう命じられていたからである。その中にこそ彼らのための導きが含まれており、〔その中で〕彼らの預言者――祝福と平安あれ――こそがまったき道に導くと彼らに約束されており、彼に反することによって、試練と痛烈な懲罰が訪れると忠告されていた。また彼ら（ハディースの徒すなわちスンナ派）は、至高なるアッラーは彼の最も美しき名で呼ばれ、彼が名指し、彼がそれによって自身を形容し、彼の預言者――祝福と平安あれ――がそれによって彼を形容した彼の諸属性によって形容されることを信じる。彼はアーダム（アダム）を彼自身で創造し、『彼の〔両〕手は広げられ、その望むままに彼は費やす』（クルアーン第五章第六四節）と信じる。ここに、『いかに』との信条は伴わない。また、偉大なる彼が、いかにとなく『玉座に鎮座した』（クルア

▼4　スンナを伝えるハディースは、信憑性のレベルに応じて複数の種類に分類される。最も信憑性が高いと判断されたものは「真正」（ṣaḥīḥ）と呼ばれる。

▼5　アッラーから、被造物の性質を払しょくすること、退けること。

▼6　ムハンマド逝去後の初期において、マディーナで信者を教導した七名の有名な学者を言う。教友とタービウーンがいる。

ーン第二〇章第五節）と信じる。なぜなら至高なるアッラーは『玉座に鎮座した』ことで〔言葉を〕締めくくったのであり、彼の鎮座がいかにあったかについての言及はないからである」。

ヤハヤー・イブン・アンマール（Yaḥyā b. ʻAmmār：一〇三一年没）は彼の書簡の中で言った。「我々と、ハディースの徒の内の我々の導師たち——彼は、彼らの内の多くの導師と、彼ら以前の時代の教友たち、および彼ら以降の者たちに言及した——は、先の者も後の者も、誰一人として、〔アッラーの〕諸属性や偉大なるアッラーの書に比喩的解釈を施すこと、あるいはアッラーの使徒——祝福と平安あれ——のハディースの意味内容を、いかにと説明すること、あるいは自分の言葉によってそれをなそうとすること、または、啓示に何かを付加しようとすること、そこから何かを減らそうとすることを許容していない。我々はクルアーンとスンナの中にあるものを超過せず、それを被造物に似せず、付加しない」。

ムハンマド・イブン・イスハーク・イブン・フザイマ（Muḥammad b. Isḥāq b. Khuzaymah：九二四年没）は言った。「至高なるアッラーの書と矛盾しないアッラーの諸属性について伝える諸伝承は、サラフからハラフ[7]へ、世代から世代へと、教友とタービウーンからこの我々の時代へと伝えられた。それは、諸属性を至高なるアッラーに帰し、彼を知って信仰し、至高なるアッラーが彼の啓示の中で教えたものを認め、使徒である彼の預言者——アッラーが彼を祝福し平安を与え給うように——が彼の書について知らせたものを認め、同時に、比喩的解釈と頑迷さを退け、〔被造物と〕同質なものを〔アッラーに〕帰すことや『いかに』と説明することを放棄することである」。

〔…数名の伝承者名略…〕アル＝アウザーイー（Abū ʻAmr ʻAbd al-Raḥmān b. ʻAmr al-Awzāʻī：七七四年没）は我々に語って言った。アッ＝ズフリー（Muḥammad b. Muslim b. Shihāb al-Zuhrī：七四二年没）とマクフール（Makḥūl b. ʻAbd Allāh：七三〇年以降没か）はかつて言っていた。「これらのハディースについては、もたらされたままに踏襲しなさい」。

〔…〕（しばらく同様に、アッラーの諸属性を表わすクルアーンの節やハディースの文言を、説明を加えずにそのまま受け入れるべきだと述べる学者の言葉が続くため、省略する。）

今や、全体的な内容から個別的な内容まで、我々が彼らについて伝えるものによって、我々が支持するサラフ——アッラーの慈悲あれ——の立場が確かとなった。また、伝承を伝える全ての学者たちがそれを認めていることが確かとされた。私は彼らの内の誰一人としてこの問題に異論を挟んだ者を知らない。更に、これらの諸伝承やクルアーンの節に関して比喩的解釈に赴く者でさえ、それらに関するサラフの立場は我々が伝えた通りであると認めていることが私に伝わっている。また私は、その類の者が自分の本の中で、彼らの師の一部について次のように言うのを見ている。「我々の学友たちは諸属性を示す諸伝承について見解を違えている」と。つまり、彼らの中にも、それらを伝えられた通りに、説明も比喩的解釈も挟まずに、それらを被造物に似せることなく、そのまま踏襲する者たちがいるということである。そしてそれこそサラフの立場であり、我々が述べたことが正しいということには合意（イジュマーウ）が成立している。アッラーに称えあれ。

第二節　彼ら（サラフ）に追従することとが義務であることの証明と、彼らの立場と彼らの方法に依拠することへの促進、および、クルアーンとスンナと導師たちの言葉によるその証明

クルアーンについて言えば、至高なるアッラーの言葉「そして、その者のために導きが明らかにされた後で使徒に刃向かい、信仰者たちの道ではないものに追従する者は、我らは彼を、彼が自らを任せたものに任せる。またなんと悪い行き先であることか」（クルアーン第四章第一一五節）〔が根拠〕である。

この節では、彼らの道以外に追従する者に、火獄の懲罰が約束されている。また彼（アッラー）は、彼らに追従した者に、満足と楽園を約束した。

また至高なる彼は言った。「そして、移住者たちと援助者たちの最初の先行者たちと、至善をもって彼らに追従

▼7　「ハラフ」（khalaf）とは「サラフ」の対語で、「サラフ」よりも後の時代のイスラーム教徒を指す。

した者たち、アッラーは彼らに満足し、彼らも彼に満足する」（クルアーン第九章第一〇〇節）。ここでは、至善をもって彼らに追従した者たちに、彼らに約束した彼の満足と彼の楽園、そして偉大なる成功を、彼は約束している。

スンナには、預言者――祝福と平安あれ――の次の言葉がある。「あなた方に、私のスンナと、私の後の、正道を歩む導き手たる代理人（カリフ）たちのスンナを課す。奥歯でその上に噛みつきなさい。また、あなた方に諸事における新奇なものを避けるよう警告する。なぜなら、あらゆる新奇なものは逸脱であり、あらゆる逸脱は迷妄だからである」。

このように彼（預言者）は、彼のスンナに忠実に従うことを命じるとともに、彼の代理人（カリフ）たちのスンナに忠実に従うように命じ、新奇なものは逸脱であり迷妄であると教えた。新奇なものとは、アッラーの使徒――祝福と平安あれ――のスンナに追従しておらず、その教友のスンナにも追従していないものを言う。

アブドゥッラー・イブン・アムル（‘Abd Allāh b. ‘Amr b. al-‘Āṣ：六八三年頃没）――アッラーが彼らを嘉し給え――は次のように言ったと伝えられる。アッラーの使徒――祝福と平安あれ――は言った。「靴が靴に合わさるように、私の共同体には、イスラーイールの民に訪れるもの（と同じもの）が訪れる。終いには、彼ら（イスラーイールの民）の中に公然と自分の母に赴く（自分の母と性交する）者が現われると、私の共同体の中にもそれを〔模倣して〕為す者が現われる。イスラーイールの民は七二の分派に分裂したが、彼ら（ムハンマドの共同体）はそこに更に一つの宗派を付け加える」。ある伝承には次のようにある。「そして私の共同体は七三の宗派に〔分裂する〕。一派を除き、その全ては火獄に入る」。〔この言葉を受けて、教友が〕「アッラーの使徒よ、その一派とは誰ですか」と言った。すると彼は言った。「私と私の教友がその上にあるもの（mā）である」。別の伝承では、「私と私の教友がまさにその上にあるもの（alladhī）である」とある。

このように預言者――祝福と平安あれ――は、救済に与かる一派とは、彼とその教友がその上にあったものと同じものの上にある派であることを教えた。したがって、彼ら（サラフ）に追従する者は救済に与かる一派の一員である。なぜならその者は、彼らがその上にあったものの上にあるからである。そして彼らと違《たが》う者は火獄に入る七二の分派の一員である。なぜなら、サラフ――アッラーの慈悲あれ――に追従せず、クルアーンとスンナに伝わる諸属性についてサラフの先例がないようなことを自分勝手に述べる者は、宗旨において新奇なことをなし、逸脱したことになるからである。預言者――祝福と平安あれ――は言った。「あらゆる新奇なものは逸脱であり、あらゆる逸脱は迷妄である」。

〔…〕（しばらく、同様のハディースの引用と、サラフに従うよう忠言する同様の学者の言葉の引用が続くため、省略する。）

アウザーイー――アッラーの慈悲あれ――は言った。「もし人々があなたを拒絶することになったとしても、あなたはサラフから伝わる諸伝承を採用しなければならない。そして、あなたは人々の諸見解を退けなさい。たとえ彼らが美しい言い回しでそれをあなたのために飾ったとしても」。

アブー・イスハーク〔・アル＝イスファラーイーニー〕は言った。私がアウザーイーに尋ねると、彼は言った。「忍耐し、スンナに従え。そして彼らが採った立場を採れ。彼らが言ったことを言え。彼らが退けたものを退けろ。正道を歩むあなたのサラフの道を歩め。なぜならそれは、彼らに与えられたものをあなたに与えるからである。もしこれ――新奇な逸脱――が善いものであったならば、あなた方のサラフをさしおいて、あなた方だけがそれを行なうことはなかったはずだ。なぜなら、〔もしそうだとすれば〕彼らはその善を得ず、あなた方に徳があったために、彼らをさしおいてあなた方のためにそれが隠されていたことになるからである。彼らはアッラーの使徒――祝福と平安あれ――の教友であり、アッラーが、その預言者――祝福と平安あれ――の近侍のために選び抜き、彼らの中に彼を使徒として派遣し、彼によって彼らを次のように形容した者たちである。『ムハンマドはアッラーの使徒である。そして彼と共にいる者たちは不信仰者たちには峻厳で、彼らの間では慈悲深い。おまえは、屈礼し跪拝する彼らを見る。彼らはアッラーからの恵みと満悦を切望する』（クルアーン第四八章第二九節）」。

導師（アハマド・イブン・ハンバル）は言った。「我々のもとにおけるスンナの基礎は、アッラーの使徒――祝福と平安あれ――の教友が拠っていたものによく従い、彼らを模範とすること、そして逸脱を放棄することである。なぜなら、あらゆる逸脱は迷妄だからである」。

アリー・イブン・アル＝マディーニー（ʻAlī b. al-Madīnī：八四九年没）も同様のことを述べている。

以上のことから、サラフ――アッラーの慈悲あれ――に従うことが義務であることが、クルアーンとスンナと合意（イジュマーウ）によって確定した。考慮すべき典拠は、それを示している。

理由は以下の通りである。サラフは、正しかったか誤っていたかのどちらかでしかない。そしてもし彼らが正しかったのならば、彼らに従うことが義務となる。なぜなら、正答に従うことは義務であり、信条において誤りを採用することは禁じられるからである。また、彼らが正しかったのならば、彼らはまっすぐな道の上にいたのであり、彼らに反する者は、火獄へと続く道に導かれる、悪魔の道に従う者だからである。至高なるアッラーは彼の道に従うことを命じ、それ以外のものに従うことを禁じた。「また、これがまっすぐな我の道であるが故に。それ故、おまえたちはそれに従い、〔それ以外の〕諸々の道には従うな。さすればそれがおまえたちを彼の道から離れさせる。それこそが、彼がそれをおまえたちに忠言したこと。きっとおまえたちは畏れ身を守るだろう」（クルアーン第六章第一五三節）。

また仮に彼ら（サラフ）が誤っていたと主張する者がいれば、彼はイスラーム教全体に対して批判を行なったことになる。なぜなら、この問題について彼らが誤っていたことが許容される事態であるとすれば、イスラーム教全体のこれ以外の問題について彼らが誤っていたことが許容される事態となり、彼らが伝えた諸伝承を伝えるべきではなく、彼らが伝えた預言者――祝福と平安あれ――の〔預言者性を証明する〕奇跡は確証されないことになる。したがって、伝承は無効となり、聖法は消滅する。イスラーム教徒は、このようなことを述べることも信じることも許されない。

また次のことも理由である。サラフ――アッラーの慈悲あれ――は、これらの諸属性の解釈を知っていたか知らなかったかのどちらかである。もし彼らがそれを知らなかったならば、なぜ我々がそれを知ることができると言うのか。そしてもし彼らがそれを知っていた上でそれについて沈黙したのならば、我々には彼らがなしたこと（つまり沈黙したこと）が義務として課せられる。

また次のことも理由である。預言者――祝福と平安あれ――はサラフと共に生きていたが、彼はアッラーの全被造物に対するアッラーの証明であり、彼らには彼への追従が義務として課せられ、彼に背くことは禁じられている。至高なるアッラーは、彼がまっすぐな道の上にいること、彼が彼へと導くこと、彼に従った者をアッラーは愛すること、彼に背いた者はアッラーに背いたのだということを証言した。「そして、アッラーと彼の使徒に背いた者、彼は明白な迷妄により迷ったのである」（クルアーン第三三章第三六節）、「そして、アッラーと彼の使徒に背き、彼の諸法度を超える者、彼はその者を火獄に入れ、彼はその中に永遠である。そして彼には、恥辱の懲罰がある」（クルアーン第四章第一四節）。その彼ら（サラフ）が、〔クルアーンの〕諸節と諸伝承の説明を行なわずに沈黙したのである。

第三節　サラフ――アッラーの慈悲あれ――の議論が正しいことの典拠の解明

その証拠は、クルアーンとスンナと合意（イジュマーウ）と論理的結論から得られる。

クルアーンについて言えば、至高なる彼の次の言葉がある。「彼こそは、おまえにかの啓典を下した者。その中には、確固たる諸々の徴――それらは啓典の母である――と、曖昧なその他〔の徴〕がある。それ故、その心に歪みのある者たちはと言えば、紊乱《びんらん》を望み、また、その真意を求めて、その内の曖昧なものに従う。だがその真意はアッラーの他は知らない」（クルアーン第三章第七節）。

このように彼（アッラー）は、「曖昧な節」の真意（＝解釈）を求める者を咎め、その咎を紊乱を望む者のそれと並べ立てている。そして彼は、その真意は至高なるアッラー以外は知らないということを教えている。

知識ある者たちの多数派の見解では、〔この節における〕正しい〔読誦の〕休止場所は「アッラーの他は」〔の直後〕である。「〔知識に〕精通した者たち」がその真意を知っていると主張する者の見解は、以下の諸々の理由により正しくない。[8]

第一　アッラーは〔本節において〕解釈を求める者を咎めている。仮に「精通した者たち」にそれが知られるものであったならば、それを求める者は咎められず、むしろ褒められていたはずである。

第二　預言者――祝福と平安あれ――は、「その中の曖昧なものに従う者たちを見たならば、彼らがアッラーが指した者たちである。彼らに警戒しなさい」と言った。つまり、「曖昧な節」に従ったあらゆる者はその心に歪みのある者たちだということである。そのため、もし「精通した者たち」がそれ〔解釈〕を知っていたとしたら、それ〔曖昧な節〕に従うことにより、彼らが逸脱した咎められるべき者ということになってしまう。しかし本節は、彼ら〔「精通した者たち」〕の誉れと、彼らを心に歪みのある者たちと区別するべきことを示している。これは矛盾である。

第三　この節は、人々が二種類に分けられることを示している。なぜなら彼は「その心に歪みのある者たちはと言えば」と言ったからである。「……はと言えば」（ammā）〔との単語〕は、全体を分割するために用いられる。そしてこの場合は二つのものに分割されることを示している。第一は、「曖昧な節」に従う歪んだ〔逸脱した〕者たち。第二は、「知識に精通した者たち」である。各々の分類は、その形容されるものにおいて他方と違うはずである。だとすれば、「精通した者たち」は、曖昧な節に従うことを放棄する点において、歪んだ者たちと違うのであり、彼ら〔「精通した者たち」〕は、至高なるアッラーに〔曖昧な節の意味を〕預託する。彼らは「我々はそれを信仰した。全ては、我々の主の許からのものである」（クルアーン第三章第七節）と言い、その真意を詮索することを放棄する。我々の見解に依拠した場合にのみ、この意味内容が成立する。もし「知識に精通した者たち」を〔アッラーに〕並置すれば、この意味内容は成立せず、「精通した者たち」は別個の集団ではなくなり、その形容されるものにおいて、咎められるべき集団と違うものではなくなってしまう。したがって、これは正しくない。

第四　もし並置が意図されているのであれば、彼（アッラー）は「そして彼らは言う」と言ったはずである。[9] なぜなら〔この節が彼らが言うような意味だとすれば〕その意味するところは、「そして知識に精通した者たちは、その真意を知り、そして言う」となるからである。

第五　「我々はそれを信仰した。全ては、我々の主の許からのものである」（クルアーン第三章第七節）との彼らの言葉は、それが彼らの主の許からのものとの彼らの知識に基づいて、彼らが、自分たちの知らないことを預託し委ねたと取れる言葉である。それは、よく知られた確固たる節もまた、その意味は彼の許からであることと同様である。

第六　教友たち――アッラーが彼らを嘉し給え――は、「曖昧な節」に従う者を見ると、それについて尋ね、彼が逸脱の民の一員であることを典拠をもって説明していた。そのためウマルは、サビーグを逸脱者とみなし、彼を殴打し拘束することを許されたこととみなし、人々に彼から遠ざかるよう命じたのである。そしてその後、サビーグはウマルの見識を承認したため、悔悟して退き、己に役立てた。彼はそれによって、ハワーリジュ派に参加して〔共同体を〕離反することから護られたのである。もしそれが「精通した者たち」に知られるものであったならば、彼（ウマル）にはそのようなことは許されなかったはずである。

第七　もしそれが「精通した者たち」に知られるものであったならば、彼ら以外の者はそれを知り得ないということが帰結される。なぜなら至高なるアッラーは、〔クルアーン第三章第七節において〕彼ら以外の者がそれを知ることを否定したからである。だとすれば、「精通した者たち」の一員であると確定した者以外は立ち入ることは許されず、全ての一般大衆、および、「精通」という段階に達していない学習者には解釈が禁止されるということになる。しかし、この問題における論敵は、誰にとっても比喩的解釈が許容されると言っている。これは、あらゆる可能な読み方において、啓示の明文に反している。

　以上の通り、諸々の理由によって、「曖昧な節」の真意は至高なるアッラーしか知り得ないこと、そしてそれに追従する者は逸脱の民であること、そして全ての者にとってそれは禁じられていることが確定した。

▼8　クルアーン第三章第七節は、読誦を休止する場所について見解の相違がある。一説では、「アッラー」の後で意味が切れる。そのため本節は、「〔…〕だがその真意はアッラーの他は知らない。そして知識に精通した者たちは〔…〕」となる。別の説では、「知識に精通した者たち」の後で意味が切れる。この場合、本節の意味は「〔…〕だがその真意は、アッラーと知識に精通した者たちの他は知らない」となる。「ハディースの徒」とマートゥリーディー学派は第一の説を採るが、アシュアリー学派は第二の説を採る。

▼9　クルアーン第三章第七節の「知識に精通した者たち」と「（彼らは）言う」の間には、「そして」という言葉はない。

またこのことから、「曖昧な節」とは、至高なるアッラーの諸属性に関係のあるもの、あるいはそれに類するもののことであり、包括的内容を持つ節や、正答に達した知識を持つ者以外には知り得ない節や、〔クルアーンの一部の章の冒頭に置かれる〕神秘文字は含まれないことが帰結される。なぜなら、それらの一部は一部の知識ある者たちに知られているからである。また、それらの一部については、その解釈を〔教友の〕イブン・アッバースその他が話しているため、〔「曖昧な節」が〕それらを指すということは想定できない。アッラーがより知り給う。

スンナについて言えば、次の二つの理由による。

第一　預言者――祝福と平安あれ――の「物事のうち最も悪いものは、その新奇なるものである」との言葉〔が典拠となる〕。そして、これ（諸属性についての比喩的解釈）は新奇なものの一つである。なぜなら、それは預言者――祝福と平安あれ――の時代にも彼の教友の時代にも存在しなかったからである。同様に、彼の言葉「あらゆる新奇なものは逸脱であり、あらゆる逸脱は迷妄である」、および彼の言葉「クルアーンについて自分の個人的見解（ra'y）によって何かを述べた者は、たとえそれが正答だったとしても、過ちを犯したのである」〔が典拠である〕。そして、これ（比喩的解釈を行なうこと）はクルアーンについて自分の個人的見解によって何かを述べることに他ならない。更に、救いに与る一派についての「私と私の教友がその上にあるものである」との彼の言葉である。また彼は、それ以外の者たちは火獄に入るということを教えた。また彼――平安あれ――の「我々の事柄と一致しないものは全て退けられる」との言葉である。そしてこれは、彼の事柄（彼があった状態）と一致するものではない。

第二　預言者――祝福と平安あれ――は、これらの節を朗唱し、諸々の知らせを教え、それらを彼の教友に伝え、それらを伝えるよう彼らに命じたが、彼はそれらを説明せず、その比喩的解釈を教えることもなかった。必要がある時に説明を行なうことを遅延させてはならないことには、合意（イジュマーウ）が成立している。したがって、もしそれらに比喩的解釈に基づく真意が伴うのであれば、彼にはそれを説明することが課せられており、それを遅延させることは許容されることではなかった。また、彼――平安あれ――がそれについて沈黙したのであれば、我々にも、そのことについて彼に従うことが課せられている。なぜなら、至高なるアッラーは我々に彼に従うよう命じ、彼の中に我々のための良い模範があることを教えたからである。至高なる彼は言った。「たしかにおまえたちには、アッラーの使徒の中に良い模範があった」（クルアーン第三三章第二一節）。また、彼――平安あれ――はまっすぐなアッラーの道の上にいたのであるから、彼の道を歩む者は必然的にまっすぐなアッラーの道の上にいることになる。そのため、我々には彼に従い、彼が行なわなかったことについては行なわず、彼が沈黙したことについては沈黙することが義務として課せられる。そうすれば、我々は彼の道を辿ることになる。そしてその道こそがアッラーが我々に追従を命じたアッラーの道である。至高なる彼は言った。「また、これがまっすぐな我の道であるが故に。それ故、おまえたちはそれに従え」（クルアーン第六章第一五三節）。そして彼はそれ以外の道に従うことを禁じて言った。「諸々の道には従うな。さすればそれがおまえたちを彼の道から離れさせる」（クルアーン第六章第一五三節）。

合意（イジュマーウ）について言えば、教友――アッラーが彼を嘉し給え――は、我々が彼らについて既述したように、比喩的解釈を行なわないことに合意している。また、彼らの後の時代の民についても、異端者、あるいは異端に関わりのある者について以外は、比喩的解釈は伝えられていない。

合意（イジュマーウ）は確定的な証拠である。なぜなら、アッラーはムハンマド――平安あれ――の共同体をして、迷妄の上に見解を一致させることはないからである。そして彼らの後の導師たちも、説明と比喩的解釈の禁止を断言し、これらの伝承を伝えられた通りに踏襲した。それについて彼らの合意（イジュマーウ）が伝えられている以上、それに従うことが我々の義務であり、それに背くことは禁じられる。

また、預言者――祝福と平安あれ――や、正道に導かれた彼の代理人（カリフ）たち、あるいは彼の教友の中の知識ある者たちは、これらの諸属性の真意を知っていたか知らなかったかのいずれかであるが、もし彼らがそれを知らなかったとすれば、彼ら以外の者がどうしてそれを知ることができるだろうか。果たして、彼ら（サラフ）からその知識が隠され、徳を持つ〔後代の〕思弁神学者のためにそれが取り置かれたなどということがあるだろうか。

そしてもし彼ら（サラフ）がそれを知っていたとして、それについて沈黙することが許容されるのだとすれば、我々にもまたそれについて沈黙することが許容される。アッラーは、彼らに許容したことを誰かに許容しないということはない。

また以下のことも理由となる。この種の比喩的解釈は、宗旨の基礎となる信条に含まれ、それがなければ宗旨が完成しないか、あるいは宗旨の基礎となる信条に含まれないかのどちらかでしかない。そして、それが宗旨の基礎となる信条に含まれ、それがなければ宗旨が完成しないものだと主張する者がいれば、彼には次のように言われる。至高なるアッラーは、比喩的解釈が行なわれていない時点において「今日、我はおまえたちのためにおまえたちの宗旨を完成させた」（クルアーン第五章第三節）と言ったとき、真実を述べたのではないのか。さもなければ、彼（アッラー）に不足があり、あなたがそれを完成させるとでも言うのか。

また以下のことも理由となる。もしそれが宗旨の基礎となる信条に含まれるとして、それを預言者――祝福と平安あれ――も彼の教友も受け入れなかったとしたら、彼らは罪を犯したことになり、彼らの宗旨は欠損していて、比喩的解釈を行なう者の宗旨が完全なものということになってしまうが、イスラーム教徒はそのようなことは信じない。

また以下のことも理由となる。もしそれが宗旨の基礎となる信条に含まれるとして、預言者――祝福と平安あれ――がそれを彼の共同体に伝えていなかったとすれば、彼は彼らを裏切り、彼らの宗旨を彼らから隠し、至高なる彼の言葉「使徒よ、おまえの主からおまえに下されたものをおまえは伝えよ」（クルアーン第五章第六七節）、および彼の言葉「それ故、おまえが命じられたことをおまえは断行せよ」（クルアーン第一五章第九四節）における彼の主の命令に応じなかったことになり、預言者――祝福と平安あれ――と、彼が〔使信を〕たしかに伝達したということを証言した者たち（教友）が、虚偽を言っていたことになる。しかし、これ（このように考えること）は至高なるアッラーとその使徒に対する不信仰である。

論理的結論について言えば以下の通りである。至高なるアッラーの諸属性と諸々の名は、理性によって認識することができない。なぜなら理性は、それが見たものの属性を知るか、あるいは対象と同類のものを見ることによってその対象の属性を知るものだからである。至高なるアッラーは視覚によって認識されることはなく、彼には同類のものも類似するものもない。したがって、「啓示による指定」によるほか、彼の諸属性も諸々の名も知ることはできない。「啓示による指定」は、諸属性の名が「いかに」との説明も詳述されることもなくなされた。したがって我々は、啓示が伝えたものに留まらなければならない。なぜなら、それ以外のことは知ることができないからである。

また、至高なるアッラーについて知識もなく何かを述べることは禁じられる。それは至高なるアッラーの言葉による。「言え。わが主が禁じたのは醜行のうち表に現われたものと内面に隠れたもの、罪と不当な侵害、更に、それについて彼が権限を下していないものをおまえたちがアッラーと同位に置くこと、およびおまえたちがアッラーについて知らないことを言うことである」（クルアーン第七章第三三節）。

また別の理由として以下のことも指摘できる。ある言葉に複数の意味が想定できるときに、その中の一つの意味にのみ限定しなくとも、その中の或る意味によってそれを理解した場合、それによって至高なるアッラーが意志したものとは別の意味を持たせてしまうことはあり得ることである。その場合彼は、至高なるアッラーを、彼（アッラー）が彼自身を形容しなかったものによって形容することになり、更に、アッラーが彼の聖性をそれによって形容し彼自身のために満足したものを退けることになってしまう。そうすればその者は、以上の二つの理由に基づく誤謬を犯すとともに、アッラーについて知りもしないことを言い、必要もないことを無理に負担し、アッラーの使徒とその教友、および正しい道を歩むサラフの道から離れ、迷妄のザンダカ主義者[10]であるジャハムとその一党の道に入ることになる。

▼10　この言葉は、異教の宗教儀礼などを取り入れるような偽信者など に用いられることが多い。

また以下のことも理由となる。比喩的解釈が義務ではないことには合意（イジュマーウ）が成立している。なぜなら、もしそれが義務であるならば、預言者――祝福と平安あれ――とその教友はその義務をないがしろにし、過ちに見解を一致させたことになってしまうからである。

また以下のことも理由となる。クルアーンを読誦し、その詳細な意味について知らない者は、罪を犯しているわけでも、義務を放棄しているわけでもない。クルアーンを読誦している者にそれが義務ではないのであれば、それを読んでいない〔状態の〕者にはなおさら義務とはならない。

また以下のことも理由となる。もしそれがあらゆる者にとっての義務だとすれば、不可能なことを義務として負荷されていることになる。また、一般大衆に対してアッラーについて知りもしないことを述べることを義務付けていることになる。他方、もしそれが一部の者にとってのみ義務だとすれば、その啓示の文面（上述のクルアーンの節）をいかに理解できるというのか。

また以下のことも理由となる。これは、認識する必要がない事柄の一種である。なぜなら、それに基づいた何らかの行為が帰結されるわけでも、それについて思弁的に説明する不可欠な必要性も、あるいは不可欠ではない必要性もないからである。そして、それが義務ではないとすれば、以下の諸々の理由から、それは許容されるものでもない。

第一に、もしそれが許容事項（行なうことも行なわないことも許されること）だとすれば、それについて沈黙することは許容事項であることになる。だとすれば、沈黙する者は、それが許容されることに確実な合意（イジュマーウ）が成立していることから、正しい選択をしたことになる。一方、比喩的解釈を行なう者は、必要がないにもかかわらず法外な危険をわざわざ冒していることになる。これは許容されないことである。また、比喩的解釈を行なわず沈黙する者は、アッラーについて真実しか言っていないが、比喩的解釈を行なう者は、アッラーについて真実ではないことを言っている可能性があり、更に、彼を彼自身が形容しなかったものによって形容し、彼自身が形容した彼の属性を退けたのである。これは禁じられることである。故に、沈黙することが正しく、比喩的解釈が禁じられることが確定する。

また別の理由として以下のことも指摘できる。ある言葉に複数の意味が想定できるときに、知識もなく、その中の一つの意味に限定してそれを理解した場合、それはでっち上げであり、至高なるアッラーについて知識もなく何かを言うことである。至高なるアッラーはそれを禁じて言った。「およびおまえたちがアッラーについて知らないことを言うことである」（クルアーン第七章第三三節）。

またなぜなら、「啓示による指定」がないのであれば、複数の可能な意味のうち一つに限定するためには、その複数の可能な意味の全てを把握する必要があるが、そのためにはその言葉が本義あるいは転義として使用されるあらゆる事例についての知識が不可欠となる。そしてその後、一つの用法を除き、それら全てを誤りであると証明しなければならない。そのためには、あらゆる言語の知識と、アラビア語についてのあらゆる知識を包括的に持つ必要があるが、そのような知識を得る方法は存在しない。では、言語について知識を持たない者はどうだろうか。彼は多くの場合、〔或る一つの単語について〕二つ、三つの用法を、他者への盲従によって知るのみである。

更に、〔或る一つの単語が持つ〕複数の可能な意味は、「啓示による指定」が伝えられていなければ否定することはできない。なぜなら、至高なるアッラーの諸属性は、「啓示による指定」によらなければ確定することも否定されることもないからである。これが不可能なことである以上、それら（複数の可能な意味）のうち一つの用法に特定することは誤りと結論付けられ、それを語った話者が意図した意味においてそれを信仰することが義務となる。

伝えられるところによれば、ムハンマド・イブン・イドリース・アッ＝シャーフィイーは次のように言った。「私は、アッラーからもたらされたものをアッラーの意図において信仰し、アッラーの使徒からもたらされたものをアッラーの使徒の意図において信仰する」。

これこそがまっすぐな道であり、その持ち主に危険が伴わず、彼に欠陥や害をもたらさない、正しく健全な見解である。なぜなら、そこに見出せるものはクルアーンとスンナの文言への信仰に他ならず、それこそ、アッラーの全被造物に課せられた義務だからである。アッラーの書から取られた、総意の成立している言葉を否定することは、イスラーム教徒の合意（イジュマーウ）に反し、正しさの知られない比喩的解釈を犯したことにより、不信仰であることに見解が一致している。それについて沈黙することが義務であることもまたクルアーンとスンナと合意（イジュマーウ）による。また、仮にそれが義務ではないとしても、それが許容事項であることに見解の相違は一切存在しない。

そして、そうすることとは、アッラーの使徒――祝福と平安あれ――のスンナへ追従し、知識に精通した者たち、および、教友とタービウーンおよび〔アッラーに〕嘉された導師や正しい道を歩むサラフへ追随することである。またそれは、アッラーについて知りもしないことを言うこと、または、アッラーの啓典や彼の至高なる主の属性について個人的見解に基づいて何かを言うこと、そして至高なるアッラーを、彼自身も彼の預言者も形容しなかった属性によって形容すること、そして、彼が彼自身のために満足し、彼の使徒が彼のために満足した属性を拒否することから護られることでもある。

アッラーに称賛あれ。今や、この誉れある道を採ることが義務であり、それ以外を退けるべきことが証明された。そしてその道が、至高なるアッラーが追従を命じたまっすぐなアッラーの道であり、それ以外の道は崇高なるアッラーがその追従を禁じた悪魔の道であることが明らかとなった。彼（アッラー）は、命令と禁止の後に、その忠言によってそれを強調し確かなものとした。至高なる彼は言った。「また、これがまっすぐな我の道であるが故に。それ故、おまえたちはそれに従い、諸々の道には従うな。さすればそれがおまえたちを彼の道から離れさせる。それこそが、彼がそれをおまえたちに忠言したこと。きっとおまえたちは畏れ身を守るだろう」（クルアーン第六章第一五三節）。

もし、「あなた方もまた〔クルアーンの〕諸節と諸伝承を比喩的に解釈している。なぜならあなた方は、『そして彼はおまえたちがどこにいようとおまえたちと共にいる』（クルアーン第五七章第四節）との至高なる彼の言葉について『知識において〔共にいるの〕である』と言う。また、その他の諸節や諸伝承についても同様である。したがって、あなた方も我々と同じである」と言われれば、我々は以下のように答える。

我々は、いかなるものも比喩的に解釈していない。これらの言葉をそれらの意味に解するのは、比喩的解釈ではない。なぜなら、比喩的解釈というのは、その言葉の直接的・表面的な意味を離れることを意味するからである。そして、これらの意味は、これらの言葉の直接的・表面的な意味に他ならない。なぜなら、それがそれら（それらの言葉）によってもたらされる理解だからである。

言葉の直接的・表面的な意味というのは、本義としてであれ転義としてであれ、それによって最初に理解されるものを言う。たとえば、慣習的な意味で用いられる名詞の直接的・表面的な意味は、本義ではなく転義である。慣習的な意味で用いられる、「語り手」（rāwiyah）や「ラクダの背の吊台」（za'īnah）といった名詞がその例である。その直接的・表面的な意味は、本義ではなく転義であり、それを比喩的解釈として本義で用いるためには、根拠が必要となる。同様に、「慣習的かつ聖法的な意味」と「語義上の本義」を併せ持つ言葉――ウドゥー、清浄、礼拝、斎戒、喜捨、巡礼など――の直接的・表面的な意味は、「慣習的かつ聖法的な意味」の方であり、「語義上の本義」ではない。

以上のことが定まったのであれば、たとえば「アッラーがあなたと共にありますように」などの彼ら（人々）の言葉によって直接理解されることは、「守護と守りにおいて〔共にありますように〕」との意である。それ故至高なるアッラーは、彼の預言者の言葉として「その時、彼はその仲間（アブー・バクル）に向かって言った。『悲しむな。まことにアッラーは我々と共にいる』」（クルアーン第九章第四〇節）と知らせ、またムーサー（モーセ）に「まことに我はおまえたち二人と共にあり、我は聞き、そして見ている」（クルアーン第二〇章第四六節）と言ったのである。仮に、「彼（アッラー）がその本質によって各々の者と共にいる」ということを彼が意図したのだとすれば、彼らのための限定を意味したことにはならなくなってしまう。なぜなら、彼らにとって彼（アッラー）が在るように、彼ら以外の者にとっても彼は在るからである。そのような意味に取ってしまえば、それはアブー・バクルから悲しみを取り除く必然的要因にもきっかけにもならない。

したがって、これらの言葉の直接的・表面的な意味は、それによって意味をもたらされるものであり、それは比喩的解釈には当たらない。また、仮にそれが比喩的解釈であったとしても、我々が比喩的解釈を行なった者ということにもならない。その場合、正しいことが確かであり、彼らへの追従が義務であるサラフ――アッラーの慈悲あれ――こそが、それを比喩的に解釈したことになる。たとえば、イブン・アッバース、ダッハーク（al-Daḥḥāk b. Qays al-Fihrī：六八四年没）、マーリク、スフヤーン（Sufyān al-Thawrī：七七八年没）など多くの学者が、彼の言葉「そして彼はおまえたちと共にいる」（クルアーン第五七章第四節）について「彼の知識が」と述べている。また、アッラーの書と、アッラーの使徒――祝福と平安あれ――について、〔虚偽を申し合わせることが想定し得ないほどの〕絶対多数の者によって伝えられる伝承、およびサラフの合意（イジュマーウ）によって、至高なるアッラーは天の中の玉座にいることが確定しているが、これらの言葉は、それを取り囲む前後の文から、それによって知識が意図されることが示されるのである。それは「おまえは見なかったか。アッラーが諸天にあるものも地にあるものも知ることを」（クルアーン第五八章第七節）との彼の言葉であり、その（節の）最後に彼は「まことにアッラーは、あらゆることについてよく知っている」（クルアーン第五八章第七節）と言っている。このように彼は、知識によってそれ（節）を始め、知識によってそれを終えている。つまり、その文脈から理解される意味は、彼らを畏怖させるために至高なるアッラーが彼らの状態を知っていることを教えているということである。また、彼らがなしたことについて復活の日に彼らに告げ、彼らがそれに応じた報いを受けることを忠告しているのである。

これらは、その文脈全体が知識を意図している。そして、これらの文脈と、諸伝承がその意味内容を示していること、およびサラフの言葉と解釈はその点で一致している。にもかかわらず、クルアーンと諸伝承とサラフの見解に反する意味をそれが持っていることなどあろうか。

以上のことは、至高なるアッラーが望めば、理性ある者にとっては明らかなことである。仮にそれが明らかでなかったとしても、アッラーへの賛美とともに、我々がここにそれを証明し、明らかとした。以上のことから、人はそれらの説明や解釈について沈黙したとしても何ら問題ではなく、彼（アッラー）は人に〔そういったことを〕何も課してはいない。彼は、誰に対しても、比喩的解釈について思弁的に説明するよう課してはいない。至高なるアッラーが望めば〔これが真実である〕。

節

以下のことが知られなければならない。至高なるアッラーの諸属性を確定させる真正の諸伝承は、公正で信頼にたる者たち（al-ʻudūl al-thiqāt）が伝える真正ハディースである。彼らの前にはサラフがおり、彼ら（サラフ）はそれらを否定せず、それらに関して何も語らず、それを伝えた。ザンダカ主義者が奉じる、彼らがイスラームの民にそれを着せようとする、捨て置かれるべきハディース、そして、伝承経路の弱さや伝承者の無知、あるいは伝承に含まれる欠陥によって弱性とされるハディースによって何かを主張したり、それらの中にあることを信条としたりすることは許容されない。それらの存在は、それらの非存在と等しい。ザンダカ主義者が採用するもの（ハディース）は、彼らが自分たちに帰すもの（信条）と同等である。

以上のことを知ることができた者には、真正ハディースに追従し、それ以外を遠ざけることが義務として課せられる。一方、学の無い一般大衆には、知識を持つ者たちを模倣し、彼らに質問することが義務として課せられる。至高なるアッラーは言った。「それ故、おまえたちは訓戒の民に尋ねよ。もしおまえたちが知らないならば」（クルアーン第一六章第四三節）。そしてもし、それを知ることが不可能で、かつ質問する相手もいない場合は、そのままの状態を保ち、「私は、アッラーの使徒――祝福と平安あれ――が述べたことを信仰する」と言う。そうすれば、彼は〔知識もなく〕何かを真実であると確定したことにはならない。なぜなら、もしそれがアッラーの使徒――祝福と平安あれ――が言ったことであれば、彼はそれを信じたことになり、彼が言ったことでないのであれば、彼はそれを信じていないことになるからである。預言者――祝福と平安あれ――の次の言葉も、これと同類である。「あなた方は、啓典の民が話すことについては、それを真実とも、虚偽とも判断するな。そして言いなさい。我々は、我々に下されたもの、そしてあなた方に下されたものを信仰した、と」。このように述べて彼は、真実とみなすことを、それが虚偽であることを恐れて彼らに禁じ、虚偽とみなすことを、それが真実であることを恐れて彼らに禁じた。そして彼らに、真実のみを信仰することになる言葉を述べて満足するよう命じたのである。この問題は、このようである。

また、これらのハディースは、それに基づいて行なう何らかの行為のために必要となる種類のものではない。また、法的判断のために引用されるために、知ることが必要となるものでもない。人は、それによって慣習的に知られるところのものを信仰することで十分である。

次のことも知られるべきである。これらの捨て置かれるべきハディースからとった何かを至高なるアッラーに属性として確定させる者は、真正ハディースを比喩的に解釈する者よりも更に深刻な状態にある。至高なるアッラーの教えは、やりすぎる者と不備不足のある者の中間にある。そしてサラフ——アッラーの慈悲あれ——の道は、あらゆる善を集めるものである。アッラーが我々とあなた方をそれに追従させ、その道を歩ませ給うように。

諸世界の主アッラーに称賛あれ。

第七章

アシュアリー『思弁神学に従事することの正当化』

一．紹介

アシュアリー『思弁神学に従事することの正当化 *Risālah Istiḥsān al-Khawḍ fī ʻIlm al-Kalām*』は、思弁的解釈に従事することへの批判に反論するために書かれたものである。

著者のアシュアリーは、言うまでもなく、アシュアリー学派の学祖アブー・アル＝ハサン・アル＝アシュアリーである。彼は、初期にムウタズィラ派に帰属していたが、後にスンナ派に転向。ムウタズィラ派時代に培った思弁神学の技法を駆使し、非スンナ派の諸派に反駁した。

しかし、それまでムウタズィラ派が行なっていたような思弁的解釈によってスンナ派の正しさを証明する方法に対して、スンナ派内部にも反対の声が上がった。「そのようなことは、預言者も教友も、その後の時代の学者たちも行なっておらず、逸脱に他ならない」と主張されたのである。

アシュアリーは本論考において、こうした主張に反論する。

彼が強調するのは主に次の二つの点である。第一は、アシュアリーらが行なっている思弁的解釈は、他でもなく、クルアーンとムハンマドのスンナにその基礎があるということ。第二は、「預言者ムハンマドが行なわなかったことを行なうことは逸脱であるから、思弁的解釈は逸脱である」との批判は自己矛盾を含み、成立し得ないということである。

本論考は、内容的には非常に平易であるが、その主題は、スンナ派思弁神学の存立を支える最も根本的な領域に属する。なぜなら、思弁神学を行なうこと自体の正当性の問題は、アシュアリー学派やマートゥリーディー学派のような思弁神学派の存在自体の正当性に関わるからである。本論考は、スンナ派で最も影響力の強い神学派であるアシュアリー学派の学祖が、この問題における自派の基本的な態度を示したものとして、高い重要性を有している。

前章に収めた、思弁神学の考え方を批判したイブン・クダーマ『比喩的解釈の咎』と比べながら読み進めてほしい。

底本

Abū al-Ḥasan ʻAlī b. Ismāʻīl al-Ashʻarī, 1995, *Risālah Istiḥsān al-Khawḍ fī ʻIlm al-Kalām*, ed. by Muḥammad al-Walī al-Ashʻarī al-Qādirī al-Rifāʻī, Beirut: Dār al-Mashārīʻ.

また、以下の刊本も参照した。

Abū al-Ḥasan ʻAlī b. Ismāʻīl al-Ashʻarī, 2012, *Risālah Istiḥsān al-Khawḍ fī ʻIlm al-Kalām*, In: al-Ashʻarī, *al-Lumaʻ fī al-Radd ʻalā Ahl al-Ziyagh wa al-Bidaʻ*, ed. by Muḥammad Amīn al-Ḍannāwī, Beirut: Dār al-Kutub al-ʻIlmīyah, pp. 97–99.

二、アシュアリー『思弁神学に従事することの正当化』翻訳本文

諸世界の主、アッラーに称賛あれ。預言者ムハンマドと、その善良なる一家、そして、卓越した導師たるその教

友たちを、アッラーが祝福し給うように。

一群の人々は、無知をその財産の頭に据えた。そのため彼らには、思索と宗旨に関する学究は難いものとなった。彼らは簡素化と盲従に傾倒し、宗旨に関する神学的諸問題を検討する者を誹謗し、彼を迷妄の上にある者とみなした。また彼らは、運動・静止・物体・偶有・色・状態・部分・変化について語ること、および、偉大なる創造者の諸属性について語ることは逸脱であり迷妄であると主張した。▼1

また彼らは言った。もしそれが導きであり正道であるならば、預言者――祝福と平安あれ――とその代理人（カリフ）たち、そしてその教友たちがそれについて語っていただろう、と。

彼らは言った。預言者――祝福と平安あれ――は、亡くなる前に、宗旨の諸事において必要とされる全ての事柄を語り、それをはっきりと明かした。彼は、イスラーム教徒が彼らの宗旨の諸事において必要とする事柄についての教説や、彼らが偉大なるアッラーに近づき、彼の怒りから彼らを遠ざけるものについての教説を、彼の後の誰にも託すことはなかった。我々が言及したものの内いずれのものについても、彼（預言者）が何かを語ったということが伝えられていないのであるから、我々は、それについて語ることは逸脱であり、それを探求することは迷妄であることを知った。なぜなら、それが良いものであるならば、預言者――祝福と平安あれ――はそれを逃すことはなく、彼らはそれについて語っていたはずだからである。

彼らは言った。事態は、次の二つの仮定しか想定できない。すなわち、彼らがそれについて知っていた上で沈黙したのか、彼らがそれについて知らず無知であったかのいずれかである。

そして、もし彼らがそれについて知っていたにもかかわらずそれについて語らなかったのであれば、我々もまた、彼らにそれについての沈黙が許されたのと同じように、それについて沈黙することが許され、彼らがそれに従事しないことが許されたのと同じように、我々にもそれに従事しないことが許される。なぜなら、もしそれが宗旨の一

▼1　つまり、思弁神学を逸脱であると批判する者たちのことである。

部であったならば、それについて沈黙することは彼らに許されなかったはずだからである。

また、もし彼らがそれについて知らなかったのであれば、我々もまた、それについて無知であることが彼らに許されていたのと同じように、それについて無知であることが許される。なぜなら、もしそれが宗旨の一部であったならば、それについて無知であることは彼らに許されなかったはずだからである。

事態がいずれの場合であったとしても、それについて語ることは逸脱であり、それに従事することは迷妄である。以上が、神学的諸問題についての思索をやめなければならないと彼らが主張することの概要である。

アブー・アル＝ハサン〔・アル＝アシュアリー〕師――アッラーが彼を嘉し給え――は言った。[2]

この問題に対する回答は、以下の三つの論点でなされる。

第一　〔彼らが我々に投げかける疑義と〕同じ疑義が、彼らに返される。預言者――祝福と平安あれ――は、「それについて探求し、それについて語る者を逸脱した迷妄者とみなせ」とも言わなかったではないか、と。

したがって、あなた方は逸脱者・迷妄者であると結論付けられることになる。なぜならあなた方は、預言者――祝福と平安あれ――が語らなかったことについて語り、迷妄者であると彼がみなしたわけでもない者を迷妄者とみなしたからである。

第二　彼らには次のように言われる。預言者――祝福と平安あれ――は、あなた方が言及した物体・偶有・運動・静止・部位・変化などについての議論のいずれのものについても知らなかったわけではない。たとえ彼がその内の一つ一つについて、個別に語っていないとしても。教友の中の法学者たち・知識ある者たちも同様である。

実際には、あなた方が個別に言及した諸々の事柄の基礎は、クルアーンとスンナの中に、詳述されるのではなく、包括的な形で存在するのである。

たとえば、運動と静止について言えば、それら二つのものの基礎はクルアーンの中に存在し、それら二つがタウヒードを指示する。[3] 集合と分離も同様である。

至高なるアッラーは、惑星・太陽・月が沈むこと、そして、それらがある場所から他の場所へ移動することに関する物語の中で、その朋イブラーヒーム（アブラハム）――祝福と平安あれ――について教え、偉大なるその主にはそのようなことは一切起こり得ないこと、そして、沈むことや、ある場所から他の場所へ移動することが許容されるものは神ではないことを示した。[4]

タウヒードの諸基礎についての思弁的説明もまた、クルアーンの中から取ったものである。至高なるアッラーは言った。「仮にそれらの中に、アッラーの他に神がいたとすれば、それらは荒廃していた」（クルアーン第二一章第二二節）。

この言葉は、彼が「一なる者」であり、彼に同輩がいないことの証明を包括的に述べ、教えるものである。また、思弁神学者たちが、拮抗（tamānuʻ）と圧倒（taghālub）によってタウヒードを証明する際の思弁的説明の根拠もまた、この節、および、偉大なる彼の言葉「アッラーは子など持たず、彼と並ぶ神などいなかった。〔仮に〕そうなれば、きっとそれぞれの神が己が創ったものを持ち去り、またきっと互いに上に立とうとしたであろう」（クルアーン第二三章第九一節）や、偉大なる彼の言葉「あるいは、彼らはアッラーに、彼の創造のように創造をなした同輩を配し、それで彼らにはその創造が似通ったのか」（クルアーン第一三章第一六節）などに求められる。[5]

▼2 この論考の著者・語り手はアブー・アル＝ハサン・アル＝アシュアリーその人であるが、アラビア語の写本では、筆記者による「何某（著者）は言った」という言葉がしばしば挿入される。

▼3 「運動と静止がタウヒードを指示する」とは以下のような意味である。世界のあらゆる部位は、運動しているか静止しているかいずれかである。したがって、世界のあらゆる部位は、運動や静止といった偶有を宿す。偶有は有始である。したがって、世界の全ては有始である。したがって、世界には、それを生起させた者が必要となる。それが、無始なる存在である創造主である。

▼4 「それから太陽が昇るのを見ると、彼（イブラーヒーム）は言った。『これが我が主である。この方がさらに大きい』。それからそれが沈むと、彼は言った。『我が民よ。私はあなた方が同位に崇めるものとは無縁である』」（クルアーン第六章第七八節）。

アッラーのタウヒードの証明についての思弁神学者たちの思弁的説明は、我々が言及したこれらの節にその根拠が求められる。そして同様に、タウヒードと正義に関する個別的問題の詳細についてのあらゆる思弁的説明もまた、クルアーンから取られるものである。

アラブの知識人たち、および彼ら以前の者たちが見解を異にしていた復活の可否についての議論も同様であり（クルアーンの中に存在し）、それが可能である〔とアッラーが述べた〕ことに彼らは驚嘆して言った。「我々が死に、土となったときか。それは遠い戻りである」（クルアーン第五〇章第三節）、「おまえたちが約束されたもののなんと的外れなこと、なんと的外れなことよ」（クルアーン第二三章第三六節）、「誰が朽ち果てた骨を生き返らせるというのか」（クルアーン第三六章第七八節）。また至高なる彼は言った。「彼はおまえたちに、おまえたちが死に、土と骨になったときに、おまえたちが引き出される者であると約束するのか」（クルアーン第二三章第三五節）。

彼らのこの議論の類について言えば、クルアーンの中に死後の復活が可能であることの証明が含まれている。それは、理性によってもそれが可能であることがわかるのを更に強調するためである。また〔アッラーは〕その預言者に、彼ら（復活を否定する者たち）の中の二つの立場〔それぞれ〕から出る二つの理由から彼らが復活を否定していることに対する諸証明を教え、理解させた。その一つの立場は、第一の創造を認め、第二の創造を否定する立場である。▼[6] もう一つの立場は、世界の無始性を根拠にそれを拒絶する立場である。

第一の創造を認める者に対しては、彼の言葉「言え。それを最初に成した者が、それを生き返らせるのである」（クルアーン第三六章第七九節）、「そして彼こそは、創造を始め、それを再び行なう者。そしてそれは彼にとっては更にたやすいこと」（クルアーン第三〇章第二七節）、「彼がおまえたちを始め〔に創造し〕たように、おまえたちは戻るのである」（クルアーン第七章第二九節）によって証明を行なった。

つまり、彼（アッラー）は彼らに対して、これらの諸節によって、「先例のないことを行なう能力がある者は、もう一度それを行なう能力を必ず持っており、それを、あなた方の中にあるもの、あなた方が互いに知っているものについて行なうことは、彼にとってはよりたやすいであろう」ということを教えたのである。

なお、誉れある名を持つ、大いに称えられる創造主について言えば、彼にとっては、何かを創造することは、他のことよりも「よりたやすい」ということはない。一説では、〔クルアーン第三〇章第二七節の〕「彼にとっては」の「彼」は、一定の力を持つ（一定の力しか持たない）被造物を暗示すると言われる。すなわち、復活と再生は、おまえたち各人にとってよりたやすく、各人の第一の創造よりも彼らに軽い（負担が少ない）、との意である。なぜなら、彼の第一の創造は、出産、養育、へその緒の切断、〔乳児の〕おくるみ、萌出、その他、苦痛をもたらすような諸々のしるしが伴うからである。一方、彼の第二の創造にはそれらのことは伴わず、一挙に行なわれる。したがって、それ（第二の創造、すなわち復活）は彼の最初の創造よりも彼（被造物）にとってたやすいのである。以上が、〔最初の〕創造を認める立場に対してなされる証明である。

一方、第一の創造も第二の創造も否定し、世界の無始性を主張する立場は、彼らが次のように考えることに疑義が投げかけられる。「我々は、生命が熱を持ち湿気を帯びたものであること、そして死が乾燥した冷たいものであること――これが土の性質でもある――を知っている。だとすれば、生命と土と砕けた骨とが集まり、健全な被造物になることがあろうか」と。彼らはこの観点から復活を否定するのである。

たしかに、相反する二つのものは、一つの場所や同一の方向に、あるいは、特定の場所の中に存在する特定の存在物の中に同時に存在することはできない。しかしながら、それら二つが二つの場所に隣接して存在することは可能である。

至高なるアッラーは彼らに対し次のように言い、証明した。「おまえたちに、緑の木から火をなした者。それで、おまえたちはそれから火をおこす」（クルアーン第三六章第八〇節）。これにおいて、偉大なるアッラーは彼らを、彼ら

▼5　思弁神学者は、創造主が唯一の存在であることの証明を、仮に創造主が複数存在したとすればどうなるのか、という観点から証明する。これは拮抗（tamānuʻ）による証明と呼ばれるが、その基礎はクルアーンのこれらの節から取られている。

▼6　第一の創造とは、今現在存在する、この世界を創造したことである。第二の創造とは、死後の復活のことである。

が知り、体験していること、すなわち、火が出るときそれが熱くかつ乾いているということ、また、緑の木は冷たくかつ湿っていることへと省みさせた。そうして、第一の創造が可能であることを、第二の創造が可能であることの根拠となしたのである。なぜならそれ（緑の木からの発火）は、生命が、土や砕けた骨と隣接〔して混在〕することが可能であることとの根拠となるからである。つまり、彼はそれを健全な被造物となしたのである。彼（アッラー）は言った。「我らが最初の創造を始めたように、我らはそれを戻す」（クルアーン第二一章第一〇四節）。

諸々の生起物には最初の物があるとの思弁神学者たちの思弁的説明、そして、「運動の前には必ずそれに先立つ運動があり、一日の前には必ずそれに先立つ一日がある」とするダハル主義者[7]への彼らの反論、および、「一つの部分には必ずその半分があり、それに終わりはない」と考える者に反対する彼らの思弁的説明について言えば、我々はその基礎をアッラーの使徒――祝福と平安あれ――のスンナの中に見出すことができる。

たとえば、彼（預言者）が「伝染はない。凶兆はない」と言ったとき、ある遊牧民は「それでは、まるでカモシカのようだったラクダが、疥癬にかかったラクダに混ざることで疥癬にかかってしまうのはどうしたことでしょうか」と言った。すると預言者――祝福と平安あれ――は、「では、最初のものを疥癬にかからせたものは誰か」と言い、そうしてその遊牧民は、彼が彼に、理性で理解される証明によって理解させたこと故に沈黙した。

そして同様に、「運動の前には必ずそれに先立つ運動がある」と考える者に対して我々は言う。もし事態がそのようだとすれば、一つ〔の運動〕さえ生起することはない。なぜなら、終わりのないものには、始まりもないからである。

同じように、ある男が「アッラーの預言者よ、私の妻が黒い〔肌の〕男の子を出産しました」と言い、その否認をほのめかした。すると預言者――祝福と平安あれ――は、「あなたはラクダを持っていますか」と言った。彼が「はい」と言うと、彼は「その色は何ですか」と言った。彼が「赤です」と答えると、アッラーの使徒――祝福と平安あれ――は「その中に灰色のものはいますか」と言った。彼が「はい、その中に灰色のものがいます」と言うと、彼は「それはどうして生じたのでしょう」と言った。彼が「おそらく隔世遺伝でしょう」と言うと、預言者は言った。「同じように、あなたの子供も隔世遺伝でしょう」と。これは、ある事柄はそれと同様の事柄から類推されることを、アッラーがその預言者に教えたものである。またそれは、我々が類似するものについて判断を下す際の常なる基礎である。

これに基づき、「至高なるアッラーは被造物に似ており、彼は物体である」と考える者に対して、我々は次のように言うことで証明を行なう。もし仮に彼が何ものかに似ているとすれば、あらゆる面で似ているのか、一部の面において似ているのかのいずれかである。そしてもし彼があらゆる面でそれに似ているとすれば、あらゆる面で彼が生起物でなければならない。一方、彼が一部の面においてそれに似ているとすれば、彼が似ている分だけ、それと同様に生起物でなければならない。なぜなら、二つの似たものは、その似ている部分において共通の性質を持つからである。しかし、生起物が無始であり、無始なるものが生起物であることは不可能な事態である。至高なる彼は言った。「何ものも、彼のようではない」（クルアーン第四二章第一一節）。また至高なる彼は言った。「そして彼には、彼に匹敵する者は一人としてない」（クルアーン第一一二章第四節）。

また、「物体には終わりがある」ということ、および「［最小の］部分は分割できない」ということの基礎は、偉大なる彼の言葉「あらゆることを、我らは明白な案内の中に数え上げた」（クルアーン第三六章第一二節）、および、終わりのないものを数え上げることが不可能であるという事実である。また、一つのものは分割することが不可能であるという事実もその基礎である。なぜなら、もしそうなれば、それらが［一つのものではなく］二つのものであることが帰結されるからである。そして、二つのものは数の中に含まれることを彼は知らせている。

また、世界を生起させる者は意図や選択といった行為を有し、彼が嫌悪することが起こり得ないということの基礎は、至高なる彼の言葉「おまえたちは、おまえたちが射精するものを見たか。おまえたちがそれを創ったのか。

▼7 「ダハル主義・ダハル派」（al-Dahrīyah）とは、アラビア半島に、（dahr）がもたらすとの考え。無神論的な傾向を持つ。ムハンマド召命より前の時代から存在する、死などの運命は「時」

それとも、我らが創造者か」（クルアーン第五六章第五八節から第五九節）である。彼らはこれに対して、彼らが子を望むときに彼らが創造し、彼らが嫌うときには生まれないことの証拠を提示することができなかった。そうして彼（アッラー）は、創造する者とは、その者の意図に基づいて被造物が彼を由来として現われる者のことであることを彼らに教えたのである。

議論の中で相手を言い負かすことについての我々の基礎は、我々の導師ムハンマド――祝福と平安あれ――のスンナから取られる。彼がユダヤ教の太った司祭と話した際、偉大なるアッラーは彼に教え、彼（預言者）は彼（ユダヤ教の司祭）にこう言った。「あなたが聞いてくれるよう、アッラーに乞う。至高なるアッラーが下したタウラーの中に、至高なるアッラーは肥満の司祭を嫌い給う、と書かれてはいないか」。彼がそれによって彼を非難したため、その司祭は怒り、「アッラーは人に何ものも下していない」と言った。すると至高なるアッラーは、「言え。光としてムーサー（モーセ）が携えてきた啓典を下したのは誰か」（クルアーン第六章第九一節）云々と言い、早急に彼を言い負かしたのである。〔なぜこれが論駁になるかというと、〕タウラーは「もの」であり、ムーサーは「人」だからである。司祭はかねてより、至高なるアッラーがタウラーをムーサーに下したことは認めていた。

同様に彼（アッラー）は、「至高なるアッラーが、使徒が犠牲〔となる動物〕を携えて訪れ、火がその犠牲を飲み込むまでは、その使徒を信じることのないよう自分たちに命じた」と主張する者たちを言い負かした。至高なる彼は言った。「言え。かつて私以前にも、様々な明証とおまえたちが言うようなことを携えて預言者たちがおまえたちの許に来た。それなのになぜおまえたちは彼らを殺したのか。もし、おまえたちが真実を述べているのであれば」（クルアーン第三章第一八三節）。彼はそれによって彼らを言い負かし、彼らを論駁したのである。

反論者の誤謬を把握するための我々の基礎は、至高なる彼の言葉「まことに、おまえたち、そしておまえたちがアッラーをさしおいて崇拝するものは火獄の石である。おまえたちはそこへやってくる。もしこれらが神々であったならば、彼らはそこへやってこなかった。だが、いずれもその中に永遠に留まる。彼らはその中で嘆息がある。彼らはその中で〔他に何も〕聞かない」（クルアーン第二一章第九八節から第一〇〇節）から取られる。この節が下されたとき、それがアブドゥッラー・イブン・アッ＝ズィバアラー（ʻAbd Allāh b. al-Zibaʻrā：没年不詳）――彼は当時論争を挑む〔イスラーム教への〕敵対者であった――に伝わり、彼は「カアバの主にかけて、私はムハンマドを論破した」と言った。アッラーの使徒――祝福と平安あれ――が彼の許を訪れると、彼は言った。「ムハンマドよ。あなたは、イーサー（イエス）とウザイルと天使たちが崇拝されていたと主張していたのではなかったか」。預言者――祝福と平安あれ――はこのとき沈黙したが、それは返答に窮したわけでも打ち負かされて沈黙したわけでもなく、彼（イブン・アッ＝ズィバアラー）の無知に驚いたためであった。なぜなら、この節にイーサーとウザイルと天使たちが含まれる必然性はないからである。なぜなら、彼は「おまえたちがアッラーをさしおいて崇拝するもの」と言ったのであり、「おまえたちがアッラーをさしおいて崇拝する全てのもの」とは言っていないからである。イブン・アッ＝ズィバアラーは、彼が預言者を論駁したと彼の民に思わせるために、彼（預言者）の誤りを示そうとしたのであった。すると偉大なるアッラーは、「我らから彼らへの至善が先行した者たち」――すなわち、崇拝された者たちの中で、との意味である――「それらの者たちはそれ（火獄）から遠く離されている」（クルアーン第二一章第一〇一節）と啓示し、預言者――祝福と平安あれ――はそれを読んだのである。すると彼らは、彼らの敗北と誤謬が明らかになるのを恐れて、やかましく騒ぎ立てて言った。「我々の神々の方が優れているか、それとも彼――つまりイーサー――か」。すると至高なるアッラーは、「また、マルヤム（マリア）の息子が喩えとして挙げられると、すると途端におまえの民はそれについて騒ぎ立てた。そして彼らは言った。我々の神々の方が優れているか、それとも彼（イーサー）か。彼らがおまえにそれを挙げるのは、詭弁に他ならない。いや、彼らはあげつらう民である」（クルアーン第四三章第五七節から第五八節）と啓示した。

我々が言及した諸節、および、言及していない諸節が、たとえあらゆる個別の問題がクルアーンとスンナの中に存在するわけではないとしても、我々が、上に言及した事柄の詳細について思弁的説明を行なうことの基礎であり、根拠である。なぜなら、上述のように、預言者――祝福と平安あれ――と教友たちは、彼らの時代に個別に取り上げられた、理性で議論される類の問題について思弁的な説明を行なったからである。

第三の回答　アッラーの使徒――祝福と平安あれ――は、彼らが問うたこれらの問題を知っていたのであり、その詳細に無知であったわけではない。ただし、彼の生存中には、それらが個別に取り上げられ、彼〔預言者〕がそれに思弁的説明を加えたとか、あるいは加えなかったということは起きなかったのである。

しかし、その基礎はクルアーンとスンナの中に見出すことができる。聖法の観点から宗旨に関係のある問題が発生した場合には、彼ら〔教友〕はそれに思弁的説明を加え、それを検討し、思索し議論し、論駁した。それはたとえば、遺産相続法における扶養や女性の直系尊属の問題などの諸々の法規定や、「〔貴女は私には〕禁じられる」、「完全離縁された女だ」、「絶対的に〔離縁した〕」、「貴女の手綱は貴女の上にある〔どこへでも行ってしまえ〕」〔と言った場合の離婚の成立に関わる問題〕、あるいは、ハッド刑〔法定刑〕や離婚に関わる問題などである。頻繁に言及されるこれらの問題は、彼ら〔教友〕の時代に発生したものである。ただし、各々の問題について預言者――祝福と平安あれ――に帰される言葉が伝えられているわけではない。もし彼がそれら全てについて語ったのであれば、〔学者たちは〕見解を違えず、今日まで見解の相違が続くことはなかっただろう。

これらの問題は、その各々にアッラーの使徒――祝福と平安あれ――の言葉が伝えられているわけではないが、彼らはそれらを、至高なるアッラーの書の文言とスンナ、および彼らのイジュティハードに帰し、類推して解釈した。これは、法規〔furūʿ〕の分野で新しく生じたことの判断に関してであり、彼らはそれを、聖法上の判断――それは、啓示や預言者を通して出なければその規定を知ることができない法規である――に帰した。

一方、信条〔uṣūl〕の分野で、具体的な個別の問題を扱うにあたって新しく生じた問題については、全ての理性あるイスラーム教徒は、その規定〔の判断〕を、理性、感覚、本能その他の結論が一致する諸々の基礎の全体を根拠としなければならない。なぜなら、啓示によらなければ知ることができない聖法の〔個別的な〕諸問題の判断は、〔同じく〕啓示によって初めて知ることができる聖法の判断に帰されるべきであり、他方、理性や感覚で議論されるべき諸問題の各々の判断は、その領域〔理性や感覚による議論〕に帰されるべきだからである。理性で議論されるべき問題は、啓示によって議論されるべき問題と混同させてはならない。もし、預言者――祝福と平安あれ――の時代に、「クルアーンの創造」や、「部分」や「変化」などについての思弁的な議論がこれらの言葉によって行なわれたとすれば、ちょうど、彼の時代に個別化された全ての問題について、彼が詳解し思弁的な説明を加えたのと同じように、彼はそれについて思弁的な説明を加え、それを詳解していただろう。

また、次のように〔彼らに〕言われる。クルアーンは被造物ではないとか、あるいは被造物であると述べた真正なハディースは預言者――祝福と平安あれ――について伝わっていない。にもかかわらず、なぜあなたたちはそれは被造物ではないと言うのか。

もし彼らが、「それは教友や第二世代の一部の者が言っていたのである」と言えば、彼らには次のように言われる。だとすれば、預言者が言っていないことを言っているのだから、あなたたちがそうなってしまうように、彼らもまた異端者であり迷妄者であることになってしまうではないか。

もし誰かが、「私は、それが被造物であるとも、被造物ではないとも言わない。私は立場を保留する」と言えば、彼には次のように言われる。あなたは、保留していることにおいて、異端者であり迷妄者であることになる。なぜなら、預言者――祝福と平安あれ――は「私の後にこれこれの問題が起こったときは、それについて判断を保留し、それについて何も言うな」とも、「それを被造物だと言った者、あるいはそれを被造物ではないと言った者を逸脱者――あるいは不信仰者――とみなせ」とも言わなかったからである。

もし誰かが「アッラーの知識は被造物であるということについて、あなた方は判断を保留するのか」と言えばどうするのか。[8] もし彼らが「いや〔判断を保留しない〕」と言えば、彼らには次のように言われる。預言者――祝福と平安あれ――もその教友も、それについては何も言っていないではないか。

同様に、もし誰かが「あなた方の主は満腹である／肉付きが良い／着衣している／裸である／寒気がある／胆汁

▼8 「当然、このような信条は誤りであり、アッラーの知識は被造物ではない、と言わなければならないだろう」との意。

質である／湿っている／物質である／偶有である／匂いを嗅ぐ／匂いを嗅がない」とか、「彼には鼻が／心臓が／肝臓が／脾臓があるのか」とか、「彼は毎年巡礼をするのか」とか、「彼は馬に乗るのか、乗らないのか」とか、「彼は落胆するのか、しないのか」などの質問をした場合、それについて沈黙しなければならないということになる。なぜなら、アッラーの使徒――祝福と平安あれ――もその教友も、それらについては何も語っていないからである。またもしあなたが沈黙しないとすれば、あなたは、それらのことが偉大なるアッラーについては許容され得ないということを、あなたの何らかの言葉によって、何らかの証拠によって説明するだろう。

もし誰かが「私はそれについて沈黙し、何も返答しない」あるいは「私は彼から遠ざかる」あるいは「彼の許を去る」あるいは「彼に平安（salām）の挨拶をしない」あるいは「彼が病んでも見舞わない」あるいは「彼が死んでも葬儀に出席しない」と言った場合、彼には次のように言われる。あなたが言ったこれらの全ての場合において、あなたは異端者であり迷妄者であることになってしまう。なぜならアッラーの使徒――祝福と平安あれ――は、「それらの内の何かについて問われたら、それについて沈黙しなさい」とは言っておらず、また、「彼に平安の挨拶をするな。彼の許を去れ」とも、それに類することを何も言っていないからである。したがって、もしあなた方がそれをするとすれば、あなた方は異端者となってしまう。

また、なぜあなた方はクルアーン被造物説を唱えた者について沈黙せず、なぜ彼を不信仰者とみなしたのか。預言者――祝福と平安あれ――がその被造物性を否定し、その被造物性を説いた者を不信仰者とみなしたという真正なハディースは伝えられていないにもかかわらず。

次に、もし彼らが「それは、アハマド・イブン・ハンバル――アッラーが彼を嘉し給え――が、その被造物性を否定し、その被造物性を説いた者を不信仰者とみなしたからである」と言えば、彼らには次のように言われる。ではアハマドはなぜそれについて沈黙せず、それについて語ったのか。もし彼らが「それは、アル＝アッバース・アル＝アンバリー（al-ʻAbbās b. ʻAbd al-ʻAẓīm al-ʻAnbarī：八六〇／一年没）とワキーウ〔・イブン・アル＝ジャッラーフ〕（Wakīʻ b. al-Jarrāḥ：八一二年没）とアブドゥッラハマーン・イブン・マハディー（ʻAbd al-Raḥmān b. Mahdī：八一四年没）、および何某と何某が、それは被造物ではなく、それが被造物であると言った者は不信仰者であると言ったからである」と言えば、彼らには次のように言われる。なぜ彼らは、彼――祝福と平安あれ――が沈黙したことについて沈黙しなかったのか。ここでもし彼らが「それは、アムル・イブン・ディーナール（ʻAmr b. Dīnār：七四三／四年没）とスフヤーン・イブン・ウヤイナ（Sufyān b. ʻUyaynah：八一五年没）とジャアファル・イブン・ムハンマド〔・アッ＝サーディク〕（Jaʻfar b. Muḥammad al-Ṣādiq：七六五年没）、および何某と何某が、それは創造者でもなく、被造物でもないと言ったからである」と言えば、彼らには次のように言われる。なぜ彼らは、アッラーの使徒――祝福と平安あれ――がそれを言わなかったにもかかわらず、沈黙せずにこの言葉を述べたのか。ここでもし彼らが、教友や、教友の一部の集団にそれを帰した場合、それは傲慢である。彼らには、次のように言われる。なぜ彼らは、預言者――祝福と平安あれ――がそれについて何も言わず、「それを言った者を不信仰者とみなせ」と言わなかったにもかかわらず、それについて沈黙しなかったのか。

もし彼らが、「知識ある者は、無知な者に新しく生じた問題の判断を教えるために、それについて語らなければならない」と言えば、彼らには次のように言われる。それこそ、我々があなた方に求めていたもの（言葉）である。だとすれば、なぜあなた方は思弁的説明を禁じたのか。あなた方は、望むときには思弁的な説明を行ない、それを終えれば説明は終わりであると言い、望むときには証拠の証明もなく、昔の者たちに盲従する。これは我欲に基づく行為であり、気まぐれな決定である。

そして彼らには次のように言われる。預言者――祝福と平安あれ――は、誓願や遺言、奴隷解放や連続的に譲渡された地所の勘定などについて、何も語っておらず、それについて書を著してもいない。しかし、マーリクや〔スフヤーン・アッ＝〕サウリーやシャーフィイーやアブー・ハニーファはそれを著した。〔あなた方の言っていることが正しければ〕彼らが逸脱者・迷妄者であることになってしまう。なぜなら、彼らは預言者――祝福と平安あれ――が行なわなかったことを行ない、彼が個別に言及しなかったことを言い、預言者――祝福と平安あれ――が著さなかったものを著し、預言者――祝福と平安あれ――がそう言っていないにもかかわらず、クルアーンの被造物性を唱える者を不信仰者とみなしたからである。
以上のことは、頑迷ではない、理性ある全ての者のために十分である。

第八章

ヒッリー『第一一の門』

一．紹介

本論考『第一一の門 *al-Bāb al-Ḥādī ʻAshara*』は、シーア派・一二イマーム派のアル＝アッラーマ・アル＝ヒッリー（al-ʻAllāmah Jamāl al-Dīn Abū Manṣūr Ḥasan b. Yūsuf b. al-Muṭahhar al-Ḥillī：一三二五年没）の著作である。ヒッリーは同派を代表する学者の一人であり、法学、神学、ハディース学、クルアーン注釈、哲学など、様々な分野で一〇〇を超える著作を残している。日本語でも、ヒッリーの著作のイマーム論の部分が翻訳されている［鎌田 1992］。

ここに訳出した論考が『第一一の門』と名付けられた理由は次の通りである。ヒッリーは、同じく一二イマーム派を代表する学者トゥースィー（Abū Jaʻfar Muḥammad b. al-Ḥasan b. ʻAlī b. al-Ḥasan al-Ṭūsī：一〇五〇年没）が著した法学書『ムジュタヒドの燈火 *Miṣbāḥ al-Mujtahid*』を要約し、この要約を『方正の道 *Minhāj al-Ṣalāḥ*』と名付けた。また彼は同時に、この要約を一〇の「門」（章・節）に分割した。ヒッリーは更に、一〇の「門」の後ろに、彼自身で第一一番目の「門」を加筆し、これを「第一一の門」とした。このヒッリーのオリジナルの「門」が、ここに訳出した『第一一の門』である。

彼はこの『第一一の門』の中で、学者のみならず、タクリーフを課せられたイスラーム教徒全員が知らなければならないイスラーム教（一二イマーム派）の信条と、その典拠を簡潔に説明している。

その内容の重要性故に、『方正の道』の内「第一一の門」のみが独立して読まれるようになり、時代を超えて多数の注釈が編まれた。現代においても『第一一の門』は一二イマーム派の信条を知るための最重要文献の一つとみなされている。

『第一一の門』は第一の項から第七の項に分類され、順に、「神の存在証明」、「神の肯定的属性」、「神の否定的属性」、「〈正義〉」（ʻadl）、「預言者」、「イマーム」、「死後の復活」を主題としている。

本邦では、一二イマーム派の特徴として、イマームが神と預言者の「指名」によって決定されるという教義が言及されることが多いが、イマーム論のみならず、人間の行為と神の意思の関係、理性による〈善〉・〈悪〉の認識、預言者の派遣の必然性など、七つの項の随所においてスンナ派とは異なる教義を見出すことができる。

底本

ʻAllāmah Ḥillī, 2012, *al-Bāb al-Ḥādī ʻAshara*, In: al-Miqdād b. ʻAbd Allāh al-Suyūrī, *al-Nāfiʻ Yawm al-Ḥashr*, In: Mahdī Muḥaqqiq (ed), *al-Bāb al-Ḥādī ʻAshara li al-ʻAllāmah al-Ḥillī*, Mashhad: Astan Quds Publication, pp. 1–59.

底本本文の意味の確定は、以下の注釈によった。

al-Miqdād b. ʻAbd Allāh al-Suyūrī, 2012, *al-Nāfiʻ Yawm al-Ḥashr*, In: Mahdī Muḥaqqiq (ed), *al-Bāb al-Ḥādī ʻAshara li al-ʻAllāmah al-Ḥillī*, Mashhad: Astan Quds Publication, pp. 1–59.

Abū al-Fatḥ b. Makhdūm al-Ḥusaynī, 2012, *Miftāḥ al-Bāb*, In: Mahdī Muḥaqqiq (ed), *al-Bāb al-Ḥādī ʻAshara li al-ʻAllāmah al-Ḥillī*, Mashhad: Astan Quds Publication, pp. 65–219.

二、ヒッリー『第一一の門』翻訳本文

タクリーフを課せられた者全般に知ることが義務となる、「宗旨の基礎」（信条）についての第一一の門

知識を持つ全ての者は、至高なるアッラー／その肯定的な諸属性と否定的な諸属性／彼にふさわしいことと彼についての不可能なこと／預言者位／イマーム位／復活について、盲従ではなく、典拠に基づいて知ることが義務であることに見解を一致させている。[1]

それ故、イスラーム教徒の誰にとってであれ、無知であることが許容されないことを〔これから〕述べなければならない。その内の何かについて無知である者は、信仰者の軛《くびき》から離れ、永遠の懲罰の対象となる。

私はこの「門」を、複数の項目に順序立てて並べた。

第一の項　その本質によって存在が必然である至高なる者の証明

我々の見解では、あらゆる理性認識対象は、(1)外界に、その本質において存在が「必然」のものか、(2)その本質において存在が「可能」なものか、(3)その本質において存在が「不可能」なものかのいずれかである。[2]

何らかのものが〔外界に〕存在しているということに疑念の余地はない。それは必然的に知られることである。そして、もしそれが、その本質において存在が必然のものであれば、それは我々が追求しているところのもの（つまり、本項目の主題である「必然存在の証明」）となる。

▼1　法規範（身体で行為する領域）については、知識ある者に追従すれば足りる。信条の基礎については、各人が典拠に基づいてその内容を知らなければならない。

▼2　(1)に分類されるのは、創造主であるアッラーただひとりであり、(2)に分類されるのは、存在するものの内アッラー以外の全てのものである［al-Suyūrī 2012, 6］。

もしそれが可能存在であれば、必然的に、それを存在せしめる「存在させる主体」を必要とする。そして、その「存在させる主体」が、その本質における必然存在なのであれば、それは我々が追求しているところのものである。そしてもしそれが可能存在なのであれば、更に別の「存在させる主体」を必要とする。〔この「別の『存在させる主体』」が〕先のもの（第一の「存在させる主体」）であった場合、循環に陥り、それは必然的に誤謬である。そしてそれが更に別の可能存在であった場合（可能存在を存在せしめたのが更に別の可能存在である状態が続く場合）、無限後退に陥り、これもまた誤謬である。なぜならその場合、それら全ての可能存在が連なってできた一つの連関の各々は、必然的に可能存在となるが、その場合、その本質において存在が可能であること（つまり、必然ではないこと）を共有するからである。それ故必然的に、それらの外部に存在する「存在させる主体」が不可欠となり、それは必然的に、必然存在である。そしてそれは我々が追求するところの結論である。[3]

第二の項　彼の八つの肯定的な諸属性について[4]

第一　至高なる彼は「能う者」であり「選択する者」である。なぜなら、世界は被生起物だからである。なぜなら、それ（世界）は物体であり、全ての物体は生起物を欠くことはできないからである。私はここで「運動」と「静止」〔という生起物たる偶有〕を意図している。これら二つは、他による先行を要するため、生起物である。[5]そして、生起物を欠くことができないものは、必然的に被生起物である。[6]したがって、それへの影響因（mu'aththir）――それは至高なるアッラーであるが――は、「能う者」であり「選択する者」であることがわかる。なぜなら、仮に彼（アッラー）が〔自らの存在の影響を派生させることを〕強いられる存在であったとすれば、必然的に、それ（世界）に対する彼の影響が生じないでいることはなかったはずだからである。その場合、世界の無始性か、至高なるアッラーの有始性のいずれかを帰結するが、それら二つは誤謬である。[7]

そして彼の「権能」は、あらゆる「権能の対象」（maqdūrāt）にかかる。なぜなら、それ（アッラーの「権能」）を必要とする事由は、可能存在性だからである。彼（アッラー）の本質は、全て〔の「権能の対象」〕に等しく関わる。す

なわち、彼の「権能」は包括的である。▼8

第二　至高なる彼は「知る者」である。なぜなら彼は、叡智を含む美妙な諸行為を為したからである。そのようなことを為した者は、必然的に「知る者」である。

そして彼の知識は、あらゆる知識認識対象にかかる。なぜなら、あらゆる知識認識対象はそれに関係することにおいて共通だからである。なぜなら彼は「生きる者」であり、「生きる者」は各々の知識認識対象を知り得るのであるから、彼にそれは必然となる。なぜなら、彼が他を必要とすることはあり得ないからである。

第三　至高なる彼は「生きる者」である。なぜなら、彼は「能う者」であり「知る者」であるから、必然的に彼は「生きる者」ということになる。

▼3　創造主の存在を証明する方法は大きく分けて二つある。第一は、その痕跡である諸々の被造物が生起した原因を熟考し、それを創造した者の存在に到達する方法である。この方法は、クルアーンの「いずれ我らは彼らに地平線と彼ら自身の中に我らの諸々の徴を見せるであろう。彼らにそれが真理であることがはっきりするように」（クルアーン第四一章第五三節）に示されている。第二は、存在とその分類について熟考し、必然存在が、全ての可能存在が生起した原因であるという事実に到達する方法である。この方法は、クルアーンの「おまえの主で万全ではなかったか、彼があらゆるものの上に証言者であることで」（クルアーン第四一章第五三節）に示されている [al-Suyūrī 2012, 7–8]。

▼4　肯定的属性をこの八つに分類する方法は、唯一の分類方法というわけではない。ここでは、特に重要性の高いものとしてこの八つが取り上げられる [al-Ḥusaynī 2012, 117]。

▼5　「他による先行を要する」とはつまり、「運動」の場合、第一の場所があり、そこから第二の場所に移動することを「運動」と言うため、第二の場所への運動には第一の場所における存在が先行する。「静止」の場合、ある場所における静止は、その直前に同一の場所に存在していることを要する。そのため、ある物の「運動」も「静止」も、その成立のためには先行する状態が必要であるということである [al-Ḥusaynī 2012, 102]。

▼6　全ての物体は偶有を宿している。たとえば、「運動」と「静止」のいずれかはあらゆる物体が具える偶有である。これらの偶有は生起物であるから、それを宿さざるを得ない主体も必然的に生起物ということになる。

▼7　というのも、その場合、無始なるアッラーから無始なる世界が生じていたか、世界が有始であるのと同じように、それを生じさせたアッラーも有始であるかのいずれかだからである。

▼8　アッラーの「権能」は、〈悪〉や、人間の権能の対象を含む全ての可能存在にかかるものである [al-Suyūrī 2012, 11]。

第四　至高なる彼は、「意図する者」であり、「嫌う者」である。なぜなら、他でもなく或る特定の時に諸行為を特化して存在させることには、それを特化するもの——すなわち意図——が不可欠だからである。また、至高なる彼は、命じ、禁じるからである。それら二つは、必然的に、意図することと嫌うことを帰結する。

第五　至高なる彼は、「感取する者」(mudrik)である。[9] なぜなら彼は「生きる者」であり、「生きる者」は感取することができるからである。また、クルアーンはそれを彼について確証しており、したがって、それを彼に確定させることが必定となる。

第六　至高なる彼は、無始であり、永久であり、不滅であり、常しえである。なぜなら彼は必然存在だからである。そのため、彼には非存在は——先行するものも後続するものも——不可能となる。

第七　至高なる彼は「話す者」(mutakallim：言葉を持つ者)である。これには合意(イジュマーウ)が成立している。「言葉」によって意図されるものは、連珠として整えられた、聞くことができる音と文字である。彼が「話す者」(言葉を持つ者)であることの意味は、彼が、物体の中に言葉(kalām)を存在させるということである。アシュアリー派の理解は妥当ではない。[10]

第八　至高なる彼は、真実を述べる者である。なぜなら、虚偽は必然として〈悪〉だからである。至高なるアッラーは、欠陥が彼にとって不可能である故に、〈悪〉から無縁な存在である。

第三の項　彼の七つの否定的な諸属性について[11]

第一　至高なる彼は、〔複数の部位で構成される〕複合体ではない。もしそうであれば、彼はその諸々の部分〔の存在〕を必要とするが、〔何かを〕必要とするものは可能存在だからである。

第二　彼は物体ではなく、偶有ではなく、単子ではない。もしそうであれば、彼は場所を必要とし、そうなれば彼が生起物から無縁であることはできず、彼が生起物ということになるからである。それは不可能な事態である。

また彼が何らかの場所に存在することはあり得ない。さもなければ彼はそれ(場所)を必要とする存在ということになるからである。また彼が何らかの方向に存在することもあり得ない。さもなければ彼はそれ〔方向〕を必要とする存在ということになるからである。

彼に快楽や苦痛〔による形容〕はふさわしくない。なぜなら、至高なる彼に〔他が〕混合することはあり得ないからである。

彼が他と合体・一致することはない。なぜなら、いかなる条件下であれ、彼が合体・一致することはあり得ないからである。▼12

第三　至高なる彼は、生起物の生じる場所ではない。なぜなら、彼が他の影響を受けること、および彼に欠陥があることはあり得ないからである。

第四　至高なる彼を視覚によって見ることは不可能である。なぜなら、目に見えるあらゆるものは方向を有するからである。また、それ〔目に見えるもの〕は必然的に、〔見る主体に〕向き合っているか、それに準じた状態にあり▼13、物体であることになるからである。そしてそれは不可能な事態である。このことはまた、至高なる彼の言葉「おま

▼9　アッラーが「感取する者」であることとは、人間の持つような嗅覚や触覚をアッラーに帰すことではない。「感取する者」であるとは、あらゆる感覚認識対象についての知識を持つ者であることを意味する［al-Suyūrī 2012, 15–16］。フサイニーの注釈によれば、「感取する者であること」とは、「聞く者であり見る者であること」を意味する［al-Ḥusaynī 2012, 117］。

▼10　一二イマーム派におけるアッラーが「話す者」であることの意味は、スンナ派の理解と全く異なる。一二イマーム派は、アッラーの「言葉」の問題についてムウタズィラ派の立場を正答とする。すなわち、アッラーの「言葉」とは、特定の時に、被造物の中に文字や音声として創造されたものとされる。この「言葉」を創造することができることが、アッラーが「話す者」であることの意味である。また、ヒッリーの言う「アシュアリー派の理解」とは、「アッラーの言葉とは、アッラーの本質に内在する『内的な言葉』（al-kalām al-nafsī）であり、文字や音声から成る『音としての言葉』（al-kalām al-lafẓī）ではない」という立場を指す［al-Ḥusaynī 2012, 121–125］。

▼11　否定的属性は七つのみではないが、ここではその重要なものとして七つが取り上げられる［al-Ḥusaynī 2012, 129］。

▼12　「なぜなら、いかなる条件下であれ、彼が合体・一致することはあり得ないからである」と訳した箇所は、底本には “li imtināʿ al-ittiḥād al-maṭlūb” とあったが、意味が通じないため、al-Ḥusaynī［2012, 136］の “li imtināʿ al-ittiḥād muṭlaqan” を採用した。

▼13　「それに準じた状態」とは、鏡などの反射によって対象を見ることが意図されている。

えは我を見ないであろう」〔クルアーン第七章第一四三節〕にもよる。ここでの「……しないであろう」(lan)〔との否定辞〕は、恒久的な否定を意味する。[14]

第五　彼に同輩が存在することは否定される。その根拠は、啓示、および拮抗――そしてその末に存在の秩序が崩壊してしまうこと――による。また、必然存在であるという事態を二つの必然存在が共有するということは、〔両者を〕差異化する要素が存在するはずであり、そうすると彼は〔複数のものから成る〕複合体であることになるからである。

第六　彼に「概念」(ma'nā)と「状態」(ḥāl)が帰されることは否定される。なぜなら、仮に、たとえば彼が「権能」によって「能う者」であり、「知識」によって「知る者」である場合、彼の諸属性がそれらの「概念」を必要とすることになるからである。そうした者は可能存在であり、それは矛盾である。[15]

第七　彼は満ち足りており、〔他を〕必要とする存在ではない。彼の存在が必然であり、彼以外のものがそうではない〔必然ではない〕のであれば、彼がそれ〔彼以外のもの〕を必要とせず、彼以外のものが彼を必要とすることになるからである。

第四の項　〈正義〉[16]

この主題には複数の論点がある。

第一　理性は、諸々の行為の中に――預かりものを返却すること、〔諸事において〕至善を尽くすこと、賢明な正直さのように――〈善〉である行為と、――不正、害のある虚偽のように――〈悪〉である行為があることを必然的に〔その本性によって〕判断する。それ故、無神論者やインドの賢者のように、啓示に基づく法を否定する者たちも、それら〔理性で自然と判断できる〈善〉と〈悪〉〕によって〔物事の〕裁定を行なってきたのである。仮にそれら〔〈善〉と〈悪〉〕〔の識別〕が理性において否定されるのであれば、それらは啓示においても否定されることになる。なぜなら、その場合、立法者〔神〕が虚偽を述べることが〈悪〉〔あり得ないこと〕であることが否定されることになるからであ

る。▼17

第二　我々（人間）は、〔自分自身の〕選択によって行為を為している。このことは、人が天井から転落することと階段を使ってそこから下りることが必然的に異なることによって、あるいは、背くことがないにもかかわらず我々に義務が課せられることがあり得ないことによって、あるいは、彼（アッラー）が我々の内に行為を創造した後に、それをもって彼が我々に懲罰を下すことが〈悪〉であることによって、あるいは、啓示によって、必然的に判断されることである。▼18

第三　至高なる彼は〈悪〉を行なうことが不可能である。なぜなら、彼はそれを避けるもの――それはすなわち〈悪〉についての知識である――を有しており、また、彼をそれへと駆り立てるものは無いからである。なぜなら、

▼14　一二イマーム派は、スンナ派が認める「見神」を否定する。クルアーン第七章第一四三節の「……しないであろう」（lan）は、スンナ派においては恒久的な否定を意味しない。

▼15　スンナ派においては、アッラーは「知識によって知る者」であり、「権能によって能う者」とされる。一二イマーム派が否定する「概念をアッラーに帰すこと」とは、こうした表現の「知識によって」、「権能によって」の部分である。また、「状態」とは、たとえば「知る者性」（ʿālamīyah）、「能う者性」（qādirīyah）のような、存在するとも存在しないとも言えない属性を指す。一二イマーム派によれば、こうした「概念」や「状態」に起因してアッラーが「知る者」、「能う者」となるのであれば、アッラーがそれらの「概念」や「状態」を必要とする可能存在になってしまうと考えるため、誤りとされる［al-Suyūrī 2012, 24; al-Ḥusaynī 2012, 148–150］。

▼16　〈正義〉とは、アッラーが〈悪〉を行なうことがあり得ないこと、および、アッラーが必然となる行為を行なわないことがあり得ないことを意味する［al-Suyūrī 2012, 25］。

▼17　〈善〉、〈悪〉という言葉は、三つの意味に解することができる。(1)〈善〉が完全性を示す性質、〈悪〉が欠陥を示す性質を意味する場合。たとえば、「知識は〈善〉である」とか「無知は〈悪〉である」という場合はこれに当たる。(2)〈善〉が動物や人間の本性にとって快適なものを指し、〈悪〉が本性が嫌うものを指す場合。(3)〈善〉が、それを行なった者に称賛と褒賞が与えられるにふさわしい行為を指し、〈悪〉が、それを行なった者に非難と懲罰が与えられるにふさわしい行為を指す場合。(1)と(2)における〈善〉・〈悪〉が、理性の判断によって識別可能であることに見解の相違はない。しかし、(3)についてイスラーム教徒たちは見解を異にしている。一二イマーム派では、(3)の意味での〈善〉・〈悪〉もまた（あらゆる〈善〉・〈悪〉ではないといえども）理性によって識別が可能であると言う。この点はアシュアリー学派の立場とは異なる［al-Suyūrī 2012, 25–26］。

それ〔彼を〈悪〉を行為することへと駆り立てるもの〕は、彼にそれを駆り立てる何らかの必要性――そして彼にとってそれはあり得ないことである――であるか、〔〈悪〉に含まれる〕何らかの叡智による他ないが、〔これらの仮説が正しいことはあり得ず〕ここにおいてそれは否定される。また、仮に彼からそれが生じることが許容されるとすれば、預言者性が確証されることはあり得ないからである。

したがって、彼が〈悪〉を意図することも不可能となる。なぜならそれ〔〈悪〉を意図すること〕は〈悪〉だからである。

第四　至高なる彼は、何らかの目的のために行為を為す。[19] クルアーンがそれを示し、彼に戯事――それは〈悪〉である――が否定されることによる。

その目的とは、他に害をもたらすものではなく――それは〈悪〉だからである――、益するものである。

ここにおいて、タクリーフ〔義務負荷〕が不可欠であることがわかる。それは、知識が与えられているという条件下で、[20] 困難が含まれることについての服従が本源的に義務付けられる者〔すなわち、アッラー〕[21] による促しである。

そうでなければ〔アッラーがタクリーフを人間に課さないとすれば〕、彼は〈悪〉を促していることになってしまうからである。なぜなら彼は、欲情や、〈悪〉へと傾き〈善〉から遠ざかる心の傾向を創造したのであるから、〔それらへの追従を〕阻む要素〔を人間に与えること〕が不可欠となるのであり、それがタクリーフである。

〔人間は、目先の〕望みを叶えるためであれば〔〈悪〉から帰結される〕恥辱を軽視する〔傾向にある〕ため、〔〈善〉に伴う叡智と〈悪〉に伴う害悪についての〕知識だけでは十分ではない。[22]

それ〔タクリーフ〕は、〔被造物に〕褒賞を提示する点において、〈善〉〔であり、それ故に必然〕である。[23] 私は〔「褒賞」という言葉によって〕〔神がしもべを〕褒めてつかわすことに伴う、〔タクリーフに〕先行することが不可能な、[24] それにふさわしい益を意図する。[25]

第五　至高なる彼には、〈慈しみ〉(lutf) が必然となる。それ〔慈しみ〕は、しもべを献神行為に近づけ、背神行為から遠ざけるものである。それは、〔しもべに献神行為を〕可能せしめることを意味するのではない。[26] またそれは、強制的に〔行為〕せしめることでもない。その〔アッラーの〈慈しみ〉が必然であることの〕根拠は、タクリーフを課す者〔アッラー〕の目的[27]〔の達成の可否〕が、それ〔アッラーによる〈慈しみ〉の有無〕にかかっているからである。なぜなら、他者に何らかの行為を「意図する〔求める〕者」が、その「意図する者」〔自身〕が難なく行なうことができる行為が伴わなければ〔その助けがなければ〕彼〔意図の対象となる者〕がそれを行なわないことを知っているならば、彼〔意図する者〕がそれを行なわないことは、自身の目的を破棄していることになり、理性〔による判断〕においてそれは〈悪〉だからである。[28]

▼18　一二イマーム派は、アシュアリー学派の「獲得」論に反論する。アシュアリー学派においては、人間の「行為」は転義として「行為」と呼ばれているに過ぎず、アッラーの創造した現象を「獲得」するものとされる。しかし一二イマーム派においては、人間が行なう行為は、人間自身の「権能」と「選択」の下にある人間自身が生み出した「行為」と理解される［al-Suyūrī 2012, 27］。なお、マートゥリーディー学派と「ハディースの徒」は人間の行為も本義として「行為」と呼ぶが、それをアッラーの被造物であると考えるため、やはり一二イマーム派とは対立する。

▼19　これはムウタズィラ派の立場であり、スンナ派と見解を異にする点である。スンナ派においては、アッラーは何らかの目的のために行為を為すのではない。なぜなら、そのようなことが許容されるとすれば、アッラーが欠如ある存在ということになるからである。

▼20　必ずしも実際に知識を与えることを意味するのではなく、知ることができる状態に置くことが意図されている［al-Ḥusaynī 2012, 163］。

▼21　アッラーに対してのみ、服従が根本的な義務となることを意図している。つまり、預言者や両親への服従は義務であるが、それはアッラーへの服従が義務であることから生じる、二次的な義務に過ぎない［al-Suyūrī 2012, 30］。

▼22　この文章は、「タクリーフがなくとも、〈善〉や〈悪〉の結果を知るだけで神の創造の目的を達成するために十分ではないか」との質問に対する回答である［al-Suyūrī 2012, 31］。

▼23　褒賞を「与えること」ではなく「提示すること」との表現は、この〈善〉が、信仰者も不信仰者も対象に包括することを含意する［al-Suyūrī 2012, 31］。

▼24　タクリーフ無しに褒賞を与えることはあり得ないためである［al-Ḥusaynī 2012, 164］。

▼25　「ふさわしい」という言葉は、それが「原因のない恵与」(tafaḍḍul) ではないことを強調する［al-Ḥusaynī 2012, 164］。これはスンナ派と対立する考え方である。

▼26　それ（しもべに何らかの〈善〉を行為する可能性を付与すること）は、その行為が可能となる条件に過ぎず、服従へと促す〈慈しみ〉ではない［al-Suyūrī 2012, 32］。

▼27　底本には "mukallaf" とあるが、"mukallif" として訳した。

第六　至高なる彼には、彼に起因する諸々の苦痛を補塡する行為が必然となる――「補塡」の意味するところは、〔アッラーがそのしもべを〕褒めてつかわすことの伴わない、〔その苦痛に〕ふさわしい益のことである[29]――。さもなければ、彼は不正をなす者となってしまうからである。至高なるアッラーはそのようなことを超越する。また彼には、その苦痛〔の程度〕を超えて、それ〔補塡〕を増し加えることが必然となる。さもなければ、それは戯事となってしまうからである。

第五の項　預言者性

預言者――祝福あれ――とは、いかなる人間による仲介も無く、至高なるアッラーについて知らせる人間を言う[30]。

この主題には複数の論点がある。

第一　我々の預言者であるムハンマド・イブン・アブドゥッラー・イブン・アブドゥルムッタリブ、アッラーの使徒が預言者であることについて。その根拠は、彼がその手によって、クルアーン、月が割れること、彼の指の間から水が湧き出ること、わずかな食糧によって多くの人を満腹にさせること、彼の掌で石が〔神を〕称賛したことなど、数えきれない奇跡を顕わした上で預言性を主張したため、彼は真実を述べていたことになるからである。なぜなら、さもなければ〔神が〕タクリーフの課せられた者を〈悪〉によって惑わしたことになるからである。そしてそれは不可能な事態だからである[31]。

第二　彼の無謬性が必然であることについて。無謬性は、至高なるアッラーがタクリーフの課せられた者に対して行為する、隠れた〈慈しみ〉である。それによって彼〔無謬性を与えられた者〕には、献神行為を放棄する能力や背神行為を犯す能力があるままに、それらへと彼を誘う要素が存在しなくなる。その〔預言者の無謬性が必然であることの〕根拠は、仮にそれがなければ、彼の言葉は信用できず、〔預言者としての〕派遣の効果が消失するからである。そしてそれは不可能な事態である。

第三　彼〔預言者〕[32]は、その人生の最初からその最期まで無謬〔罪を犯さない〕である。その根拠は、仮に彼の若年期〔すなわち、預言者としての召命より前〕に、背神行為や大罪、あるいは彼から心を遠ざけるものを彼に知ることがあれば、人心が〔彼に〕服することはないからである。

第四　彼（預言者）が、その時代の民の最も優れた者であることが必然となる。その根拠は、最も優れているわけではない者が最も優れた者より優先されることが、理性においても啓示においても〈悪〉だからである。至高なるアッラーは言った。「真理へと導く者が従われるに一層ふさわしいか、それとも、導かれるだけで導くことのできない者の方か。どのようにおまえたちは判断するのか」（クルアーン第一〇章第三五節）。

第五　彼（預言者）は、〔彼の〕男性直系尊属が下賤であること、女性直系尊属がふしだらであること、性格の悪さ、肉体的な欠点を免れていることが必然となる。その根拠は、それらは欠陥を含むものであり、人心における彼の地位が失墜するからである。求められること（正答、正しい結論）は、その反対である。

▼28　つまり、アッラーはしもべに善行を命じており、更に、アッラーの助けがなければしもべがそれを行なわないことを知っており、更に、アッラーはしもべに援けを差し伸べることに困難を感じない。だとすればアッラーは、しもべが信仰し善行に励むようになるための〈慈しみ〉を必然的にもたらすはずである、ということである。

▼29　「褒めてつかわすことの伴わない」との補足は、それが「褒賞」ではないことを意味する［al-Suyūrī 2012, 34］。

▼30　一二イマーム派において、預言者の派遣はアッラーにおける必然——つまり、派遣しないことは不可能——であり、この点においてスンナ派と見解が異なる。また、イマームもアッラーについて知らせる人間であるが、預言者を仲介とする点で、この定義から外れる［al-Suyūrī 2012, 34–35］。

▼31　ここの論点は三つある。第一は、彼が、自らが預言者であることを主張したこと。第二は、彼が奇跡を顕わしたこと。第三は、そのような人間は真実の預言者であることである。第一と第二の点は、否定の余地がなく、誰もが認めることである。第三の点については、虚偽を述べる者が奇跡を顕わすような事態は、人間を誤謬へと導く〈悪〉であり、アッラーがそのようなことを為すことはあり得ないため、そう結論付けられる［al-Suyūrī 2012, 36–37］。

▼32　ここでの「彼」は、ムハンマドとも解釈し得ると同時に、預言者一般とも解釈し得る［al-Ḥusaynī 2012, 176］。

第六の項　イマーム位

この主題には複数の論点がある。

第一　イマーム位とは、預言者の代理として、特定の個人が有する、現世の諸事と宗旨の諸事における、全般的な主導者位である。それは、理性〔の判断〕において、〔アッラーが行なうべき〕必然である。[33] なぜなら、イマーム位は〈慈しみ〉だからである。なぜなら我々は、不義を働いた者から不義を被った者に公正を回復し、不義を働く者の不義を抑制する、導き、かつ従われる長《おさ》がいるときの方が、人々が方正により近く、腐敗からより遠いことをはっきりと知っているからである。〈慈しみ〉が必然であることは、既述の通りである。

第二　イマームは無謬であることが必然となる。さもなければ無限後退に陥る。なぜなら、イマームを必要とする目的は、不義を働く者の不義を抑制することと、彼から、不義を被る者の公正を回復することであるが、仮に彼〔イマーム〕が無謬でないとすれば、また別のイマームが必要となり、無限に後退するからである。そしてそれは不可能な事態である。また、仮に彼が背神行為を犯した場合、もし彼の行為を非難することが義務となるのであれば、人心から彼の地位は失墜し、彼を擁立した目的が失われるが、もしそれが義務でないとすれば、「善を命じ悪を禁じること」が義務でなくなることになるが、それは不可能な事態だからである。また、聖法を管轄する者は、無謬である必要がある。なぜなら、彼がそこから何かを付け加えたり減らしたりすることはないと、信用される必要があるからである。「我の約定は不正者には及ばない」（クルアーン第二章第一二四節）。

第三　イマームは、彼に〔イマーム位が〕「指名」されることが必然となる。その根拠は、〔イマームに不可欠とされる〕無謬性は、至高なるアッラー以外には知り得ない内的な事柄だからである。そのため、その無謬性が知られる者についての「指名」、あるいは、彼の〔イマームであることの〕真実性を示す奇跡が彼の手に発現することが必要となる。[34]

第四　預言者について既述した根拠により、イマームは、最も優れた者であることが必然となる。

第五　アッラーの使徒（ムハンマド）――祝福あれ――の後のイマームは、アリー・イブン・アブー・ターリブである。その根拠は、〔虚偽を申し合わせることが想定し得ないほどの〕絶対多数の者によって伝えられる、預言者――祝福あれ――からの「指名」である。[35] またその根拠は、彼がその時代の最も優れた者であることによる。至高なる彼の言葉に「我ら自身とおまえたち自身を」（クルアーン第三章第六一節）とある通りである。[36]「最も優れた者」（ムハンマド）に同等の者は、最も優れている。またその根拠は、〔キリスト教徒との〕「相互呪詛」において預言者が彼を必要としたことである。[37] またその根拠は、イマームは必然として無謬であるが、イマーム位が主張された者の内、彼（アリー）以外の誰一人として、その無謬性に合意（イジュマーウ）が成立しなかったことである。したがって、彼がイマームということになる。またその根拠は、彼が最も知識ある者であることである。それは、教友たちが、彼ら

▼33　ハワーリジュ派は、イマームの擁立は義務ではないと言う。アシュアリー学派とムウタズィラ派はそれを人間にとっての義務とするが、前者はその典拠を啓示に求め、後者は理性に求める。他方、一二イマーム派は、それをアッラーが行なうべき義務・必然とし、その典拠を理性に求める［al-Suyūrī 2012, 40］。

▼34　イマームの「指名」は、アッラー、あるいは預言者、あるいは前任のイマームによって行なわれ、それが欠くことはあり得ない。なぜなら、既述のように、無謬であることはイマームの条件であるが、誰が無謬であるかは隠された事柄であり、通常の状態の人間には知り得ないからである。スンナ派においては、覇者がイスラーム教徒たちを従えればイマームとなり、ザイド派においては、知識を持ち、禁欲者であるファーティマの子孫が蜂起してイマームであることを主張すれば、彼がイマームとなる。一二イマーム派ではこれらの説は否定される。その理由は、第一に、イマームとはアッラーとその使徒の代理人であり、アッラーとその使徒の意向による他は確定しないため、第二に、ファーティマの子孫の内の複数の知識ある者がイマーム位を主張し、互いに争う事態は起こり得るからである［al-Suyūrī 2012, 44］。

▼35　ムハンマドにさかのぼる、「信仰者たちの長としての地位において、彼に挨拶をしなさい」、「あなたは私の後の代理人である」、「あなたは私の後に、全ての男性のイスラーム教徒と女性のイスラーム教徒の庇護者である」などの言葉が伝えられている［al-Suyūrī 2012, 45］。

▼36　この節の「我ら自身」とはアリーのことを指す。ムハンマドが「我ら自身」との言葉でアリーを呼ぶことは、アリーがムハンマドと同様に、最も優れた者であることを示す［al-Ḥusaynī 2012, 189］。その根拠については次の注を参照。

▼37　ムハンマドがナジュラーンのキリスト教徒と議論している際、「相互呪詛」を命じる啓示が下された（クルアーン第三章第六一節）。「相互呪詛」とは、イスラーム教徒とキリスト教徒が共同で、「イーサー（イエス）について虚偽を述べる者をアッラーが呪うように」と祈願することを指す。ムハンマドはこれを呼びかけたが、キリスト教徒は呪いを恐れてこれを拒否し、イスラーム教徒の支配を受け入れた。この際ムハンマドに同行したのは、アリー、ファーティマ、ハサン、フサインのみであった。したがって、クルアーン第三章第六一節に言及される「我らの子孫」とはハサンとフサイン、「我らの妻」とはファーティマを指し、「我ら自身」はアリーを指すことになる［al-Ḥusaynī 2012, 189–190］。

に起こった種々の出来事において彼を頼り、〔反対に〕彼が彼らの内の誰かを頼ったことはないことから知られる。またそれは、彼（ムハンマド）――祝福あれ――の「あなた方の中で最もよく裁定する者はアリーである」との言葉からもわかる。裁定は知識を要する行為である。またその根拠は、彼（アリー）が彼以外の者よりも禁欲家であり、現世から完全に離れていたことである。

それ（アリーが初代のイマームであったこと）についての根拠は、数えきれないほど多数存在する。

そして、彼の次〔のイマーム〕は、彼の息子であるアル＝ハサン――祝福あれ――、その次はアル＝フサイン[38]、その次はアリー・イブン・アル＝フサイン〔・ザイヌルアービディーン〕（ʿAlī b. Ḥusayn Zayn al-ʿĀbidīn：七一一年頃没）――祝福あれ――、その次はムハンマド・イブン・アリー・アル＝バーキル（Muḥammad b. ʿAlī al-Bāqir：七三二年頃没）――祝福あれ――、その次はジャアファル・イブン・ムハンマド・アッ＝サーディク――祝福あれ――、その次はムーサー・イブン・ジャアファル・アル＝カーズィム（Mūsā b. Jaʿfar al-Kāẓim：七九九年没）――祝福あれ――、その次はアリー・イブン・ムーサー・アッ＝リダー（ʿAlī b. Mūsā al-Riḍā：八一九年没）――祝福あれ――、その次はムハンマド・イブン・アリー・アル＝ジャワード（Muḥammad b. ʿAlī al-Jawād：八三五年没）――祝福あれ――、その次はアリー・イブン・ムハンマド・アル＝ハーディー（ʿAlī b. Muḥammad al-Hādī：八六八年没）――祝福あれ――、その次はアル＝ハサン・イブン・アリー・アル＝アスカリー（al-Ḥasan b. ʿAlī al-ʿAskarī：八七四年没）――祝福あれ――、その次は「時の主」（ṣāḥib al-zamān）たるムハンマド・イブン・アル＝ハサン〔・アル＝マハディー〕である[39]。彼らの上にアッラーの祝福があるように。彼ら全員について、前の者による後任者の「指名」が行なわれた。そしてそれは、先述した諸々の典拠による。

第七の項　復活

イスラーム教徒たち全体は、肉体を伴う復活が必然であることに意見を一致させている。そしてその根拠は、もしそれが無ければ、タクリーフが〈悪〉になってしまうからである[40]。またその根拠は、それが可能な事態であり、真実を述べる者が[41]それが確かであると告げた以上、それが真実であるからである。またその根拠は、それを示し、それを否定する者への反駁を示す諸々の聖句である。[42]

良いものによって補塡されるべきもの〔つまり善行〕を持つあらゆる者と、悪いものによって補塡されるべきもの〔つまり悪行〕を持つあらゆる者を復活させることは、理性〔の判断〕において必然であり、それ以外の者の復活は啓示において必然となる。[43]

預言者――祝福あれ――がもたらしたあらゆるものを是認することが義務となる。

その中には、〔火獄の上にかかる〕「道」、〔しもべの善悪を量る〕「秤」、身体部位が話すこと、[44]〔各人の生前の行為を書き記した〕「帳簿」がそのふさわしい場所へと飛んでいくことが含まれる。真実を述べる者がそれを告げ知らせており、それを認めることが義務となる。

またその中には、褒賞、懲罰、および聖法〔ここでは啓示の意〕に伝わるその詳細が含まれる。それを顕わし知らしめた者〔ムハンマド〕に、アッラーの祝福あれ。

〔またその中には〕悔悟が義務であること〔が含まれる〕。[45]

〔またその中には〕「善を命じ悪を禁じること」〔が義務であることが含まれる〕。その条件〔それが義務となる条件〕は、〔善

▼38　ハサンとフサインは、定冠詞「アル」（al）を付けて「アル＝ハサン」、「アル＝フサイン」とも呼ばれる。

▼39　アリーに加えたこの一一名が、一二イマーム派のイマームである。第一二代目のイマームであるムハンマド・アル＝マハディーは、「幽隠」の後の現在も、再臨の時まで生き続けているとされる。

▼40　なぜなら、死後に褒賞や懲罰を用意していないのであれば、現世で何かを命じたり禁じたりすることに意味がなくなるからである。

▼41　ここの「真実を述べる者」はムハンマドを指す〔al-Suyūrī 2012, 53; al-Ḥusaynī 2012, 209〕。

▼42　この一文は、底本では “wa al-āyātu al-dāllatu ‘alay-hi wa al-inkāru ‘alā jāḥidi-hi” とあるが、al-Ḥusaynī〔2012, 208〕の “wa li al-āyāti al-dāllati ‘alay-hi wa ‘alā al-inkāri ‘alā jāḥidi-hi” の方が意味が通じるため、こちらを採用した。

▼43　前者の復活も、理性の判断においてのみ必然とされるのではなく、理性と啓示が共に典拠となる〔al-Suyūrī 2012, 53〕。

▼44　人間の「身体部位」は、復活の日、その人間が現世で何を行なっていたのかを証言する。

を〕命じる者、および〔悪を〕禁じる者が、その善を善であると、その悪を悪であると認識していることである。また〔その条件は〕、それ〔善あるいは悪〕がこれから起こるであろうことであることである。なぜなら、過去に既に起こったことについての命令や禁止は戯事だからである。また〔その条件は〕、その〔「善を命じ悪を禁じること」の〕効果があり得ること、▼46そして、〔それによる〕危害が生じないことである。

三、参考文献

鎌田繁、1992年「アッラーマ・ヒッリーのイマーム論――『意図の解明・教義学綱要注釈』第五章訳注」『東洋文化研究所紀要』第119巻、119–192頁。

al-Suyūrī, al-Miqdād b. ʻAbd Allāh, 2012, *al-Nāfiʻ Yawm al-Ḥashr*, In: Mahdī Muḥaqqiq (ed.), *al-Bāb al-Ḥādī ʻAshara li al-ʻAllāmah al-Ḥillī*, Mashhad: Astan Quds Publication, pp. 1–59.

al-Ḥusaynī, Abū al-Fatḥ b. Makhdūm, 2012, *Miftāḥ al-Bāb*, In: Mahdī Muḥaqqiq (ed.), *al-Bāb al-Ḥādī ʻAshara li al-ʻAllāmah al-Ḥillī*, Mashhad: Astan Quds Publication, pp. 65–219.

▼45　悔悟とは、⑴過去に行なった悪行に対する後悔、⑵現在それを行なうことを止めたこと、⑶未来においてそれを行なわないと決意することが揃うことである［al-Suyūrī 2012, 57］。この定義は、スンナ派と同じである。

▼46　したがって、「善を命じ悪を禁じること」が聞き入れられないであろうことが確信される場合は、その義務が免ぜられる［al-Suyūrī 2012, 58］。ただし、心において「善を命じ悪を禁じること」、すなわち、善を実行されるべき善であるとみなし、悪を禁ぜられるべき悪と内心で思うことは、無条件に義務となる［al-Ḥusaynī 2012, 217］。

第九章

アリー・イブン・アル＝ワリード『諸信条の王冠』抄訳

一．紹介

著者のアリー・イブン・アル＝ワリード（ʻAlī b. Muḥammad Ibn al-Walīd：一二一五年没）は、シーア派に分類される「イスマーイール派」（al-Ismāʻīlīyah）の「ムスタアリー派」（al-Mustaʻlīyah）の、更なる分派である「タイイブ派」に属する学者である。以下、まずこの分派の概略を確認し、その後に著者と著作の紹介をしたい。

イスマーイール派／ムスタアリー派／タイイブ派

イスマーイール派とは、共同体を率いる長としてアリーが指名されたと信じる点、そして、スンナ派にとっての初代から第三代目のイマーム――アブー・バクル、ウマル、ウスマーン――を、アリーが継ぐべきであった正統なイマーム位の簒奪者とみなす点で、一二イマーム派と立場を同じくする。

イスマーイール派と一二イマーム派は更に、アリーから第六代イマームのジャアファル・アッ＝サーディクまで、同じ人物をイマームとして奉じている（ただし、後述のようにイスマーイール派では初代イマームをハサンと数えるので、サーディクは第五代イマームである）。

イスマーイール派が一二イマーム派と分岐するのは、ジャアファル・アッ＝サーディクの次代のイマーム選出を巡ってである（本書五〇頁の図表5を参照）。後に一二イマーム派を形成する信徒たちが、ジャアファルの子ムーサー・アル＝カーズィムを次代イマームとみなしたのに対して、ジャアファルの長子で、ジャアファルが死亡するよりも前に既に死亡していたイスマーイール（Ismāʻīl b. Jaʻfar：七五五年没）へのイマーム位継承を承認した人々がいた。これがイスマーイール派である。

ところで、イスマーイールのイマーム位を支持する者たちの中には、イスマーイールの死を否定し、彼の「再臨」を信じる「純粋イスマーイール派」（al-Ismāʻīlīyah al-khāliṣah）と呼ばれるグループも存在した。しかし、歴史的に広域な活動を展開したのは、イスマーイールの後のイマームとしてその息子ムハンマド（Muḥammad b. Ismāʻīl：八〇九年没）をイマームとみなした者たちである。非限定的に「イスマーイール派」と言うと、通常は後者の流れを指す。

イスマーイールの子ムハンマドがこの世から姿を消すと、彼の死を否定し、彼の「再臨」を待望する教義が奉じられた。この教義は、イスマーイールの子ムハンマドの代行者「フッジャ＝証」（ḥujjah）たる人々によって代々教宣されていった。

しかし、ムハンマドの玄孫に当たるアブドゥッラー（ʻAbd Allāh al-Mahdī：九三四年没。彼も初期には「フッジャ」を名乗っていた）が、この教義に反する主張を行なうようになる。その主張とは、「実は、イスマーイールの子ムハンマドのイマーム位は、秘密裏に継承されており、自分（アブドゥッラー）はフッジャではなくイマームである」というものであった。

アブドゥッラーのこの宣言を承認するか否かを巡り、イスマーイール派の中に新たに大きな分裂が生じた。彼の宣言を拒否し、従来の教義を堅持してイスマーイールの子ムハンマドの「再臨」を待ち続ける人々が、「カルマト派」（al-Qarāmiṭah）を形成した。

一方、イマームであることを宣言したアブドゥッラーとその支持者は、政治的・軍事的競争に勝利し、ファーティマ朝を建国する。その後、彼の子孫にイマーム位が継承されていった。その過程で、ファーティマ朝第六代イマームのハーキム（al-Ḥākim bi Amr Allāh：一〇二一年没）の神性を主張する「ドゥルーズ派」（al-Durūz）や、第八代イマームのムスタンスィル（al-Mustanṣir bi Allāh：一〇九四年没）の次代のイマームとしてニザール（Nizār：一〇九四年没）を支持し、体制から分離した「ニザール派」（al-Nizārīyah）が生まれるなど、イスマーイール派は様々に分岐した。

ムスタンスィルの次代のイマームとして、ニザールではなくムスタアリー（al-Mustaʿlī bi Allāh：一一〇一年没）を支持したグループが、ファーティマ朝体制派の「ムスタアリー派」である。

ムスタアリーの次代のイマームはその子アーミル（al-Āmir bi Aḥkām Allāh：一一三〇年没）であったが、その次代のイマームを巡り、同派は更に「タイイブ派」と「ハーフィズ派」（al-Ḥāfiẓīyah）に大きく分岐する。

ファーティマ朝の中心であるエジプトでは、ハーフィズ（al-Ḥāfiẓ li Dīn Allāh：一一四九年没）が次代のイマームとして擁立されたが、イエメンの教宣組織は体制から離反し、幼少のタイイブ（al-Ṭayyib Abū al-Qāsim b. al-Manṣūr）を支持した。これが「タイイブ派」である。

当時、ファーティマ朝は衰退の一途を辿り、滅亡の危機に瀕していたため、ファーティマ朝体制派のハーフィズ派はほどなくして消滅した。一方、イエメンのスライフ朝の中で、タイイブ派の思想は高度に発展を遂げた。

タイイブ派は、ファーティマ朝の公式宗派であり、イスマーイール派のいわば「標準的な」教説を踏襲し、今日まで多くの信徒を抱えている。スンナ派や一二イマーム派などの多数派から見たとき、イスマーイール派のその他の分派に比べ、聖法の放棄や、イマームを神として崇拝するなどの「逸脱」が比較的少ない分派と言うこともできる。

イブン・アル＝ワリードと『諸信条の王冠』

タイイブ派によれば、アーミルは生前、イエメンの信徒たちに彼の子タイイブを保護し、敵から「隠す」ように申しつけたという。タイイブ派によれば、イマーム位はタイイブの子孫に今日まで継承され続けているが、その存在は世界から隠されている。彼らの教宣・思想活動は、タイイブが世界から姿を隠して以降、イマームの知識と意

志を継ぐ「絶対ダーイー」（al-dāʿī al-muṭlaq）を中心に展開された。▼[1]

「絶対ダーイー」とは、イマームが隠匿の状態にあると信じるタイイブ派教宣組織の中で、思想的教導を担う最高指導者の階位である。▼[2] なお、「ダーイー」とは「教宣者」を意味する。

イブン・アル＝ワリードは、タイイブ派の第五代「絶対ダーイー」に任命された学者であり、イスマーイール派の思想を反映した数多くの著作を残した。

ここに訳出したのは、彼の著作『諸信条の王冠 *Tāj al-ʿAqāʾid*』である。本著作では、イスマーイール派の信条が一〇〇の項目に分けて論じられる。特に本著作を選んだ理由としては、主題に偏りがなく、他の宗派において通常「信条」と呼んで論じられる領域の問題を広く扱っていること、文体が平易で内容が込み入っていないことが挙げられる。

とはいえ、この『諸信条の王冠』を読んだ読者は、本書に収めた他のテクストとは異なる特徴を見出すだろう。ここであらかじめ、いくつかのキーワードの意味を簡単に説明しておきたい。

「第一理性」▼[3]：イスマーイール派においては、「第一存在物」（al-mawjūd al-awwal）、「第一理性」（al-ʿaql al-awwal）などの名で呼ばれる、アッラーが第一に創定した完全な被造物の存在が信じられており、この第一の被造物から、その他全ての被造物が段階的に存在を得ると考えられている。「第一理性」とはつまり、存在界のピラミッド構想の最上部に位置する唯一の存在である。その他諸々の存在物は、この「第一理性」に依存してその存在や属性を得ている。「第一理性」は、「第二理性」、更にその下位の存在へと展開する。以上のような存在論は、新プラトン主義的流出論の流れを汲んだものである。

「内面的な意味」：イスマーイール派は、他の派から「内面主義」（bāṭiniyah）と形容されることがある。それは、同派において、教説や実践の「外面的な意味」（ẓāhir）に付随する「内面的な意味」（bāṭin）を論じることが多いためである。『諸信条の王冠』では「内面的な意味」についての話題はそれほど頻出しないが、「第七六の信条」以降で礼拝や斎戒などの儀礼的行為の意味に触れる箇所に登場する。

「委託者」：イスマーイール派（および一二イマーム派）のイマーム論には、「委託」（waṣīyah）、「委託者」（waṣī）という言葉が特別な意味を持って登場する。イスマーイール派のイマーム論においては、使徒の死後にはその「委託」を与かる「委託者」が存在し、更にその次代の者へとイマーム位が継承される。「委託者」は、使徒から直接に「指名」を受け、使徒の聖法や知識を受け継ぎ、その「内面的な意味」を明らかにし、後代へと継承する役割を担う。預言者ムハンマドの「委託者」は、シーア派であるイスマーイール派においては当然アリーである。

なお、「ムスタアリー派」においては、「委託者」はその次代以降の通常の「イマーム」とは別の位階であるため、「初代イマーム」としてはアリーではなくその子のハサンの名が挙げられる［Daftary 2007, 97］。なお、「委託者」は「沈黙者」（ṣāmit）や「基礎者」（asās）と呼ばれることもある。

底本

'Alī b. Muḥammad al-Walīd, 1992, *Tāj al-'Aqā'id wa Ma'din al-Fawā'id*, ed. by 'Ārif Tāmir, Beirut: Mu'assasah 'Izz al-Dīn.

▼1 タイイブ派の教宣組織は今日までにいくつかの支教団に分岐しているが、各支教団には現在も「絶対ダーイー」が存在する。

▼2 イスマーイール派には体系的な教宣組織が存在する。同派の有力な教宣組織論において、「絶対ダーイー」はイマーム、バーブ（bāb）、フッジャ、「伝達ダーイー」（dā'ī al-balāgh）の下に位置する位階である。イマーム隠匿期には、それに伴いバーブ、フッジャ、「伝達ダーイー」らが隠匿するため、「絶対ダーイー」が表立った教宣活動のトップに位置することになる。

▼3 "'aql"は「知性」と訳されることも多いが、本書では「理性」で統一したため、ここでも「理性」と表記する。

ただし、底本の一部に文法的または意味的な誤りが疑われたため、以下の写本を参照し、本文を確定した。

Tāj al-ʻAqāʼid wa Maʻdin al-Fawāʼid, In: "al-Majmūʻah al-Khaṭṭīyah al-Kāmilah li Muʼallafāt al-Ṭāʼifah al-Ismāʻīlīyah", Internet Archieves (https://archive.org/stream/IsMaiLia_201612)（二〇一八年九月九日最終閲覧）

また、本文の意味を確定するために、同著者による以下の著作を参照した。

ʻAlī b. Muḥammad al-Walīd, 1971, *al-Dhakhīrah fī al-Ḥaqīqah*, ed. by Muḥammad Ḥasan al-Aʻẓamī, Beirut: Dār al-Thaqāfah.

抄訳に際しては、他の派と共通の議論が行なわれている箇所はなるべく短縮し、イマーム論を中心に、イスマーイール派特有の教説が論じられる部分は比較的多めに訳出するようにした。なお、全体を通して抄訳であるため省略記号〔…〕は使用しない。本文の大意を訳者の言葉でまとめなおした部分は〔　〕で囲った。

二、アリー・イブン・アル＝ワリード『諸信条の王冠』抄訳本文

第一の信条　世界の生起性

信仰者は、世界が被生起物であり、存在しなかった後に存在を得たものであると信じなければならない。

第二の信条　世界には造物主が存在すること

そして彼（信仰者）は、世界には、造られたものたちの諸性質から高く超越した、聖なる造物主が存在すること

を信じる。そして至高なるその者は、真の必然存在であり、彼が非存在となることはあり得ない。

第三の信条　彼が物体ではないこと

そして彼（信仰者）は、至高なる彼が物体ではないことを信じる。なぜなら、物体は境界を持ち、限度を持つ、集合し、構成されたものだからである。

第四の信条　至高なる彼が一なる者であること

そして彼（信仰者）は、至高なる彼が、数の意ではなく、「一なる者」であることを信じる。[4] 彼（信仰者）は彼（世界の創造者）について、多性や混合を信じることはない。

第五の信条　その（世界の）造物主が無始なる者であること

そして彼（信仰者）は、彼が無始なる者であることを信じる。

第六の信条　彼が単子でも偶有でもないこと

そして彼（信仰者）は、至高なる彼が、単子によって、あるいは偶有によって形容される者ではないことを信じる。

▼4　スンナ派の多数派説においても、神を「一」と表現するとき、数字とは、類似するものと共に数えられるものだからである。この「一」は数字の「一」を意味するのではないとされる。なぜなら、

第七の信条　彼が形でも素材でもないこと

そして彼（信仰者）は、崇高なる彼が形であることから高く超越することを信じる。また彼は素材、あるいはそれに当たるものであることから高く超越する。

第八の信条　彼が必要を持つ者ではないこと

そして彼（信仰者）は、至高なる彼が、彼を崇拝する者たちを必要とせず、彼の被造物たちを必要とすることから超越することを信じる。

第九の信条　彼の他に神は無く、彼の他に真に崇拝されるべきものは無いこと

そして彼（信仰者）は、その栄光があらゆる栄光の上にあり、その完全性が理性を持つあらゆる者の思考に浮かぶことから超越する者の他に神は無いことを信じる。

第一〇の信条　彼が被生起物に似ないこと

そして彼（信仰者）は、至高なる彼は、被生起物の何ものにも似ないことを信じる。

第一一の信条　彼への名付けが否定されること

そして彼（信仰者）は、彼（アッラー）への名付けが不可能であることを信じる。なぜなら、名付けとは、被造物に徴を付けるためになされ、それによって被造物が詳細に分類され、或る像がそれによって別の像と識別されるものだからである。

第一二の信条　彼に境界が否定されること

そして彼（信仰者）は、至高なる彼について境界が言及されることが不可能であることを信じる。なぜなら、境界によって境界付けられる者は、諸々の方向に終点を持つ物質であるか、感取〔されること〕において終点を持つ魂であるかのいずれかだからである。[5]

第一三の信条　彼に諸属性が否定されること[6]

そして彼（信仰者）は、彼（アッラー）について諸属性が否定されることを信じる。これは、放棄することは許されない正しい信条である。その根拠は、諸属性は単子に付属するものであるため、物体の中にあるか、魂の中にあるかのいずれかだからである。物体の中にある場合、それは、度量衡や色やそれに類するような、その（物体の）外部にある様態であり、魂の中にある場合、それは、知識や無知やそれに類するような、その（魂の）内部にある様態である。しかし彼（アッラー）は、外部や内部を持つことから超越している。

そして、理性を持つあらゆる者が確信するように、諸属性とは、属性を付される者の本質からではなく、彼とは別の存在によって彼に付随する。たとえば、物質が有する諸属性は、度量衡や色やそれに類するもののように、その外部からもたらされるものであり、魂の中〔の諸属性〕の場合は、知識や無知やそれに類するもののように、その内部から来るものであることをあなたは知らないのか。しかし彼は、内部や外部を持つことから超越している。

タウヒードとは、崇高なるいと高き者から、諸属性を否定することであることが既に確証された。したがって、それ（諸属性）を彼に認めてしまえば、タウヒードは無い。なぜなら、彼（アッラー）は属性を伴わずに存在していることが立証されているからである。というのも、無始性はただ彼にのみ帰されるからである。[7]

▼5　アッラーについて境界が否定されること、および、彼が物質ではないことはスンナ派と共通である。ただし、スンナ派では「魂」(nafs) をアッラーの属性として肯定する。

▼6　「属性の否定」は、シーア派がスンナ派と大きく見解を違える点である。

▼7　たとえば、「知識」、「生」などの属性がアッラーに宛がわれることを肯定すれば、そういった概念がアッラーと共に無始なる存在であることになってしまう、との意である。

したがって、被造物の中に存在する諸属性によって彼が形容されることが禁じられることは、正しい信条である。

第一四の信条　彼に場所が否定されること

そして彼（信仰者）は、彼（アッラー）に場所が否定されることを信じる。

第一五の信条　彼に時間が否定されること

そして彼（信仰者）は、至高なる彼は、場所もなく、時間もなく、人間もなく、ジンもないときから存在しており、その後、諸々の存在物を望むままに出現させたことを信じる。

第一六の信条　タウヒード

そして彼（信仰者）は、至高なる彼のタウヒードを信じる。彼は、無始なる神にして「生きる者」、「一なる者」、「単独なる者」、「自存する者」である。

第一七の信条　神に第二の者はいないこと

そして彼（信仰者）は、至高なるアッラーには、神であることを共有する者が一切存在しないことを信じる。それは、神である者とは、その意図が実現され、その権能が遂行され、その命令が退けられず、彼がもたらす懲罰が妨げられない者を言うからである。

第一八の信条　いかなる言語の中にも、彼を適切に表象することができる表現は存在しないこと

そして彼（信仰者）は、彼（アッラー）の主性と神性の完全性故に、いかなる言語の中にも、彼を適切に表象することができる表現が存在しないことを信じる。なぜなら、諸々のもの（被造物）は、互いに異なり、相対するにもかかわらず、その類似性と関連性と存在意義において互いに支え合っており、それによって互いの定義が定まるからである。

崇高なる彼は、諸々の言葉や言い回しによって、わずかであれ表現され得ることから超越した神である。彼に諸属性を肯定することによるタウヒード、および〔それによってアッラーを〕偉大とみなすことは、至高なるアッラーに対する虚偽であり、彼に適するものを帰しているとの捏造である。タウヒード、および〔アッラーを〕偉大とみなすための最も真実なる方法は、諸属性を肯定することの真逆、すなわちその否定である。[8]

第一九の信条　終着点が、諸属性と関係を持つ始源であること

そして彼（信仰者）は、至高なる創造者が、諸属性の関わる「第一存在物」（mawjūd awwal）を創造したことを信じる。それは、彼（アッラー）が、諸存在物の中にあるいかなる属性を具えることからも超越しているからである。つまり、諸存在物は不完全性を持っており、〔それらの被造物の具える属性によって〕神性にふさわしい形容を彼（アッラー）に帰すことはできない。

それ（第一存在物）こそ、諸存在の諸階層の中で、存在において第一のものである。つまり、その被創定物[9]は、至高なる者（アッラー）から生じた真実なる存在であり、諸々の存在物がその存在において帰結する終着点である。

▼8　これは、アッラーの諸々の属性を肯定するスンナ派と対立する見解である。

▼9　スンナ派では一般的に、アッラーの創造について言及する際に「創造」（khalq）の語が使用される。ここで使われる「創定」（ibdāʻ）は、「創造」よりも、「何らかの既存の素材を基にしない絶対的な創造行為であることを強調した語句」［菊地 2005, 84］である。

第二〇の信条　「第一始源」(al-mabda' al-awwal) について

そして彼（信仰者）は、諸々の存在物の始源となるもの（第一存在物）は、完全であり、それに先行するものが（アッラー以外）存在しないことを信じる。それは、それを基礎として存在を得たものについて、不能ではない。また、それは唯一のものであり、諸々の存在物の中にその同類は存在しない。

第二一の信条　「第一始源」は二者ではあり得ないこと

そして彼（信仰者）は、それが二者ではなく、一者であることを信じる。[10]

この「第一存在物」は、預言者の聖法が「筆」として教えるものであり、単一の本質を持ち、関係性、付属、媒介において多性を持つものである。それを存在させた者、それをかかる充足性と完全性の上になした者（アッラー）に栄光あれ。この完全なる存在物をなした者の他に神は無い。

第二二の信条　この始源の存在が不可欠であること

そして彼（信仰者）は、この「第一存在物」が、諸々の諸属性によって形容されることを信じる。[11]

なお、この存在物は、我々が「第一理性」と名付けるものである。その存在はその本質によるのではなく、至高なる者の創定に依拠する。

第二三の信条　天使

そして彼（信仰者）は、天使たちが諸々の種類と位階に分かれることを信じる。彼らは全て、被造物の益のために任務を与えられており、彼らのうち一人として、宛がわれたこと以外のことについて越権行為をすることはない。

第二四の信条　ジン

そして彼（信仰者）は、ジンは、火、空気、水、土からなる魂を持つ者であると信じる。そして彼は、ジンが疑いもなく確かである（確かに存在する）と、そして、彼らは様々な場所で、慈善や益、あるいは不正や害に従事していると信じる。

第二五の信条　啓示

そして彼（信仰者）は、啓示とは、「理性」（ʿaql）の内、そのキブラ（qiblah：向かう先）が預言者の魂に向かうものであると信じる。それは、「理性」が、それを創造した者の命令により受け取ったものであり、理知的魂（al-nafs al-nāṭiq）▼12がその潜在性においてそれに反したこともなければ親しんだこともなく、魂が、その本質によって考え至ることも、その熟慮によって導き出すこともできないようなものを胸中に抱くようになるものであり、魂の究極の目的に適うもの、魂全体にとっての福利がそこに含まれるものである。

第二六の信条　使信〔の伝達〕は、特殊と一般の二種類に分かれること

そして彼（信仰者）は、使信〔の伝達〕が「特殊」と「一般」の二種類に分かれることを信じる。一般的使信とは、本能として、そして理性として機能する、包括的なものを言う。仮にこの一般的な第一の使信〔の伝達〕が存在しなければ、特殊的使信は受け入れられ得ない。それはつまり以下のようなことである。

至高なる彼（アッラー）は、アーダム（アダム）的形相を創造し、その諸々の福利（manāfiʿ）を完成し、それらを最

▼10　「第一始源」は、諸々の存在物がその存在において依拠するため、完全性を具えた存在である。完全性を持つ者は唯一であり、その完全性を第二者と共有することはない。そのため、唯一と結論付けられる。

▼11　イスマーイール派においては、アッラーは諸属性によって形容されることはないが、諸々の存在物の階層の始源に位置する「第一理性」が諸々の属性を具える。そしてそれらの属性が、「第一理性」より下位の存在に付与される。

▼12　「植物的魂」（al-nafs al-nabātīyah）や「動物的魂」（al-nafs al-ḥayawānīyah）よりも上位の、思惟することができる種類の魂を言う。

も美しい形に整えた。そして彼（アッラー）はその中（アーダム的形相の中）に、各々の道具を用意し、その諸々の目的に魂が到達することができるようにした。そして彼はその中（アーダム的形相の中）に「生得的理性」（al-ʻaql al-gharīzī）[13]を置いた。〔アーダム的〕形相の諸状態は、その諸々の福利を獲得するためにこの理性に依拠し、諸々の身体部位はその（「理性」の）命令、禁止、承諾を受け入れる。これこそ、来世における魂の福利を保全するために、特殊的である第二の使徒の命を受け入れる前提となる、第一の使徒に他ならない。

第一のもの（第一の使信の伝達）は、現世の福利を保全するためにあり、褒賞も懲罰も付帯しない利益の追求を担当する。なぜならそれ（その追求）は、形相の福利を保全するための、本能的な活動だからである。

一方、第二のもの（第二の使信の伝達）には褒賞と懲罰が伴う。なぜならそれは主に依拠したものであり、自然界とは別の世界へと誘うものであり、第一の使徒に警告し、それを抑制するものだからである。

この使信（第一の使信）は、各々の人間の中に存在し、彼の体の中で働きを持っている。それは、彼が養育の期間を離れた後には常に存在し、そこに具わる本性的な識別能力によって、害のあるものと益のあるものを分別する任を担う。人間は、この種の理性を具え、思慮、分別、〔ものごとの〕結末を想像しよく観察すること、着実さ、約束を果たすこと、沈着さ、秘密を守ること、知識を求めること、礼節、慎み等の礼節を具える。しかしその反面、〔この理性は〕これらと相反する諸々の欠点を持っている。つまり、生得的な理性は、至高なるアッラーの計画と叡智に基づく事物を認識することはできない。それ故至高なる彼（アッラー）の叡智にとっては、諸使徒の派遣が必然となるのである。なぜなら、その叡智が認めるように、世界には諸々の益が存在し、この益は、彼らにそれを諭す者、彼らにそれを教える者の仲介が無ければ彼らに到達することはないからである。このことが真実であるならば、その教え諭す者とは、崇高なる創造主から被造物へ遣わされる使徒に他ならない。

第二七の信条　預言者と「委託者」とイマームは放蕩人からは生まれないこと

そして彼（信仰者）は、預言者やイマーム——祝福あれ——は、不信仰者から生まれることはなく、姦通によって生まれることはないことを信じる。その典拠は、イブラーヒーム（アブラハム）——平安あれ——について伝える至高なる彼の言葉「我らが主よ、私は、あなたの聖なる館の傍らの、作物をもたらさない谷間の地に、わが子孫の一部を住まわせましたが、我らが主よ、彼らに礼拝を遵守させるために。それ故、人々の内の心に彼らを慕い求めさせ、彼らに果実の糧を与え給え。きっと彼らは感謝しましょう」（クルアーン第一四章第三七節）、また、「彼らにあなたの諸々の徴を読み聞かせる使徒を、彼らの間に、彼らの内より遣わし給え」（クルアーン第二章第一二九節）、また、イブラーヒームとイスマーイール（イシュマエル）——平安あれ——の言葉「我らが主よ、我らをあなたに帰依する二人の者とし、我らの子孫からあなたに帰依する共同体を為し給え。また、我らに我らの祭儀を示し、我らに顧み戻り給え。まことにあなたはよく顧み戻る慈悲深い御方」（クルアーン第二章第一二八節）である。

第二八の信条　預言者性は、人類の諸々の位階の最上のものであること

そして彼（信仰者）は、使徒性の地位を持つ使徒の完全性を超えて完全となる者はおらず、彼の知識を超えた知識を持つ者もいないことを信じる。[14]

第二九の信条　我々の使徒ムハンマド——祝福と平安あれ——は諸使徒の内で最も優れた者であること

そして彼（信仰者）は、あらゆる使徒と預言者に対する、アッラーの使徒（ムハンマド）の優位を信じる。

▼13　「生得的理性」とは人間に生得的に具わっている理性を指し、後天的に発達する「獲得される理性」（al-ʻaql al-muktasab）と対比される。

▼14　イスマーイール派の分派の中には、預言者に対するイマームの優位を信じる者も現われた。タイイブ派は、そうした教義に反対の立場を採る。

第三〇の信条　使徒（ムハンマド）の後の「委託者」への委託について

そして彼（信仰者）は、使徒（ムハンマド）――祝福と平安あれ――からアリー・イブン・アブー・ターリブへの「委託」（waṣīyah）を信じる。それは〔以下の〕一二の理由による。

その第一〔の理由〕は、委託が義務であることである。偉大なるアッラーの書がそれを示しており、至高なる彼の言葉に「おまえたちには書き定められた。おまえたちの誰かに死が迫ったときには、良いものを残すなら、両親と近親者たちに対し良識に則った遺言（waṣīyah）が、畏れ身を守る者たちへの義務として」（クルアーン第二章第一八〇節）とある。

二番目はスンナからである。預言者――祝福と平安あれ――の言葉に「イスラーム教徒は誰も、その枕元に遺言（waṣīyah）を書いておかずして二夜を過ごすことは許されない」とある。

また、クルアーンは、財産のみならず、特に宗旨における委託（waṣīyah）が必然であることも告げている。「イブラーヒーム（アブラハム）は彼の子孫にこれを委託した。ヤアクーブ（ヤアコブ）もまた。『わが子孫よ、まことにアッラーはおまえたちに宗旨を選び給うた。それ故、帰依者《ムスリム》としてでなければ断じて死んではならない』」（クルアーン第二章第一三二節）。また彼の言葉に「では、おまえたちはヤアクーブに死が臨んだときに目撃者であったか。そのとき、彼は子孫に言った。『私の後、おまえたちは何に仕えるか』。彼らは言った。『我らはあなたの神、あなたの父祖イブラーヒーム、イスマーイール（イシュマエル）、イスハーク（イサク）の神、唯一の神に仕えます』」（クルアーン第二章第一三三節）とある。

四番目は、祝福あふれる至高なるアッラーが、〔人が〕旅路において死が訪れようとしているときにも委託を免責せず、それが義務である故に、イスラーム教徒〔の証人〕が〔その場に〕いない状況下での啓典の民の証言を許容したことである。崇高なる彼は言った。「信仰する者たちよ、おまえたちの誰かに死が臨んだとき、遺言の際にはおまえたちの間の証言はおまえたちのうちの公正な二人によるものとし、おまえたちが地上を闊歩していてもそこに死の苦悩が襲ったのであれば、おまえたち以外の者からの二人によるものとする。おまえたちが礼拝の後で引き留めた二人である。それでおまえたちが疑うときには、両者はアッラーに誓う。『我らはそれとひきかえに対価を得ることはない。たとえそれが近親であっても。また、我らはアッラーの証言を隠しはしない。そのときには、我らはまさしく罪ある者たちの中にある』」（クルアーン第五章第一〇六節）。アッラーの使徒――祝福と平安あれ――はこの通りに裁定し、その裁定は周知のものである。

五番目は、彼（ムハンマド）より前の預言者たち――平安あれ――には、彼らの息子、彼らの近親、彼らの「御家」から選ばれた「委託者」がおり、遠縁、縁者、一族から〔選んだの〕ではなかったことである。たとえばアーダム（アダム）はその息子シース（セツ）に委託し、ヌーフ（ノア）はその息子サーム（セム）に委託し、イブラーヒームはその息子イスマーイールに委託し、ムーサー（モーセ）はその兄弟のハールーン（アロン）に委託し、またその兄弟の息子ユーシャウ（ヨシュア）・イブン・アン＝ヌーンに委託し、ダーウード（ダヴィデ）はその息子スライマーン（ソロモン）に委託し、ハズキール（エゼキエル）はその兄弟の息子アルミヤー（エレミヤ）に委託し、イーサー（イエス）はその母方のおばの息子シャムウーン（シモン）・アッ＝サファーに委託した。そしてアッラーは、これらの者たちに従い、彼らの道をたどるよう、彼の預言者（ムハンマド）に命じた。至高なる彼は言っている。「それらの者はアッラーが導いた者。それ故彼らの導きについて、それに倣え。言え、『私はそれに対しておまえたちに報酬は求めない。これは諸世界への訓戒に他ならない』」（クルアーン第六章第九〇節）。また至高なる彼の言葉に次のようにある。「それから、我らはおまえに啓示した。ひたむきで、多神教徒たちの一人ではなかったイブラーヒームの宗旨に従えと」（クルアーン第一六章第一二三節）。

六番目は、以下のことについての我々の合意（イジュマーウ）である。使徒（ムハンマド）――祝福と平安あれ――は、過去の出来事、そして復活の時に至るまでに起こることを我々に告げ知らせた。そして、彼の死は突然のものではなく、剣によって殺されたのでもなかった。そのため彼は、遺された者たちに委託し、それについて彼らが何を為すべきかを彼らと協議する機を逸することはなかった。また我々は、彼（ムハンマド）が彼らのために選出することが、彼らが彼ら自身のために選出することよりも善いことを知っている。彼は、彼らが気に掛ける些細なことについてでさえ、放置せずに彼らに命じている。彼——祝福と平安あれ——は言った。「瞼墨は奇数回塗りなさい。ときおり〔毛に〕塗油しなさい。片方の靴〔だけを履いた状態〕で歩いてはならない。水差しの亀裂から飲んではならない。そこは汚れが溜まる場所だからである。〔水差しの〕取っ手の部位から飲んではならない。そこは悪魔の居所だからである。あなたたちが就寝するときは、とばりを下げ、灯りを消し、革袋の口を結びなさい」。これらは、あなた方の行動のみに関わることである。彼はまた彼らに、彼の後、復活の日に至るまでの争乱や殺戮など、発生する全てのことを告げ知らせた。また彼は更にそれ以上のことをした。つまり、彼は復活〔の日〕に起こることも彼らに告げ知らせたのである。では、彼はあなたたちにそれらを告げ知らせた一方で、自分自身のための委託を行なわなかったというのか。否、彼はたしかに、彼の共同体に対してそれを行なったのである。

七番目は、使徒——祝福と平安あれ——が次のように言ったことについての我々の合意（イジュマーウ）である。「私の後に、アッラーの恵みを否定し、互いの首を打ちあう者たちに戻ってはならない。仮にあなた方がそれを為せば、あなた方は赤い隊（つまり、敵の部隊）のただ中にいる私と対面するのである」。彼（ムハンマド）はたしかに、アリー・イブン・アブー・ターリブに委託し、彼に言った。「私の後に、〔契約を〕反故にする者たち、迷い去った者たち、道理をはずれた者たちと戦いなさい」。また彼は言った。「私の後、私の共同体について、迷妄の指導者たちを私が危惧すると警告する」。

八番目は、次のことについての我々の合意（イジュマーウ）である。使徒——祝福と平安あれ——はタブークの戦いの際、マディーナにおいてアリーを〔自分の〕代行者に任命した。▼[15] それは、ムーサーが彼の主の約束期日を過ごした際に、彼の兄ハールーンを代行者に任命したことに倣っている。この代行任命の際、彼（ムハンマド）は彼（アリー）に言った。「アリーよ。私にとってのあなたは、ムーサーにとってのハールーンである。ただし、私の後に預言者はいない」。異論の余地なく、ハールーンの代行者の地位は彼の共同体の中で存続し続けた。使徒がその意向のまま（変更することなく）死したのであれば、アッラーの使徒——祝福と平安あれ——がアリーに結んだものは、彼の民、および被造物たちの中に留まり続けたのであり、何者にもそれを解除することは許されない。

九番目は、次のことについての我々の合意（イジュマーウ）である。アッラーの使徒――祝福と平安あれ――は委託・遺言を我々に命じ、それを奨励し、駆り立て、それを放棄することを禁じた。また、諸々の聖法と共同体はその実施に合意し、諸々の理性はその正しさと至当さ、およびそれを放棄する者の誤り、およびそれについての合意に見解を一致させている。いかにして、共同体を教え導く者、それ（委託・遺言）を命じた当の本人が、それを放棄することがあろうか。彼はそれを定めた者であり、その諸作法を担う者であり、それを行なうことを強く言い付けた者であるというのに。

以上のように、彼（ムハンマド）に付与された法と彼の共同体の諸規定において最大限に委託〔の重要性〕が強調されることは明らかである。更に使徒は、部隊を放つ際にも、使節を派遣する際にも、彼らに「もしあなた方の指揮官が死ぬか殺されれば、彼の次の指揮権は何某に。そして、彼の次は何某に」と言って三名に言及し、委託しないことはなかったことを我々は知っている。彼がいる（存命の）状態よりも、彼がいない状態（彼の死後）において、彼ら（残された人々）がそれをより必要とすることは明らかである。

一一番目は、彼（アリー）がその共同体の中でハールーンの地位にあること、彼が彼の「御家」の人々の中で最も優れた者であること、また、誰一人として彼（アリー）に対する庇護者とされたことはなかったが、彼は彼を教友全体に対する庇護者となし、彼への追従を命じ、彼に彼の宗旨の遂行とその約束の実行を委託し、彼に彼の「御家」を継がせ、彼の〔遺体の〕洗浄とその準備を一任し、彼に彼の剣、防具、武具、ラバ、ターバンを託し、彼の家にあった書物と、偉大なるアッラーの書の全てを彼に渡し、彼（ムハンマド）の妻たちの離婚を彼（アリー）の手に委ねたことである。[16] アッラーは彼の共同体に対して、預言者――祝福と平安あれ――の後の共同体の争乱の状況

▼15　つまり、ムハンマドはタブークの戦いに出かける際に、マディーナの管轄をアリーに任せた。

▼16　シーア派においては、アリーはムハンマドの委託に従い、ムハンマドの妻たちの内、ムハンマドの死後にアリーと対立した者たちをムハンマドと離縁させたとされる。

を明らかにした。またアッラーは、彼ら（イスラーム教徒の一部）が、共同体に属した後に、彼（ムハンマド）の委託・遺言から離れ去ったことを明らかにした。至高なるアッラーの言葉に「そしてムハンマドは一人の使徒に過ぎず、かつて彼以前にも使徒たちが逝った。それなのに、もし彼が死ぬか、殺されるかしたら、おまえたちは踵を返すのか。そして踵を返す者がいたとしても、アッラーをわずかにも害することはない。アッラーは感謝する者たちに報いる」（クルアーン第三章第一四四節）とある通りである。

一二番目は、イスラームから背き去り、その目で見た預言者に起こったことを拒絶する者以外は否定できない出来事である。すなわちそれは、彼（ムハンマド）がアブドゥルムッタリブ家の者たちを集めたときの出来事である。彼らに羊一頭のもも肉と一杯の乳が供されると、彼らは満腹になるまで食べ、潤いを満たすまで飲んだ▼17。すると彼（ムハンマド）は彼らに言った。「アブドゥルムッタリブ家の者たちよ。私に従いなさい。そうすればあなた方は、地の王となり、それを治める者となる。まことにアッラーは、輔佐、ほう助者、助け手を与えずして、預言者を遣わすことはなかった。それで、あなた方の誰が私の輔佐、ほう助者となるのか」。そうして彼は各人に〔順々に〕尋ねたが、彼らはそれに応じず、最後にアリー・イブン・アブー・ターリブの〔尋ねられる〕番となった。なお、そのとき彼は、彼らの中で最年少であった。すると彼は「私です。ムハンマドよ」と言った。すると彼は、「アリーよ、あなたは私の兄弟、私の輔佐、私の援助者である」と言った。そうして、彼らが解散するとき、彼らは（アリーの父である）アブー・ターリブ（Abū Ṭālib b. ʻAbd al-Muṭṭalib：六一九年没）に「今日、あなたの息子はあなたよりも先んじましたな」と言い、彼（アリー）をからかい、彼の言葉を批判した。誰も否定し得ず、誰も拒否し得ないこの地位よりも偉大な証拠があろうか。あらゆる宗派が否定せずにこれ（右記のアリーの逸話）を伝えている。

第三一の信条　「委託」を受けた者は、預言者の後、「周期」における世界の最も優れた者であること▼18

そして彼（信仰者）は、「委託」を受けた者とは、その本質が彼（ムハンマド）の本質を継ぐ者であり、その完全性が彼の完全性から出でた者であることを信じる。また、彼（ムハンマド）の言葉の真意、彼の聖法の特性、彼の一党の秘密、彼の宗旨の真実が、その者の許にあり、彼を離れず、彼からしか知られないことを信じる。またその者は、彼（ムハンマド）の目指したものを明かす者であり、彼の言葉を正しく理解する者であり、彼の行なったことを解明する者であり、彼の死後、彼がもたらしたものを知ることを欲する者のために導きをもたらす者であり、彼の聖法を諸々の異論から護持する者であることを信じる。

第三二の信条　イマーム位はアッラーの使徒の「御家」にのみあること

そして彼（信仰者）は、イマーム位が、アリーとファーティマの血を継ぐ、アッラーの使徒の「御家」に存することが、崇高なるアッラーの定めた義務であることを信じる。彼はそれによって宗旨を完成させた。つまり、それによらずして宗旨は完全なものとはならず、アッラーと使徒への信仰は、イマームと「証」（フッジャ）への信仰なくしては成立し得ない。

イマーム位が〔アッラーの定めた〕義務である典拠は、宗旨と聖法が、イマームなくしては成立し得ず、守られないことについての共同体の合意（イジュマーウ）である。これが真実であるのは、崇高なる彼（アッラー）は被造物に目をくれずに放っておいたのではなく、また、それなくしては導きが成り立ち得ないこの義務を、彼が彼らに禁じるようなことはない故である。また、使徒は「ハサンとフサインは、彼らが起きようと座していようと、イマームである。そして、彼ら二人の父は、彼らよりも優れている」と述べ、共同体全体がそれを証言できる形で「指名」を行なったからである。イマーム擁立のための選出を共同体が行なう必要はなく、彼（ムハンマド）が共同体のためにこれを「指名」した。なぜなら、宗旨はイマーム位によって完成されるからである。

▼17　これはムハンマドが起こした奇跡の一つである。

▼18　イスマーイール派には「周期」（dawr）という概念がある。「周期」とは、人類史を構成する各々の時代区分である。「周期」を開始させる特別な命を受けた使徒は、「告知者」と呼ばれる。具体的には、アーダム（アダム）、ヌーフ（ノア）、イブラーヒーム（アブラハム）、ムーサー（モーセ）、イーサー（イエス）、ムハンマドが「告知者」である。ムハンマドが開始した周期において、ムハンマドの後に最も優れた者は、「委託」を受けたアリーだということである。

第三三の信条　イマームは預言者と「委託者」を継ぐ者であること

そして彼（信仰者）は、先行するこの二人（ハサンとフサイン）が、被造物が必要とすることを受け継いだことを信じる。彼ら二人は、魂において、本質において、性質において、預言者に最も近い人間である。なぜなら、彼ら二人は導きを教え諭す者だったからである。

第三四の信条　使徒の存在が一定期間途絶えること

そして彼（信仰者）は、使徒の存在が、時が流れるあいだ常に継続するわけではないことを信じる。なぜなら、至高なるアッラーが〔新しい〕使徒を派遣するのは、被造物がタクリーフの目的をないがしろにし、彼らが崇拝の命令を拒絶し、互いに争い、真理を隠蔽し、社会全体が荒廃し、主性が否定され、悪が為され、尊厳が汚され、圧政者が圧政を受ける者に臨み、アッラーの書が侮られ、無視され、人々が互いに抑圧し合い、世界が変化し、自分たちを率いる者を失った人々が狂人たちのようになった時だからである。

そのような時にアッラーは、世界を正し、各々のことを彼のもたらす秩序と差配に帰し、益を行き渡らせるために、使徒を派遣する。故に彼は、一人の使徒〔の派遣〕の直後には、前述の退廃が顕われるまでは、〔別の〕使徒を派遣しない。このために、使徒の存在は継続せず、前の使徒が過ぎ去った後、長い時間がたってから派遣が行なわれるのである。

第三五の信条　「委託者」が逝った後、「委託」が途絶えること

そして彼（信仰者）は、使徒は「委託者」に対して、聖法の諸制度、彼の一党の秘密、彼の導きの本義、彼の言葉の真意、彼の秘密の保持を委託するのであるから、彼（委託者）がそれを遂行しこの世を去れば、彼の後に次の「委託者」が立つことはないと信じる。なぜなら、聖法は変えられることはなく、それが去って新しい命令がもたらされ、それを護持し、その〔命令の〕内容を遂行し、その体制を整備するために委託される者が必要となることはないからである。故に、使徒が継がせた「委託者」が過ぎ去った後に、委託が世界から途絶えることがあり得た。

第三六の信条　預言者の存在や「委託者」の存在とは異なり、イマームの存在は継続すること

そして彼〔信仰者〕は、イマームの存在は、全ての「周期」――その最初から最後まで――において継続することを信じる。なぜならイマームとは、預言者――祝福と平安あれ――がもたらした聖法と、「委託者」が明らかにしたものを相続する者だからである。というのも、彼は、彼ら二人〔預言者とその委託者〕から相続した導きを共同体のために護る者だからである。使徒と「委託者」の命《めい》が「周期」の民――その最初から最後まで――に果たされるためには、イマーム位の地位が継続的に護られていなければならない。

この状態は、神慮による叡智が訪れ、別の聖法によって刷新され、世界の秩序が護られるための〔新しい〕命《めい》がもたらされるまで継続する。そして、この聖法、すなわちムハンマドに与えられた聖法は廃棄されることはなく、その有効性は終末に至るまで失われない。そのため、証言する者たちが〔審判において〕立つ、呼びかけ合いの日〔審判の日〕まで、イマームは共同体に残る。すなわち、預言者の存在や「委託者」の存在とは異なり、イマームの存在は世界の中に継続する。▼19

第三七の信条　イマームの地上からの「幽隠」があり得ないこと

そして彼〔信仰者〕は、いかなる原因であれ、いかなる目的であれ、共同体から彼〔イマーム〕が姿を消すことはあり得ないことを信じる。しばしの不在が発生する場合には、〔人々が〕彼の意向を把握し、純正な意思を持ち彼に

▼19　タイイブ派は、イマームが常に地上に存在すると信じるため、一二イマーム派や、イスマーイール派の一部の分派が信じるイマームの幽隠を否定する。

沿う行為を為す者を示し、彼の地位、彼の呼びかけがもたらす恵み、彼の導きの広がりに届くことができるよう、彼の党派の選良たちが彼と連絡を持ち続ける。

幽隠は、〔論理上〕次の三つの形によってしかなされ得ない。第一は、幽隠がアッラーの手による場合。第二は、それが彼（イマーム）自身による場合。第三は、それが人々の手による場合、また、彼の敵たちを恐れる故の場合である。

そして、幽隠が〔第一の仮説のような〕至高なるアッラーの手によることはあり得ない。なぜならこれは、不可能なことのタクリーフだからである。なぜなら、至高なるアッラーが、ある者への忠誠を命じた後に、その者を我々から隠したことになるからである。したがって、幽隠が至高なるアッラーの手によることは間違いである。なぜならそれは、叡智ある公正なる者にふさわしくないからである。

〔第二の仮説のように〕それが彼（イマーム）自身に帰される場合について言えば、我々はそれをイマームから〔起こり得ること〕とは考えない。なぜなら彼は、過ちから免れているから〔無謬だから〕であり、彼の監督権が絶対の義務であることは、彼がいることを必然的に要求する。故に、「彼がその出現の後に隠れた」と言うことは許容されない。なぜなら、彼が自ら幽隠し隠れることは、彼が選ばれ識別された目的である、彼の導きと特性が失われることを意味するからである。

〔第三の仮説のように〕それが人々の手による場合、アッラーの宗旨〔の真実性〕が疑われることになる。なぜなら、アッラーがイマームを擁立し、導きを彼によって共同体に到達させるよう任せ、彼（アッラー）は彼（イマーム）に、彼の地位を彼と同様の者に継ぐまで彼は世界を去らないと教えたからである。だとすれば、彼が人々を恐れるということに根拠はなく、彼（イマーム）の許にある彼（アッラー）の命に彼が疑念を抱くということにも根拠はない。時代のイマームたちは、これらの醜い見解から免れている。

第三八の信条　地上におけるアッラーの「証」（フッジャ）が地上からいなくなることはないこと

そして彼〔信仰者〕は、地上におけるアッラーの「証」〔フッジャ〕――その者は、預言者である場合も、「委託者」である場合も、イマームである場合もある――がそこからいなくなることはないと信じる。なぜなら使徒は、彼を知識を求める者のための典拠とし、迷える者の助けとしたからである。クルアーンはそれについて次のように述べている。「また信仰を拒んだ者たちは言う。彼には主からの徴が下されないのかと。おまえは警告者に過ぎない。そしてあらゆる民に導き手はいるのである」〔クルアーン第一三章第七節〕。また彼は彼を、彼の時代の民に対する証言者となした。至高なる彼の言葉には「それ故我らがそれぞれの共同体から証言者を連れ出し、これらの者に対しておまえ〔ムハンマド〕を証言者として連れ出す時はどんなであろうか」〔クルアーン第四章第四一節〕とある。また彼は彼を〔地の〕荒廃を防ぐ者となした。至高なる彼の言葉には「教導者と律法学者が、彼らが罪深い言葉を語り禁じられたものを貪ることを禁じないとすれば、彼らのなしていたことのなんと悪いことよ」〔クルアーン第五章第六三節〕とある。

第三九の信条　アリーがカリフ位〔の簒奪〕について「座視」したこと

そして彼〔信仰者〕は、〔ムハンマドからの〕「委託」の後に「委託者」〔アリー〕が「座視」〔静観〕したのは、不能の故でも、〔ムハンマドからの委託を〕無視したからでもなかったことを信じる。なぜなら、使徒――祝福と平安あれ――は彼に次のように言い、簒奪者たちの支配と、彼らに対する偉大なるアッラーの懲罰について既に知らせていたからである。「アリーよ。私の後、私の共同体において、あなたが大権を持つ。そして、もし彼らがあなたに従うのであれば、〔彼らは〕健全な状態にある。一方もし彼らが反論し、あなた以外の者に従うのであれば、彼らと、彼らの為すことを放っておきなさい。まことにアッラーは、いずれあなたのために出口を与えられる」[20]。

▼20　シーア派の間では、その他、アリーがイスラーム共同体の分裂を防ぐ目的で、アブー・バクル等のイマーム位簒奪に耐えた（座視した）ことを示す伝承が数多く伝えられている。

また、「信仰者たちの長」（アリー）が、ラクダの日において、スィッフィーンにおいて、ナハラワーンにおいて決起したこともまた、以下の使徒――祝福と平安あれ――の言葉による「委託」の実行であった。[21]「アリーよ、私の後、あなたは〔契約を〕反故にする者たち、迷い去った者たち、道理を外れた者たちと戦うのだ」。

第四〇の信条　「〔他に〕優越される者」のイマーム位が無効であること[22]

そして彼（信仰者）は、「優越される者」のイマーム位が無効であることを信じる。

第四一の信条　共同体によるイマーム選出が無効であること

そして彼（信仰者）は、共同体が自らのためにイマームを選出することは許容されないと信じる。

イマームに選出される者は、イマームの地位に必要とされる、聖法やクルアーンや諸規範の知識など、あらゆる条件を具えている必要がある。またそのとき、イマームに必須であると知られているものが、彼を選出する者の中にも十分に具わっていることになる。つまり、イマームを選出する者は、イマームに必要なもの全てについて、知識を持っていることになり、選出する共同体もまた、それについて知識を持っていることになる。そうすると、選出された者は、彼以外の者よりも優れたイマーム（先導者）ということにはならない。そのため、共同体による選出は誤りである。

また、仮にイマームの選出が共同体に許容されるのだとしたら、共同体には裁判官の選出や〔証人としての有効性を持つ〕公正な者の選定が許容されることになり、孤児の婚姻や、彼らが分別がつく年齢に達するまでの禁治産処理も許容されることになってしまう。[23]〔しかし、実際のイスラーム法の規定は〕そうではないのだから、いかにしてイマームの選出〔だけ〕は許容されると言うのか。

また、無謬でなければイマームではあり得ないが、イマームが無謬であるかどうかを知る術は〔共同体には〕ない。そのため、共同体に選出することができるという事態は不可能であり、誤りである。したがって、共同体による選出は無効である。至高なる彼はアーダム（アダム）にまつわる話の中で、知識を持たない事柄から離れ、過ちを自ら起こさない事態に留まるよう、そのしもべに警告している。近くに侍る無謬の天使たちは堕落から免れているが、至高なる彼（アッラー）が地上に彼の代行者を設けることを意図したとき、彼は言った。「そしておまえの主が天使たちに、我は地に代行者（カリフ）をなす、と仰せられた時のこと、彼らは言った。『あなたは、悪をなし血を流す者をそこに創り給うのですか。我らはあなたへの称賛をもって讃美し、あなたに対して崇めたてまつるというのに』。彼は仰せられた。『まことに我は、おまえたちの知らないことを知っている』』（クルアーン第二章第三〇節）。「我は地に代行者をなす」とはつまり、〔アッラーが〕選択することによって、ということである。また、「あなたは、悪をなし血を流す者をそこに創り給うのですか。我らはあなたへの称賛をもって讃美し、あなたに対して崇めたてまつるというのに」との言葉は、カリフの擁立が彼らの権利ではないことを示している。そうしてアッラーは、彼ら（天使たち）が無謬で清浄であるにもかかわらず、彼らの選択を禁じた。そして彼は、〔天使たちの〕先の言葉に対して、至高なる彼の言葉「まことに我は、おまえたちの知らないことを知っている」によって彼らを戒めた。

第四二の信条　イマームの地位を希求する全ての者はターグート（邪神）であること

そして彼（信仰者）は、各々の時代と時において、預言者が彼に委託した後に、イマームをその地位、位階から退け、彼を拒む全ての者はターグート（tāghūt：邪神）の名で呼ばれるところの者であることを信じる。

▼21　ラクダの日とはアーイシャ、タルハ、ズバイル等と戦ったラクダの戦いを指す。スィッフィーンとはムアーウィヤとの戦いを指す。ナハラワーンとは、ナハラワーンで行なわれたハワーリジュ派との戦いを指す。いずれも、ムハンマドが生前にアリーに予言し命じた戦いだったということになる。

▼22　ここで「優越される者」（mafḍūl）と訳したのは、その者の他に「最も優れた者」（afḍal）がいる者のことであり、必ずしも一般よりも劣った者（たとえば、大罪を犯す者など）を指すのではない。なお、スンナ派においては、イマームはその時代の「最も優れた者」である必要はない。

▼23　これらは、イマームの大権によって行なわれることである。

第四三の信条　イスラーム共同体は、その預言者の後に見解を違えたこと

そして彼（信仰者）は、この共同体は、それ以前の〔過ぎ去った〕諸々の共同体が陥ったものに陥ったことを信じる。すなわち、分裂し、離散し、その中に退廃がもたらされ、宗旨（イスラーム）の諸規範がそこから失われ、我欲の諸規範に傾倒した。そして見解の相違が顕われたが、党派心のために、それを禁じることができなかった。また、預言者の「御家」の人々に対する隠れた妬みが顕われた。このために彼らはまず、「委託者」を拒絶し、使徒の委託を否定し、それに背き、その命を覆い隠し、彼らに委託を課しそれを〔共同体〕全体に向けて強調した預言者の命令を拒否した。彼らは、ムーサー（モーセ）の民がサーミリーを急いで擁立し、ハールーン（アロン）を拒否し、ムーサーが彼らに行なった委託を反故にしたときのように、彼らが擁立を望んだ者（アブー・バクル）を擁立した。[24]次いで彼らは、アッラーの使徒――祝福と平安あれ――の娘であり、全世界の女性の長、ファーティマ・アッ＝ザハラーウのいるアリーの家の門の前に薪を置き、それを燃やそうとした。それは、彼らが彼（アブー・バクル）を選出した際に、バイア（忠誠の誓い）のために外に出るのを彼（アリー）が拒んだときの出来事であった。このときの彼らの行為はまるで、イブラーヒーム（アブラハム）が、彼の民の陥った〔愚かな〕状態に抗い、彼らに彼らの不能を明らかにしたときのようである。「彼らは言った。『彼を大いに焼き、あなた方の神々を援けよ。もしおまえたちが為す者ならば』」（クルアーン第二一章第六八節）。[25]

第四四の信条　個人的見解や類推が誤りであること

そして彼（信仰者）は、〔信条における〕誤謬とは、個人的見解（ra'y）、類推（qiyās）、イジュティハード、イスティフサーン（istiḥsān）に基づく考えのことであると信じる。[26]その証拠は、至高なる彼の言葉「それで、おまえたちの舌が述べる嘘で、『これは許され、これは禁じられている』と言い、アッラーに対して虚偽を捏造してはならない。まことに、アッラーに対して虚偽を捏造する者たちは成功しない」（クルアーン第一六章第一一六節）である。

第四五の信条　バイア（bayʿah：忠誠の誓い）は全ての信仰者の義務であること

そして彼（信仰者）は、ムハンマドの一門の呼びかけに応じることを望んだ全ての者に、契約と誓いが義務となることを信じる。▼27

第四六の信条　順従（従うこと）

そして彼（信仰者）は、諸規範において聖法の保持者に従う者や、命令に従われるべき者に従う者は、〔実際には〕アッラーへ従った者であり、彼の諸規範を受け入れた者であり、彼から益を受けていることを信じる。それについて「委託者」やイマームに満足することが従うことであり、このような順従によって救済が得られる。なぜなら、「従う」とは、舌、四肢、心、確信における追従を意味するからである。

至高なる彼は次のように言った。「使徒に従った者は、アッラーに従ったのである。そして背を向ける者につい

▼24　ムーサーの民は、ムーサーが不在の間にサーミリーという人物の口車に乗り、仔牛の偶像を作ってそれを拝んだ。クルアーン第二〇章第八三節以降参照。著者は、アブー・バクルがカリフとして擁立されたことを、ムーサーの民がサーミリーに従った故事になぞらえている。

▼25　ここで著者は、アブー・バクルの支援者たちを、その昔、預言者イブラーヒームを焼き殺そうとした多神教徒になぞらえている。

▼26　イスティフサーンとは、「類推」などによって導かれた結論を、聖法上求められるそれよりも強力な理由によって退けて、別の結論を採用することを言う。

一つ具体例を挙げよう。ハナフィー法学派では、欲情を抱きながら他人に触れたとしても、ウドゥー（礼拝前などに行なう清め）の効果は失効しない。しかし、勃起した男性性器で女性性器に触れるような「淫らな接触」がウドゥーを失効させるか否かという問題については見解の相違がある。ある者は、淫らではない接触や接吻からの「類推」を根拠に、液が出ない限りウドゥーは失効しないと言う。しかし、ある者は、「淫らな接触」を行なえば通常は液が出ることを理由に、イスティフサーンを根拠としてウドゥーは失効すると言う。後者の説を採る者は、イスティフサーンによって「類推」による結論を退けている。

▼27　バイアは、預言者や「委託者」やイマームに対してなされる。

ては、我らはおまえを彼らの見張りとして遣わしたのではない」（クルアーン第四章第八〇節）。

第四七の信条　服すること

そして彼（信仰者）は、服すること、追従することには、誤った場合と正しい場合の二通りがあることを信じる。正しい場合とは、使徒――祝福と平安あれ――に追従し、彼の命と、彼の「御家」から出たイマームたちに服する場合である。彼らは啓典を受け継ぐ者たちであり、その真の解釈を知る者たちであり、訓戒の民であり、彼（預言者）の後に権威を持つ者たちである。

一方誤った追従とは、各々の時代の主たち、大物たち、統率者たち、知識があると思われている者たちの内、正当な権利もなく、アッラーの宗旨における権威と主導権を希求する者たちへの追従である。

第四八の信条　約束を守る者

そして彼（信仰者）は、約束を守る者、契約を遵守する者は、アッラーとその使徒に従い、彼がもたらしたものを信じる者であることを信じる。

第四九の信条　約束と契約を破る者

そして彼（信仰者）は、その契約を破る者、その誓言に背く者は、自らの誓言によって破滅した者であり、アッラーの威力から絶縁された者であり、アッラーへの順従とその使徒への順従、およびその権威を持つ者への順従を廃棄した者であり、アッラーの書の中で批難され、最も悪い呼びかけによって呼びかけられる者であると信じる。たとえば、至高なる彼は言った。「アッラーの契約を確約の後で破り、アッラーがつながれるべきと命じたものごとを断ち、地上で悪をなす者たちであり、それらの者こそ、損失者である」（クルアーン第二章第二七節）。

第五〇の信条　新月を見ること

そして彼〔信仰者〕は、新月を見ることによる〔ラマダーン月の〕斎戒〔の開始〕は、従い倣うべきイマームが見つからない者のための、不可欠な状況における斎戒であると信じる。

というのも、新月に基づく斎戒〔の開始〕の由来は、預言者――祝福と平安あれ――がそのいくつかの戦役に出陣していた（不在だった）ことだからである。〔たとえば〕タブークの戦いはラマダーン月の間近に行なわれたが、〔人々は〕彼の許へ行き、「アッラーの使徒よ。我々はあなたの斎戒に基づいて斎戒し、あなたの斎戒解除に基づいて斎戒を解除していました。では、あなたが我々の許にいないとき、我々はどうすればよいでしょうか」と聞いた。すると彼（預言者）は、「それ（新月）を見ることで斎戒し、それを見ることで解除しなさい」と言った。つまり彼は、彼らが彼を欠く場合には、彼らが斎戒において基礎とするのは新月を見ることであると教えたのである。

正しい宗旨を戴く者が、アッラーは、そのしもべに対して彼の証を見せるために、彼の命の遂行者を常に地上に置くと信じるとき、使徒の命令に基づいた斎戒は、使徒が彼らの間にいるときに彼らが為していたこととまったく同様なのである。彼らはそのとき（使徒が彼らと共にいるとき）、斎戒をするために、新月に目をやったり、それが昇るのを注視したりすることはなかった。その証拠は、彼らの使徒に対する言葉、「我々はあなたの斎戒に基づいて斎戒し、あなたの斎戒解除によって斎戒を解除していました」である。これは、導き手の存在を否定し、迷妄に向かう者たちに対する証として十分である。

第五一の信条　使徒たちがもたらした奇跡

そして彼（信仰者）は、使徒が聖法を顕わす際に出現する奇跡は、真実であると信じる。

第五二の信条　クルアーン〔の節〕は、それと同等であるクルアーン〔の節〕によってしか廃棄されないこと

そして彼（信仰者）は、クルアーン〔の節〕は、それと同等であるクルアーン〔の節〕によってしか廃棄されないことを信じる。[28] その証拠は、スンナがクルアーンに一致していることである。

第五三の信条　宗旨の知識の全ては、クルアーンの中に存在すること

そして彼〔信仰者〕は、宗旨の知識の全ては、アッラーの書の中に含まれていることを信じる。それは、はっきりとした文言の形で書かれている場合もあれば、使徒やイマームや、預言者性やカリフ位を受け継ぐ「御家」の人々〔のみ〕が理解できる、抽象的な形で書かれている場合もある。

したがって、使徒から伝えられる導きを保持する預言者の「御家」の人々から〔知識を〕得る者は救済に与かり、彼らに反抗する者は救済に与からない。クルアーンについての知識を、叡智を受け継ぐ「御家」の人々に連なる経路以外から得ようとする者は、その者の悪魔性、妄想と驕りによる退廃故に、自分自身の理性を騙し、彼の主の委託を拒み、彼の信仰を失い、自らに導きを禁じたのである。

第五四の信条　聖法は叡智に合致すること

そして彼〔信仰者〕は、理性に基づく叡智と哲学は、聖法に基づく叡智と一致することを信じる。

第五五の信条　タクリーフ

タクリーフは、健全な理性を持つ健常な成人が、知識と行為〔の可能性〕を持つこと〔が条件〕であり、性夢(iḥtilām)にはよらない。[29]

第五六の信条　検証と考察

そして彼〔信仰者〕は、宗旨の知識についての検証や考察は、至高なるアッラーがそのために擁立した人間〔預言者や「委託者」やイマーム〕の恩恵に与かる形で行なうことが義務であると信じる。彼〔信仰者〕は、〔知識の追求において〕彼からの恩恵を求めるべきであり、見せびらかしや、他者に勝ることへの欲、宗旨を犠牲にして現世を求めることを避けなければならない。

アッラーとその使徒が擁立した教師を介さずして検証・考察することは迷妄である。なぜならそのようなことをする者は、イジュティハードへ赴いているからである。宗旨と聖法の基礎は、教えること、無謬性、宗旨への〔余分な事物の〕追加や別のものの付加の禁止に担保される。なぜなら聖法とは、ムハンマド――祝福と平安あれ――が諸世界の主から伝達するものであり、そこにイジュティハードや個人的見解の余地はなく、誤りから免れているものだからである。

第五七の信条　知識の追求が義務であること

そして彼（信仰者）は、知識の追求が、宗旨における義務であると信じる。また、それを学ぶことと教えることも、それをすべき人間にとって義務である。宗旨と現世のためにそれを行なうことは、各々の信仰者に宛がわれた役目である。

第五八の信条　包括的および個別的に見た、聖法の諸行為について

そして彼（信仰者）は、使徒――祝福と平安あれ――がその共同体に伝えた聖法の〔命じた〕諸行為は、一つの体のようなものであると信じる。つまり、使徒がその頭であり、彼らの中にいるその代行者がその心臓であり、その側近たちはその諸感覚、その諸器官、その活動である。その（体の）外面的知識と運動は、洗浄、礼拝、喜捨、斎戒、巡礼、ジハード、その他、彼の共同体が命じられた諸々の外面的行為からなる、その崇拝行為に宿る。一方、

▼28　そのため、スンナによってクルアーンが廃棄されることはないということである。

▼29　スンナ派の多くの学者の見解では、性夢（夢の中で交接すること）は成人の証とされる。

崇高なる創造者と、彼が満足した者の他は知ることのできないその内面的知識は、その（体の）命と魂にあたる。そして、真理は彼らの中に宿る。

使徒とその聖法の下された時代に、主に喜んで従い、その使徒への順従に服し、彼がその主の許からもたらしたものを知り、その真実を是認し、彼の後の導かれた代行者たちに従った者は、洗浄、礼拝、斎戒、その他、彼に課せられた義務とスンナを果たすことで、清浄な祝福された体の持ち主となり、同時に、命の宿る、祝福された尊い魂の持ち主となる。

一方、聖法の外面を受け入れ、その内面と真意を否定する者は、魂の無い、器官の欠如した体の持ち主である。そして、真理に基づく命令と理性に基づく諸々の考えを言葉において受け入れたものの、それを行為に反映しない者は、聖法の外面的行為の履行を怠る者であり、体から乖離した魂を持つ者である。そのために魂は、それを覆い、その恥部を護る衣服から離れており、その地位を脅かし、その恥部を暴露しようとする者に支配されてしまう危険にさらされる。

そして、以上のことを全く知らない者は、至高なるアッラーが次のように言った通りである。「それともおまえは、彼らの大半が聞き、もしくは理解すると考えるのか。彼らは家畜のようなものに過ぎない。いや、彼らは更に道に迷っている」（クルアーン第二五章第四四節）。

以上のことからわかることは、崇高なるアッラーによって擁立された、既述の〔優れた〕特性を持つ、この共同体のただ中に存在し、人々を〔悪から善へと〕引き出し、彼らを教え導く、宗旨を司る人物がこの世界に存在する必要があるということである。

なぜなら、世界の中には、順従から離れ、背きの中に散ってしまった諸々の魂が存在するからである。彼（宗旨を司る人物）はこれらの魂を順従と恭順へと返し、人間の持つ理性によって、畜生と人間の区別を明らかにする。

第五九の信条　善を命じ悪を禁じること

そして彼〔信仰者〕は、宗旨への呼びかけと、「善を命じ悪を禁じること」の義務は、知識を持つ者たちに対して、彼ら力の及ぶ限りにおいて課せられたものと信じる。そしてそれは、彼ら以外に課せられたのではない。[30]信仰者に課せられるのは、彼の力能の程度に応じて善を命じ、同様に、その力の程度に応じて悪を禁じることである。つまり、もし彼の舌と、彼の手と、彼の心によってそれを行なうことができれば、それに対して彼には褒賞がある。一方、信仰隠しや何らかの恐れ故にそれを行なわなかった場合、彼の手や舌でそれを否定することが不可能であっても、彼の心でそれを否認している限りは、偉大なるアッラーからの褒賞は確定する。

第六〇の信条　比喩的解釈（タアウィール）の肯定

そして彼〔信仰者〕は、比喩的解釈は、聖法の〔定める〕諸行為と、その諸々の主題について、義務であることを信じる。なおそれは、理性を駆使する者たちがそれに取り組むことを意味し、一般大衆が行なうのではない。

第六一の信条　イマーム位には、世界の諸区域において彼を代行する者たちがいること

そして彼〔信仰者〕は、イマーム位には、それを代行する者たちが存在すると信じる。なぜなら、イマームとは、使徒――祝福と平安あれ――からその実行を命じられた聖法の実現を行なう者であり、その導きを世界の諸区域の人々全体にいきわたらせる者だからである。その使信を一人の人間が地上の諸区域にいきわたることが不可能である以上、必然的に、その代行の者たちが、その使信を浸透させるために〔世界の〕各々の区域において、そこの民の言語によって人々に教えることになる。[31]

▼30　諸宗派の多数派説では、「善を命じ悪を禁じること」の義務は、個々のイスラーム教徒全員に課せられる。ただし、ウラマーのみに課せられるとの説も存在するため、この教説はイスマーイール派に特有というわけではない［ʻAwdah, n.d. vol. 1, 494–495］。

▼31　イスマーイール派にはそれ故、体系的な教宣組織論が存在する。

第六二の信条　宗旨において論拠なく父祖に追従する者の誤り

そして彼（信仰者）は、知識なく、あるいはクルアーンとスンナに基づかずに、宗旨において父祖に追従することは誤りであることを信じる。また、ムハンマドの「御家」の人々からもたらされる導き手たちに追従することが義務であると信じる。崇高なるアッラーは言った。「そして我らが町に警告者を遣わすと、その奢侈者たちは、『まことに我らは、あなた方がそれを携えて遣わされた者への信仰を拒む者である』と言わずにはいなかった」（クルアーン第三四章第三四節）。

第六三の信条　アッラーにおける愛と、アッラーに背くことへの憎しみは、宗旨の義務たる一部であること

そして彼（信仰者）は、アッラーにおける愛、アッラーに背くことへの憎しみ、〔アッラー故に〕与えることと禁じることは、宗旨の義務たる一部であることを信じる。

第六四の信条　偽信者との同席が禁じられること

そして彼（信仰者）は、宗旨とその民を嘲笑する偽信者たちとの同席が誤りであることを信じる。たとえ彼らが、彼らの外面において、イスラーム教への帰依と親愛を顕わにしたとしても。その証拠は、威力あるクルアーンによる、至高なる彼の次の言葉である。「そして（アッラーは）おまえたちに啓典の中で、アッラーの諸々の徴が拒まれ、嘲笑されるのを聞いたときには、彼らが他の話題に移るまで彼らと同席してはならない。さもなければおまえたちは彼らと同類である、と既に下した。まことにアッラーは偽信者たちと不信仰者たちを一緒に火獄に集める者」（クルアーン第四章第一四〇節）。

第六五の信条　使徒が最初に呼びかけた第一の呼びかけの他は許容されないこと

そして彼〔信仰者〕は、使徒――祝福と平安あれ――が呼びかけた第一の呼びかけは、〔アッラーの〕唯一性の証言と告白であったと信じる。なぜなら、〔アッラーの〕唯一性を告白することは、〔ムハンマドの〕使徒性を認めることに先行するからである。それ故、この証言は使徒性の告白よりも前に位置づけられた。そして、この証言の中には、彼の聖法の諸主題、彼を唯一とすることの諸規範、共同体に対する、信仰されるべき神の明示といった、必要とされる諸々の意味内容が含まれている。[32]

第六六の信条　我々の預言者ムハンマド――祝福と平安あれ――より前の諸々の聖法の廃棄について[33]

そして彼〔信仰者〕は、聖法が廃棄され、崇高なるアッラーの知るがままに、各々の時代において命令と禁止が刷新されることは、彼のしもべたちのための福利であると信じる。崇高なるアッラーは、ムハンマドの聖法のみを永続する聖法となした。なぜなら、彼は預言者たちと使徒たちの封緘《ふうかん》だからである。

第六七の信条　諸々の聖法が廃棄される目的

そして彼〔信仰者〕は、諸々の聖法の廃棄の目的が、至高なるアッラーの叡智が必然的にもたらす福利にあると信じる。

▼32　すなわち、唯一の神の他に神は存在しないとの信条は、イスラーム教のあらゆる信条を包括し、それらを束ねる最も重要な信条ということである。

▼33　ムハンマドに聖法が与えられることで、彼より前の使徒たちに与えられた全ての聖法は廃棄された。

第六八の信条　真理は、少数者の一派の許にあること

そして彼（信仰者）は、真理は常に、少数者の一派、人々の中の選良の許にあり、誤謬と迷妄は、多数派と一般大衆の許にあると信じる。

至高なるアッラーは言った。「そして人々の大半は、おまえが切望しても、信仰者ではない」（クルアーン第一二章第一〇三節）。また彼は言った。「そしてついに我らの命が訪れ、かまどが煮えたぎった時、我らは言った。『その（方舟の）中に全てのつがい二頭ずつとおまえの家族――ただし、（溺死の運命についての）言葉がその者について先だった者は別である――、そして、信仰した者を乗せよ』。だが、彼と共に信仰した者はわずかしかいなかった」（クルアーン第一一章第四〇節）。

第六九の信条　〔正しい〕宗旨と信仰は、シーア派への帰属であること

そして彼（信仰者）は、真実の宗旨と信仰はシーア派への帰属であり、アッラーの使徒――祝福と平安あれ――のスンナへの追従であり、彼の命への追従であり、清く清純な彼の「御家」の人々への追随であり、彼らに固く寄り頼むことであると信じる。

彼（ムハンマド）は言った。「私の『家』の人々は、あなた方にとって、ヌーフ（ノア）の舟のようなものである。それに乗った者は救われ、それに乗りそびれた者は溺れる」。

また、崇高なるアッラーはヌーフにまつわる物語の中でシーアの者たちに言及し、言った。「そして、まことに彼（ヌーフ）の一党《シーア》にはイブラーヒーム（アブラハム）がいる」（クルアーン第三七章第八三節）。またムーサー（モーセ）の物語の中で言った。「そこで彼は町に、その住民の不注意の時に乗じて入り、そこで二人の男が争っているのを見出した。この者は彼の一党《シーア》の一人で、この者は彼の敵の一人である。すると、彼の一党《シーア》の者が彼の敵の者に対し、彼に助けを求めた。そこで、ムーサーは彼を拳で打って彼を死なせた。彼は言った。『これは悪魔の行ないである。まことに、彼は明白な惑わす敵である』」（クルアーン第二八章第一五節）。ここで、信仰者は「シーア」と呼ばれ、不

信仰者は「敵」と呼ばれている。

第七〇の信条　能力の限度を超えた行為を行なわないこと

そして彼〔信仰者〕は、聖法で定められた諸行為の内、〔各人の〕能力の限度を超えたことを行なわないこと、そして、義務行為に付帯する行為の内、困難を伴うことを放棄することは正しいと信じる。なぜなら預言者――祝福と平安あれ――は次のように言ったからである。「あなた方は皆、可能な限りで行為しなさい。そうすれば彼の宗旨を憎まずに済むであろう。というのも、その宗旨を憎むことはその主を憎むことだからである。この宗旨は堅固である。それ故、たおやかさをもってそれに取り組みなさい。あなた方は、土地を渡り切ってもおらず、乗用動物も残っていない、〔旅路に〕取り残された者のようになってはならない」。

第七一の信条　現世は行為する場所であること

そして彼〔信仰者〕は、アッラーがしもべに報いを与えるのは、善であれ悪であれ、〔しもべが〕それ〔報い〕に値するものを獲得した後のことであると信じる。そして、それは行為による他は発生し得ない。したがって、必然的に行為が報いに先行することになる。

第七二の信条「帰依」（イスラーム）について

そして彼〔信仰者〕は、「帰依」とは、舌による言葉とその発言、および命令に対する服従と順従の表明と、「至高なるアッラーは一なる者であり、彼に同輩、同伴はないこと」そして「ムハンマドは彼のしもべであり、彼が選び、恵みを与え、派遣した使徒である」との命じられた証言、そして、彼の命令に服すること、彼と共にあること、彼に背かないこと、彼への順従が課されること、そして、それを嫌がろうとそれに喜ぼうと、命じられたことを行為することであると信じる。[34]

至高なるアッラーはそれを明らかにし、我々に、唯一性と証言を舌によって認め、発言した者は、信仰者ではないが、帰依者であると教えた。至高なる彼の言葉に次のようにある。「ベドウィンたちは『我々は信仰した』と言った。言え。おまえたちは未だ信仰してはいない。そうではなく、『我々は帰依した』と言え。信仰はおまえたちの心の中に未だ入ってはいない。だがもし、おまえたちがアッラーとその使徒に従うなら、彼は、おまえたちの行ないから、わずかもおまえたちに〔褒賞を〕減らすことはない。まことにアッラーはよく赦す慈悲深い者」（クルアーン第四九章第一四節）。

第七三の信条　信仰について

そして彼（信仰者）は、信仰とは、言葉と行為と意思であると信じる。なぜなら、それによって救済が得られ、それが使徒への真の意味での追従だからである。

第七四の信条　清浄・洗浄について

そして彼は、清浄・洗浄は、二つの種類に分かれると信じる。

第一は、清い水によってか、水が存在しない場合に清潔な土によって行なわれるもの。

第二は、それに対する、霊的内面の清浄である。それは、本来的に具わる邪悪な欲望に関わることから心を清めることである。〔物質的な汚れから身体を清めなければならないことと〕同様に、疑念や背信によって心が汚れ、彼の行為によって諸々の感覚が汚れれば、魂には、その全てを知識の水によって洗浄することが義務となる。それを要求されるのは魂である。なぜなら、身体、および四肢の全ては魂に追従し、魂がそれを支配するからである。

第七五の信条　清浄・洗浄に使用すべき水について

〔本項目の前半部分では、身体の洗浄に使用すべき水の説明がなされる。法学的な話題のため、割愛する。〕

〔内面を清めるために必要な〕理性の水とは、捏造や改変から免れた純正の知識である。魂に具わる信条に、洗浄を必要とする疑念が生じたとき、魂は、使徒や「委託者」やイマームからもたらされた純正の知識へと帰るべきである。そうすれば、彼が耳にした知識によって、その疑念はぬぐわれ、魂は清められ、これらの基礎者あるいは彼らから正しく従順に〔知識を〕伝えた者たちからもたらされた正しい信条へと導かれる。

第七六の信条　礼拝について

そして彼（信仰者）は、礼拝は二種類に分かれると信じる。一つは、四肢と身体部位によって行なわれるものである。

〔もう一つは、知識と理性と霊の動作を通して、純正なタウヒードと、霊妙な目的を魂が志向することである。〕

第七七の信条　喜捨について

そして彼（信仰者）は、喜捨は、各々の年における期限が来た時点で義務になると信じる。財物は、それによって現世の生活が成り立ち、現世での楽しみが得られ、現世での活動が可能となるものである。それ故それは、人間の体で言えば血液のようなものである。人間の体は、血液によって生命が維持される。そして、血液が正常であれば、人間の体は完全性が保たれる。しかし、体の中でそれが増えすぎた場合、それを取り除かなければ体の全てが壊れてしまう。体を正常に保つために、余分に増えた分を取り除く必要がある。

▼34　本項は、この次の項「第七三の信条」とセットで理解されるべきものである。すなわち、「帰依」（islām）と「信仰」（īmān）、および「帰依者」（muslim）と「信仰者」（mu'min）が同義であるのか、別の概念であるのかが神学的な問題となる。イブン・アル＝ワリードは、両概念が別のものであるとの説を採り、「帰依」は、外的に服従することであると説明する。

喜捨もこれと同様である。財物が喜捨が義務付けられる程度を超えれば、それを取り除く必要が出てくる。さもなければ、その所有者は道を逸れ、財物も同様に廃れてしまうからである。

第七八の信条　斎戒について

そして彼（信仰者）は、斎戒がいくつかの相において益をもたらすものであると信じる。偉大なるアッラーは、人間に、その欲することを果たすための諸々の感覚を与えるに当たり、禁じられたことや命じられたことを実行するか否かの選択を、彼に委ねた。つまり、彼にそれを与え、命令と禁止によって試練を与えたのである。彼の幸福の最大の原因は、彼の諸感覚が、行なわなければならないことを行なうことであり、彼の破滅の最も確かな原因は、彼の諸感覚が、行なってはならないことを行なうことである。

崇高なるアッラーは、斎戒によって人間を鼓舞し、彼を過ちやつまずきから守り、〔来世のための〕稼ぎの原因である五感のための覆いとなしたのである。したがって、五感の中の一つでも汚した者は、彼の斎戒は無意味となったのである。なぜなら、斎戒者は〔アッラーによって〕注視される存在だからである。というのも、他の諸々の行為とは異なり、斎戒はただ彼（アッラー）だけのためになされることだからである。預言者は至高なるアッラーの言葉として言った。「斎戒は我がためにある。それ故我がそれに報いる」と。それ故斎戒は、食べ物と飲み物と交接のみを慎むことを意味しない。むしろそれは、外面的にも内面的にも、あらゆる感覚を慎むことなのである。なぜならその中には大いなる叡智が含まれるからである。飲食や交接を控え、諸々の生理的な欲求を避けることは、至高なるアッラーの崇拝以外のことを行なわない天使たちの特性に他ならない。つまりアッラーは、斎戒を義務付けることで、欲望がもたらすものから人間を清め、この清浄な状態を彼にもたらすものへと彼を導くことで、彼を天使と同じ状態に置くことを欲するのである。

第七九の信条　巡礼について

そして彼〔信仰者〕は、巡礼は、それが可能な者にとっての義務であると信じる。〔また、巡礼は単なる外面的な儀礼でできているのではない。巡礼には、巡礼者に来世で明かされる真実を教え、復活の日にアッラーの前に立つことをわからせる意味を持つ。〕

第八〇の信条　ジハードについて

そして彼〔信仰者〕は、キブラに向かない民〔不信仰者〕に対するジハードは、特定の責任能力者に正義のイマームかその代行者から招集がかかれば、〔彼にとっての〕義務であることを信じる。

また、〔物理的なジハードとは異なる〕理性におけるジハードとは、魂〔自己〕の我欲に対するジハードであり、その調教であり、聖法から逸れるその欲望をそれに禁じることであり、四肢に、その行なうべき義務を課すという正義を遂行することであり、怒りの力との闘いであり、悪魔的な力を抑えることである。〔この種の〕魂に対するジハードは、人間に対するジハードよりも熾烈なものである。

第八一の信条　来世について

そして彼〔信仰者〕は、来世は、現世的な世界とは異なる世界であると信じる。それは、そこに到着した者の最後の世界であり、感覚的・外面的な混ざり物から成る諸々の欠陥から清められた、純正な物事によって成る世界である。

そしてその世界で成功するのは、ただ、死の後にその背神行為の汚れから己が清まっている者のみである。その幸福に与かることができるのは、魂を清め、理性を正し、誤った見解や愚かな性質、汚れた欲、迷妄の諸信条から身を引き、現世の濁りから逃れ、〔アッラーの〕法を遂行するために努め、正しい行ないにおける苦痛に忍耐し、純粋なタウヒードを誠実に実現した者たちだけである。

第八二の信条　勘定と集合と蘇りについて

そして彼（信仰者）は以下のように信じる。預言者たちの使信が真実であると立証され、彼らは来世について意見を一致させていた。故に知りなさい。彼らの諸々の共同体〔の人々〕には、復活、集合、蘇り、報い、善行と悪行に対する勘定が起こる。

第八三の信条　懲罰と褒賞が真実であること

第八四の信条　報いは、この現世の他で起こること

そして彼（信仰者）は、報いは、タクリーフのために与えられたこの世界とは別の場所で起こることを信じる。

第八五の信条　四元素（火、空気、水、土）は、あらゆる被形成物が成り立つ原因であること

そして彼（信仰者）は、崇高なるアッラーは、四元素をあらゆる被形成物が成り立つ原因、あらゆる構成物が構成される原因となしたことを信じる。

第八六の信条　人間は、世界の選良であること。人間は、その主を目指す存在であること。そして、強制ではなく、選択による行為が要求されること

そして彼（信仰者）は、至高なるアッラーが人間を選び抜き、彼を全被造物に勝って優れた者となしたことを信じる。それは、彼の次の言葉が伝える通りである。「まことにアッラーはアーダム（アダム）とヌーフ（ノア）とイブラーヒーム（アブラハム）の一族とイムラーン一族を諸世界の上に選び抜いた」（クルアーン第三章第三三節）。

また、至高なるアッラーは言った。「また、アッラーと共に別の神に祈ってはならない。彼の他に神はない。あらゆるものは滅び去る。ただし、その面・顔を除いて。彼にこそ決定は属し、彼の許にこそおまえたちは戻される」（クルアーン第二八章第八八節：傍点引用者）。つまり、〔「面・顔」（wajh）との言葉によって〕「おまえたちが直面することになる、強制によってではなくおまえたちが選択して行なった行為」が意図されている。そしてそれは、小さな行為も大きな行為も漏らさず書かれた「護持された書板」の中にあるものであり、魂は〔来世において〕それに対面する。

第八七の信条　秘密裡に行なうことも公然と行なうことも至高なるアッラーにとっては等しいこと

そして彼（信仰者）は、崇高なる彼（アッラー）は、彼の被造物の各々を注視しており、少なかろうと大きかろうと、彼から何ものも隠れることはできないことを信じる。

第八八の信条　糧は主の命によりもたらされること

そして彼（信仰者）は、権能の神秘と創造の秘密の内〔世界に〕顕わされた全てのことは、正義の秤によって差配され、叡智の天秤によって量られていることを信じる。誰一人として、他人の持ち分を侵害することはできず、彼への割り当てを彼から阻むこともできない。

第八九の信条　現世における行為と期限

そして彼（信仰者）は、この世界に存在するあらゆる存在物は、定められた期限を持ち、それを早めることも遅らせることもできないと信じる。ただし、背神行為か献神行為による他は別である。なぜなら至高なる彼は、彼の命に応じた献神行為によってそれを増加し、彼の命と意思への反抗によってそれを減らすからである。これは、彼こそがこの世界の命運をその手に有する権能者であるためである。これが、至高なる彼の言葉「アッラーは望むことを消し、また確定する。そして、彼の許には『書物の母』▼35がある」（クルアーン第一三章第三九節）から我々が真実と考え、我々の理性が証言するところのことである。

第九〇の信条　魂は、その体が存在する前は知識も活動も得ず、存在もしていないこと

そして彼（信仰者）は、人間の魂は、その体が存在する前には、存在する個体を持たず、活動もしていなかったと信じる。なぜなら、人間の魂が存在するとすれば、諸々の存在物の像を写し、受け入れるための準備が万端なその本体が確立していることになるからである。というのも、それ（魂）は知識に基づく像が確立する場所であり、理性による植え付けのための土地であるからである。

第九一の信条「生得的理性」は、魂が世界の中で行動するための道具であること

そして彼（信仰者）は、「生得的理性」が、魂が現世と宗旨における諸々の認識を得るための道具であると信じる。それは、剣が殺害のための道具であるが、それ自身で殺害を行なうのではないことと似ている。つまり理性も同様で、理性自体は〔主体として〕何物かを知るわけではないが、それは、教示と導きを通して訪れる認識を得るための道具なのである。

至高なるアッラーは言った。「アッラーが導いた者、彼は導かれた者であり、彼が迷わせた者、それらの者は損失者である」（クルアーン第七章第一七八節）。神佑は、偉大なるアッラーからの恵みである。理性を魂のために働かせた者は真理と答えを知るが、神佑は、信仰を持つ民以外に値するものではない。

第九二の信条　魂は、生命を持ち権能を持つ単子であるが、その存在が始まった時点で知識を持つものではないこと

そして彼（信仰者）は、魂は、この体の範囲内で、その創造主から用意され、権能を与えられた方法で運動する存在であると信じる。

第九三の信条　魂は死後に体を離れること

第九四の信条　〔体からの〕離脱の後に魂が得る幸福について

そして彼（信仰者）は以下のように信じる。至高なるアッラーは我々に、彼の命令を受け入れスンナに倣うことによって、この世界とは異なる世界（来世）へ〔至るように〕と呼びかけた。そして、あの世界（来世）は形相の世界であり、この世界（現世）は物質の世界である。

預言者は言った。「その（楽園の）中には、目が見たこともなく、耳が聞いたこともなく、誰の心にも浮かんだことがないようなものがある」。

褒賞の世界には、変化や不可能はない。このような場所におけるかかる程〔の褒賞〕こそ、アッラーが神佑へと導いた者に対して十分なものである。

第九五の信条　強制と選択

そして彼（信仰者）は以下のように信じる。人間は、その構造、糧、寿命、本能的な運動において強制されている。彼の上に起こることの全体は、彼には覆われており、知覚することも見ることもできない。それは、彼がその創造主に対して頭を垂れ、彼に祈るためである。

同時に彼は、自分自身のために受け入れる知識、発案、派、信条において、選択する存在である。

▼35　「森羅万象が予め書き記された不変の書。『書物の母』と『護持された書板』（85章22節）は同一物とも、両者は別物で、『護持された書板』に書かれたことは、アッラーが御望みのままに書き換え給うが、『書物の母』は永久不変であり、アッラーの知そのものであるとも言われる」［中田 2014, 283］。

第九六の信条　定命と天命

そして彼〔信仰者〕は、定命と天命は、比喩ではなく真実であると信じる。

第九七の信条　初学者に思弁の学が禁じられること

そして彼〔信仰者〕は、思弁の学を初学者に禁じることは正しく、アッラーの行為に倣ったことであると信じる。つまり、崇高なるアッラーは、新生児が〔母胎から〕出る誕生の瞬間から、彼に発話能力を与えることも可能であるにもかかわらず、話させるのを遅延させる叡智を与えた。それは、新生児の両親に、言葉を教え、教育し、教示する徳を、彼〔新生児〕に対して持たせるためである。初学者に対して、論争や、他人に説明することが困難なことを禁じることもこれと同様である。

第九八の信条　〔宗旨について議論を行なうことの〕許可

そして彼〔信仰者〕は以下のように信じる。この学派〔イスマーイール派〕の導師たちは、学派について語ることを求める者に、条件（hadd）を設けている。[36]〔知識と実践が〕それに達した者だけが、それについて発言することが許可される。

第九九の信条　行為における誠実さ

そして彼〔信仰者〕は、あらゆる行為において誠実さが義務になると信じる。至高なる彼〔アッラー〕は、誠実に彼故に行なわれた行為しか受け入れない。

第一〇〇の信条　人間の魂は、その身体が朽ちた後も存続すること

そして彼〔信仰者〕は、至高なるアッラーは、この世界を放任の上に創造したのではなく、聖法を戯れに打ち立てたのではないことを信じる。至高なる彼は、永遠に存続する、単一の単子でできるもの（魂）を腐敗させない。腐敗は、「創造の世界」（ʿālam al-khalq）の中にある物体の上に生じる現象である。魂は「命令の世界」（ʿālam al-amr）に属するため、腐敗は生じない。

三、参考文献

菊地達也、2005年『イスマーイール派の神話と哲学――イスラーム少数派の思想史的研究』岩波書店。
菊地達也、2009年『イスラーム教「異端」と「正統」の思想史』講談社。
中田考（監修）、2014年『日亜対訳 クルアーン』作品社。
野元晋、2012年「イスマーイール派の預言者論――初期の新プラトン主義的学派を中心として」竹下政孝・山内志朗（編）『イスラーム哲学とキリスト教中世Ⅲ 神秘哲学』91–112頁。
ʿAwdah, ʿAbd al-Qādir, n.d., *al-Tashrīʿ al-Jināʾī al-Islāmī: Muqāranan bi al-Qānūn al-Waḍʿī*, 2 vols., n.p.: Dar al-Kātib al-ʿArabī.
Daftary, Farhad, 2007, 2edition, *The Ismaʿīlīs: Their History and Doctrines*, Cambridge.
Daftary, Farhad, (ed), 2011, *A Modern History of the Ismailis: Continuity and Change in a Muslim Community*, London.
Daftary, Farhad, 2012, *Historical Dictionary of the Ismailis*, Lanham.
Daftary, Farhad, 2019, *Ismaili History and Intellectual Traditions*, Abingdon.

▼36 "hadd"は、イスマーイール派の専門用語として教宣組織の「位階」と訳すことも可能であるが、後続の文章全体の意味から一般名詞と判断した。

al-Maghlūth, Sāmī b. ʻAbd Allāh b. Aḥmad, 2017, *Aṭlas al-Firaq wa al-Madhāhib fī al-Tārīkh al-Islāmī*, Riyadh: Obeikan.

第一〇章

ラッサース『提要』

一．紹介

著者のラッサース（al-Ḥasan b. Muḥammad b. al-Ḥasan al-Raṣṣāṣ：一一八八年没）は、当代のザイド派を代表する学者である。特に思弁神学に長け、当該分野で初めて著作を書いたのは一五歳の時であったと伝えられる。神学のみならず、法学、論理学などの分野で多くの著作を残した。

『提要 *al-Mūjiz*』は、イスラーム教の信条を三〇の項目に分け、基本的な論点を説明するものである。三〇の項目の内訳は、タウヒードについての一〇の項目、〈正義〉についての一〇の項目、「約束と威嚇」（来世の問題）についての一〇の項目である。

イスラーム教の信条を三〇に分類するこの手法はラッサース独自のものではなく、ラッサースの師バハルーリー（al-Qāḍī Jaʻfar b. Aḥmad al-Bahlūlī：一一七八年没）著『無精者が至高なるアッラーの認識に至る階梯 *Miʻrāj al-Kusālā ilā Maʻrifah Allāh Taʻālā*』から受け継いだものである。この手法は更に、ラッサースの息子アハマド・アッ＝ラッサース（Aḥmad b. al-Ḥasan al-Raṣṣāṣ：一二二四年没）の『知識の燈火 *Miṣbāḥ al-ʻUlūm*』に継承されている。

この三冊の中で、バハルーリーの『無精者が至高なるアッラーの認識に至る階梯』が最も簡潔に書かれているが、日本ではザイド派の教説はあまり紹介されていないため、より詳しく書かれているものの方が翻訳の対象として良いと考えた。なお、『提要』と『知識の燈火』の分量に大差はなく、（少なくとも訳者が読む限りは）内容的にも対立は見出せないが、『提要』の文体の方が門外漢にとって理解しやすく、日本語への翻訳に適していた。

ザイド派は「シーア派の中ではスンナ派に近い宗派」と紹介されることが多い。アリーをアブー・バクル、ウマル、ウスマーンよりも優れた人物と考える点で、ザイド派が「シーア・アリー」（アリーの党派）であることはたしかである。また、「見神」を否定する点や、人間の行為をアッラーの創造の対象とみなさない点などもシーア派としての特徴を具えている。しかし、イマームの「指名」を否定する点や、アブー・バクルらの「教友」としての地位を一応は承認する点などではスンナ派に近いと言うこともできる。「スンナ派／シーア派」という軸上に無理に位置付けるとすれば、たしかにザイド派は「スンナ派寄りのシーア派」と表現できるだろう。

ただ当然、こうしたマッピングでザイド派の奉じる個々の神学的教説がわかるわけではない。たとえば、ザイド派においては、「信仰者」が大罪を犯した場合、その者は「信仰者」の範疇を出て「罪人」となり、悔悟しなければ死後火獄の中に永遠に留まるとされる。この教説は、スンナ派とも一二イマーム派とも異なり、むしろハワーリジュ派（あるいは、後述のイバード派）に近い。「スンナ派寄りのシーア派」と理解するだけでは、ザイド派が個々の問題についてどのような教説を奉じているのかは見えてこない。この翻訳が、ザイド派の信条を知る手引きとなれば幸いである。

底本

al-Ḥasan b. Muḥammad b. al-Ḥasan al-Raṣṣāṣ, 2016, *al-Mūjiz fī Uṣūl al-Dīn*, ed. by Jamāl al-Shāmī, n.p.

また、本文の意味を確定するために、著者の息子による以下の著作を参照した。

Aḥmad b. al-Ḥasan al-Raṣṣāṣ, 2003, *Miṣbāḥ al-'Ulūm fī Ma'rifah al-Ḥayy al-Qayyūm*, ed. by Murtaḍā b. Zayd al-Maḥaṭwarī al-Ḥasanī, Sana'a: Maktabah Badr.

二. ラッサース『提要』翻訳本文

慈悲あまねく慈悲深いアッラーの御名において。

〔…：前書省略〕

知りなさい。宗旨の諸基礎についての重大な問題は、〔以下の〕三〇である。そのうち一〇はタウヒードについて、一〇は〈正義〉について、一〇は「約束と威嚇」[▼1]、およびそれに付随することについてである。

タウヒードについての一〇の問題は以下の通りである。

第一　この世界には、それを造った造り手が存在する

その証拠は、全ての物体が被生起物であること、そして、あらゆる被生起物は生起させる主体を必要とすることである。

全ての物体が生起した〔ものである〕ことの証拠は、それ〔物体〕が、集合しているか、分離しているか、運動しているか、静止しているかいずれかの状態においてしか、存在し得ないことである。これらの状態は、物質の上に次々と現われては消える。そしてそれら〔それらの諸状態〕は、存在しなかった後に生じて、次々と新規に刷新されるが、物質がそれら〔それらの諸状態〕に先行して存在したわけではないならば、それらの物質は被生起物であり、

▼1　「約束と威嚇」とはすなわち、人間の死後の顛末についての問題を指す。

存在しなかった後に生じたものであることが確定する。

あらゆる被生起物が「生起させる主体」を必要とすることの証拠は、それが元来は非存在物であったにもかかわらず、その後に存在したのであれば、それを非存在から存在に引き出した「生起させる主体」が必ず存在するはずだからである。さもなければ、それにとって、非存在よりも存在がより選好されることはなく、その元来の〔状態である〕非存在に必然的に留まっていたはずだからである。以上のことは、最低限の熟考によって知ることができる。

第二　至高なる彼が無始なる者であること

「無始なる者」とは、その存在に先行するものが何も無い存在者を意味する。

至高なる彼が存在することの証拠は、仮に彼が非存在であったとすれば、彼によって世界が存在することが不可能となるからである。なぜなら、必要とする主体は、必要とされる主体の非存在と共には、存在し得ないからである。

またこうも言える。権能と知識が非存在であることは、我々（人間）の内の一人から――たとえその者自体が存在し、生命を持っていたとしても――調和のある行為が生じることを阻む〔事由となる〕ことが確定している。だとすれば、同様に、〔権能や知識ではなく〕その者自体が非存在であることは、彼から諸行為が生じることをなおさら阻む〔事由となる〕。なぜなら、或る行為が、行為する主体〔の存在自体〕を必要とする度合いは、〔その行為する主体が有する〕権能や知識を必要とする度合いよりも大きいからである。

彼の存在に先行するものが何も無いことの証拠は、仮に彼の存在に先行するものが存在すれば、彼は被生起物ということになり、だとすれば、彼を非存在から存在に引き出した〔別の〕生起させる主体を必要とするからである。彼を生起させた存在についての議論は、彼についての議論と同じである。なぜなら、〔この場合の事態は、〕あらゆる被生起物が生起させる主体を必要とし、それに終わりがない――それは不可能な事態である――か、と或る生起させる無始なる主体に行き着くかのいずれかだからである。そしてこれ（生起させる無始なる主体）こそ我々が証明を望むものである。その他の仲介となる生起させる諸主体〔の存在〕を確定させることは許容されない。なぜなら、それを示す根拠は存在しないからである。

第三　至高なる彼が「能う者」であること

その根拠は、彼に行為が確定したことである。行為が確定した者は「能う者」である。なぜなら、力無き不能者は行為することができないからである。

第四　至高なる彼が「知る者」であること

その根拠は、整えられた叡智ある形で彼が諸行為を行なったことが確定したことである。諸行為を整えられた叡智ある形で行なったことが確定したあらゆる者は「知る者」である。なぜなら、文盲者がまとまりのある整えられた文を書くことができないのは、それについての知識を欠くためだからである。

第五　至高なる彼が「生きる者」であること

その根拠は、彼が「能う者」であり「知る者」であることである。あらゆる能い知る者は生きる者である。なぜなら、死した者や無生物は、能う者でも知る者でもあり得ないが、それは他でもなくそれらが生きる者ではないからである。

第六　至高なる彼が、「聞く者」であり、「見る者」であり、感覚認識対象を「感取する者」であること

その根拠は、彼が、一切の欠陥を持たない「生きる者」であることである。あらゆる一切の欠陥を持たない「生きる者」は、「聞く者」であり、「見る者」であり、感覚認識対象を「感取する者」である。

彼が一切の欠陥を持たないことの証拠は以下の通りである。ここでの「欠陥」は諸感覚（ḥawāss）が正常ではないことを意味するが、至高なる彼は感覚を必要とせず、彼にとってそれ〔を有すること〕は不可能だからである。なぜならそれ（感覚）は、物体の上にしか生じ得ないからである。至高なる彼は物体ではない。なぜなら物体は被生起物であり、至高なる彼は「無始なる者」だからである。

一切の欠陥を持たない「生きる者」は、「聞く者」であり、「見る者」であり、感覚認識対象を「感取する者」であることの証拠は以下の通りである。我々（人間）の内の一人が、欠陥を持たない「生きる者」であれば、彼は「聞く者」であり、「見る者」であり、感覚認識対象を「感取する者」である。そして、彼が「生きる者」ではない場合、あるいは、聴覚認識対象や視覚認識対象を感取することを阻むような欠陥を持つ者である場合、彼は、聞き、見、感覚認識対象を感取する者であることはない。

項〔アッラーの諸属性が彼の本質に存立することについて〕

崇高なるアッラーが、「無始なる者」であり、「能う者」であり、「知る者」であり、「生きる者」であり、「聞く者」であり、「見る者」であることが確定した。そしてこれらの諸属性は、「至高なる彼の本質が、いかなる影響因も——行為主体であろうと事由であろうと——必要とせずに、これらの諸属性を有することにおいて十分である」との意味において、彼の本質に存することがふさわしい。

その証拠は以下の通りである。これらの諸属性は、可能な事態（存在も非存在もあり得る事態）として彼に確定しているか、必然の事態として彼に確定しているかのいずれかである。そして、可能な事態としてそれが彼に確定することは不可能な事態である。なぜなら、可能な事態としてそれが彼に確定するとすれば、彼が、それが彼に確定するにあたって、——アッラーをこれらの諸属性の上に成すか、彼（アッラー）にこれらの諸属性が必然的に確定するような事由を生起させるかして——これらの諸属性を可能から必然に引き出す〔アッラーとは別の〕行為主体を必要とし、その場合、この行為主体がこれらの諸属性を有さなければ、そのようなことは起こり得ないからである。

そして、これについての議論は、至高なる「無始なる者」についての議論と同じことである。つまり事態は、各々の行為主体が、これらの諸属性を有することについて、際限なく（無限に）〔更に別の〕行為主体を必要とすることになる――そしてそれは不可能な事態である――か、これらの諸属性を必然的に有することにおいて、別の行為主体を必要としない行為主体に行き着くかのいずれかである。だとすれば、それらの諸属性は必然の事態として崇高なる彼に確定するという結論に限定されなければならない。

そして、崇高なる彼に必然の事態としてそれら（それらの諸属性）が確定したとすれば、それらを必然的に有することにおいて、彼が〔彼とは別の〕影響因を必要としないことが必然となる。さもなければ、その影響因が、それが必然的に有する諸属性の確定において、〔更に別の〕影響因を必然的に必要とすることになり、更にこの事態が、存在する諸々の影響因に際限なく（無限に）及ぶことになるが、それは不可能な事態だからである。

項〔アッラーの諸属性が特定因無しに確定することについて〕

至高なる彼の本質にこれらの諸属性がふさわしいことが確定したのであれば、至高なる彼には、これまでずっと絶え間なく、これからもずっと絶え間なくそれらがふさわしく、いかなる場合であれ、彼がそれらから出る（それらを失う）ことはあり得ないことが確定した。

なぜなら、それらには、いかなる場合であれ、それらを〔何らかの対象に〕確定させる影響因は存在しないからである。

そして、至高なる彼が、際限なく（無限に）、あらゆる時において、あらゆる種類の全ての「権能の対象」に対して「能う者」であり、全ての知識認識対象について、それが知られ得るあらゆる側面において「知る者」であることが確定した。彼は「生きる者」であるため、知り、能うことができるからである。また、彼の本質を、一部特定の種類の「権能の対象」や特定の程度〔における権能の行使〕のみに限定する影響因も、一部特定の知識認識対象や特定の意味〔における知識〕のみに限定する影響因も存在しないことが〔確定した〕。

第七　至高なる彼が、事物に似ていないこと

その根拠は、もし彼がそれらに似ていれば、彼は被生起物になるからである。なぜなら、同質の二者は、一方の本体に必然的となるものを、他方の本体も必然的に持つからである。そして、彼（アッラー）が「無始なる者」であることが確定した以上、彼が被生起物であることは許容されないからである。

第八　至高なる彼が、満ち足りた者であること

「満ち足りている」とは、彼が、〔何かを〕必要とすることのない、「生きる者」であることを意味する。

至高なる彼が「生きる者」であることの証拠は既述の通りである。彼が〔何かを〕必要とすることのない者であることの証拠は以下の通りである。仮に彼が必要とする者であったならば、彼が、その必要となる対象を存在させることを強いられる者であることが必然となる。なぜなら彼は、そうすることに純然たる益、完全なる悦びがあり、それには彼に対する害が無いことを知っているからである。したがって彼には、必要となる諸々のものを一斉に存在させること、および、彼がそれらを存在させるよりも前に〔も〕それらを存在させること、および、それらから、すでに存在させたものよりも多くのものを存在させることが必然となる。なぜなら、彼はそれを強いられており、そうする「権能」を持っており、それを妨げられていないからである。そして、これらの各々の事態において、〔アッラーによって〕必要とされるものの存在が必然となる。しかし、その反対の事態〔が正しいこと〕が知られている。したがって、至高なる彼は満ち足りた者である。

第九　至高なる彼は、現世においても来世においても、視覚によって見られることはあり得ないこと

その根拠は、何らかの状態において彼が見られることが許容されるのであれば、我々は彼を今見ることが必然となるからである。なぜなら、諸感覚は健全であり、〔アッラーを見ることを〕妨げる障害は存在せず[▼2]、アッラーは存在

するからである。

そして、これらの事柄（見る側の感覚が健全であること／見ることを妨げるものがないこと／見られる側が存在すること）が揃うことで、見られ得るものたちは見られるからである。我々が今彼を見ないのであるから、いかなる場合であれ、我々が彼を見ることはあり得ないことが必然となる。至高なる彼は言った。「視覚は彼を捉えず、彼は視覚を捉える」（クルアーン第六章第一〇三節）。視覚が〔彼を〕捉えること――すなわち、それ（視覚）が彼の本質を見ること――を否定することで、〔アッラーは〕自身を称えている。崇高なるアッラーが彼の本質（彼自身）についてそれを否定することによって自身を称えたものが肯定されることは、欠陥である。なぜなら、叡智ある者が欠陥の伴わないものを否定することによって自身を称えることはあり得ないからである。現世においても来世においても、至高なるアッラーに欠陥は許容されない。したがって、現世においても来世においても、欠陥に他ならない見神が肯定されることはあり得ない。

第一〇　至高なる彼が唯一なる者であり、無始であることにおいても神であることにおいても、第二の者が存在しないことについて

その根拠は、仮に彼と共に第二の無始なる者がいたとすれば、その者は、その本質において、「能う者」であり、「知る者」であり、「生きる者」であることを彼（アッラー）と共有することが必然となるからである。なぜならその者は、互いに同質であることによって、彼と全き無始性を共有するからである。同質な二者は、その本質に帰さ

▼2　底本の校訂者が使用した写本ではこの部分に混乱があるようで、校訂者は、ここに挿入された “wa huwa taʿālā mawjūd” という文を刊本本文に反映させなかった旨を注に記している。しかし、この文の次の一文 “li anna-humā lā tajūzu illā fī ḥaqq al-muḥdathāt” も、前後の文とつながらないため、ここでは本文から除外することにする。著者の息子のアハマド・アッ＝ラッサースの神学書の同じ問題を取り扱った部分［al-Raṣṣāṣ 2003, 29–33］の内容から推定すると、「見られ得るものは、物質であるか色であるかのいずれかであるが、両者は共に被生起物にしか当てはまらない」という趣旨の文章がここに本来存在し、写本から欠落しているのかもしれない。

れるものにおいて同等だからである。

そして、彼らは共に「能う者」であるため、彼らの間に相違と拮抗が起こり得ることは必然である。そして、彼らの一方が或る物体を運動させようとし、他方がそれ〔その物体〕を静止させようとした場合の仮定によって彼らの間の相違を我々が想定した場合、事態は次の三つのいずれかでしかない。

〔第一の事態は〕彼らが行なおうとしたことが共に実現し、その物体が一度に運動しつつ静止してもいる場合。これは不可能な事態である。

〔第二の事態は〕彼らが行なおうとしたことが共に実現しない場合。このとき、両者は不能者であり、権能の対象に限度を持つ者であることになる。これは不可能な事態である。なぜなら、彼らはその本質において「能う者」であり、際限なく〔無限に〕、あらゆる時において、あらゆる種類のものに対して「権能」を持つからである。

〔第三の事態は〕彼らの内の一方が行なおうとしたことは実現し、他方が行なおうとしたことは実現しない場合。この場合、彼らの内それが実現しなかった者は、力無き不能者ということになる。これは不可能な事態である。なぜなら彼は、際限なく〔無限に〕、あらゆる時において、あらゆる種類のものに対して「能う者」だからである。

第二の無始なる者を想定した場合、これらの不可能な事態〔のいずれか〕に行き着く。したがって、それは不可能な事態である。なぜなら、不可能な事態に行き着くことは不可能な事態だからである。至高なるアッラーは言った。「言え。アッラーは一なる者」〔クルアーン第一一二章第一節〕。また言った。「そして唯一の神の他に神はない」〔クルアーン第五章第七三節〕。

以上が、タウヒードについての一〇の問題である。

〈正義〉についての一〇の問題は以下の通りである。

第一　至高なる彼は、〈正義〉なる者であり、叡智ある者であり、〈悪〉を行為せず、必然〔である事柄〕を果たさないこ

とはなく、その諸行為の全ては〈善〉であること

その証拠は、至高なる彼が、〈悪〉の醜さと、必然〔である事柄〕の必然性について「知る者」であること、および、自身が〈悪〉を行なう必要を持たず、必然〔である事柄〕を果たさないでいる必要を持たないことについて「知る者」であることである。〈悪〉の醜さと、必然〔である事柄〕の必然性について知識を持ち、自身が〈悪〉を行なう必要を持たず、必然〔である事柄〕を果たさないでいる必要を持たないことについて知識を持つあらゆる者は、〈悪〉を行為せず、必然〔である事柄〕を果たさないことはないからである。なぜなら、〈悪〉の醜さについての彼の知識は、彼にそれを行為することを留まらせ、自身がそれを行為する必要を持たないことについての彼の知識は、彼をそれを行為することへと促すものが何もないことを意味するからである。行為することから留まらせるものを有し、それへと促すものが何もないようなあらゆる者は、それを行なうことは全くないはずである。

同様に、必然〔である事柄〕の必然性についての彼の知識は、彼をそれを行為することへと促し、それを果たさないことを彼に留まらせる。また、自身がそれを果たさないでいる必要がないことについての彼の知識は、それ〔必然を果たすこと〕を留まらせるものが彼には何もなく、それを果たさないでいることへ彼を促すものが何もないことを意味する。行為することに促すものがあり、それを留まらせるものが何もないあらゆる者は、それ〔行為すること、または行為する対象〕に対して権能を持ち、それを禁じられておらず、彼をそれへと促すものが、それを果たさないことを彼に留まらせる場合、必ずやそれを行為し、それを果たさないということは全くないはずである。

彼が〈悪〉を行為しないということが確定したのであれば、彼の諸行為は全て〈善〉であることが確定する。すなわち、彼は自身が行為することについて知る者であり、彼が行為することが〈善〉ではないことはあり得ず、彼が行為することが〈悪〉であることはあり得ない。彼が〈悪〉を行為しないことが確定したため、彼の諸行為が全て〈善〉であることが確定した。

第二　しもべらの諸行為は、〈善〉であれ〈悪〉であれ、彼ら〔自身〕から来たものであり、至高なるアッラーからのも

のではないこと

その根拠は、それら（しもべらの諸行為）が、彼らの意図、彼らを促すもの、彼らの権能、彼らの知識、彼らの諸器官、彼らのきっかけに応じて存在し、彼らの嫌悪、彼らを留まらせるものに応じて消滅することである。

つまり、仮にそれが崇高なるアッラーが彼らの内に創造したものだとすれば、彼らの諸々の状態に応じた形でそれらが実現することはなく、彼らの色や彼らの姿と同様だった（彼らの状態とは無関係に生じた）はずだからである。またその根拠は、彼は、彼らにその（人間の為す諸行為の）一部を命じ、また彼らにその一部を禁じ、また彼らをその一部について褒め、また彼らをその一部について諫めることを良しとしたからである。仮にそれらが至高なる彼が彼らの内に創造したものだったとすれば、彼らの色や彼らの姿についてと同じように、それら（命令、禁止、褒めること、諫めること）の内のいずれも、それ（彼らの諸行為）について良しとされなかったはずだからである。崇高なるアッラーは、彼の尊貴な書（クルアーン）の中で、彼らの諸行為を彼らに帰してこう言っている。「おまえたちは知っている」、「おまえたちは行為している」、「おまえたちは稼いでいる」、「おまえたちは虚偽を創造している」（クルアーン第二九章第一七節）。

第三　至高なる彼は真理によってしか裁かないこと

至高なる彼が「そしてアッラーは真理によって裁く」（クルアーン第四〇章第二〇節）と言う通りである。そして、背神行為は〔真理の対義である〕謬《あやま》りである。したがって、それを至高なる彼の定めであると述べることは許容されない。なぜなら、彼がそれを創造した、あるいは、彼がそれを命じたことが〔その言葉によって〕推量されるからである。それら二つは誤りである。その根拠は、前述の通り、至高なる彼がしもべらの諸行為の創造者であることはあり得ないからである。またその根拠は、背神行為は〈悪〉であり、至高なるアッラーは〈悪〉を行為せず、それを命じないからである。なぜなら、それを命じることは〈悪〉だからである。またその根拠は、イスラーム教徒たちの間には、崇高なるアッラーが〈悪〉を命じないということに見解の相違はないことである。至高なる彼は言った。「言え。まことにアッラーは醜行を命じない」〔クルアーン第七章第二八節〕。またその根拠は、仮に背神行為が至高なるアッラーの定命だったとすれば、我々にはそれに満足することが義務となる。なぜなら、至高なるアッラーの定命に満足することが義務であることは、イスラーム教徒たちの合意事項だからである。しかし、我々はそれ〔背神行為〕に満足してはならないということが確定している。なぜなら、背神行為に満足することが許容されないことは、イスラーム教徒たちの合意事項だからである。以上のことが、それ〔人間の背神行為〕が至高なるアッラーの定命ではないことを示している。

第四　至高なる彼は、その者の罪によってしか懲罰を与えず、その者の行為によってしか褒賞を与えない

その証拠は以下の通りである。懲罰に値しない者に懲罰によって報いることは、不正であり、〈悪〉である。なぜなら〔意味もなく懲罰だけ与えることは〕、彼に益をもたらすためでも、彼から害を取り除くためでも、彼自身から派生した原因が〔懲罰に〕ふさわしいわけでもなくして、或る危害が、他者によってもたらされているからである。またそれは、〔褒賞や懲罰の対象を判断する法的〕規範の中において、その危害を行為する者とは別の者から派生したと判断される類のものでもないからである。▼3

同様に、褒賞に値しない者を褒賞によって報いることは、それにふさわしくない者を称えることを含む。なぜな

▼3　「〔法的〕規範の中において、その危害を行為する者とは別の者から派生したと判断される類のもの」とは、たとえば、或る人間（甲）が、別の人間（乙）を火や海の中に投げ入れる場合を想像せよ。このとき、乙にもたらされる苦しみは、火や海の中に苦しみを創造したアッラーの行為による。しかし、法的規範の枠組みにおいて、この出来事の責任は、火や海の中に苦しみを創造したアッラーではなく、乙を投げ入れた甲に帰される。来世において、懲罰に値しない者に懲罰を与えることは、この事例とは異なる。ここにおいて、懲罰を下す者はアッラーであるが、この状態に至らしめた別の加害者が想定され、彼に責任が帰され、未来においてそれが補填されることはない。なぜなら、この懲罰は何らかの行為に対する報いとして与えられるものであり、かつ最終的なものだからである。

ら、褒賞とは、称えながら、ふさわしい者に報いとしてもたらされる益だからである。称えることにふさわしくない者を称えることは〈悪〉である。そのため我々も、家畜や清掃人のことを、預言者やイマームや学者のように称えることが〈悪〉だと考えるのである。前述の通り、至高なるアッラーは〈悪〉を行為しない。至高なる彼は言った。「そこで、我らはいずれの者もその罪によって捕えた」（クルアーン第二九章第四〇節）。また彼は言った。「重荷を負う者は他の者の荷を負うことはない。そして人間には、彼が奔走したものしかない」（クルアーン第五三章第三八節から第三九節）。

第五　至高なる彼は、被造物の内の誰にも、その者ができないことを義務として課さないこと

その根拠は、できないことを義務として課すことは〈悪〉だからである。そして、至高なるアッラーは〈悪〉を行為することはない。また至高なる彼は言った。「アッラーは誰にもその器量以上のものは負わせない」（クルアーン第二章第二八六節）。「その器量」とはすなわち、「できる範囲内」ということである。

第六　至高なる彼は不正を意図せず、不信仰を嘉さず、荒廃を愛さないこと

その根拠は、それら全ては意図に帰されるものであるが、〈悪〉を意図することは〔それ自体〕〈悪〉であり、至高なるアッラーは〈悪〉を行為することはないからである。また至高なる彼は言った。「そしてアッラーはしもべたちに不正を望まない」（クルアーン第四〇章第三一節）。また至高なる彼は言った。「彼は彼のしもべたちに対して不信仰を嘉さない」（クルアーン第三九章第七節）。また彼は言った。「だが、アッラーは荒廃を愛さない」（クルアーン第二章第二〇五節）。

第七　被造物が被る、病やその他の受難あるいは試練のような、しもべたち〔の意思〕に関係せず、彼らの選択によらないものは、至高なるアッラーの行為であること

その根拠は、〔自らの行為を〕創造する権能を持つ生命ある者たちにそれらを帰すことは不可能だからである。なぜなら、それらは彼ら〔の意思〕の関係〔する領域〕を外れているからである。また、生きていない者や、権能のない者にそれらを帰すことも不可能である。なぜなら、行為というものは、前述の通り、生きており、かつ能う者によってしか起こり得ないからである。

それらの内、崇高なるアッラーが報復の形で行為することは、相応のものであるため、〈善〉である。そして、それらの内、彼が試練として行為すること——たとえば、子供や信仰者たち、その他の試練を与えられた者たちに対して行為すること——は、責任能力者への教訓を与えるため、そして、試練を与えた者にそれを〔未来において〕補塡するためである。その補塡は偉大なものであり、それと比べたとき、被った災難や試練は取るに足らない細事となる。[▼4]

その証拠は、その苦痛に対して補塡が果たされなければ、それは不正であることである。なぜならそれは、彼に益をもたらすためでも、彼から害を取り除くためでも、〔その苦痛が与えられるべき〕ふさわしい〔理由がある〕わけでもなくして、あるいは、〔褒賞や懲罰の対象を判断する法的〕規範において、それ〔苦痛をもたらす行為〕を行為する者とは別の者から派生したと判断される類のものでもなくして[▼5]、他者によってもたらされる〔意味のない〕危害ということになってしまうからである。そのようなことは不正に他ならない。そして、それが教訓にならない場合、それは戯事である。なぜならそれは、その行為について知識ある者によって実現された、それと同等の目的が無い〔無意味な〕行為だからである。というのも、彼〔アッラー〕は、苦痛を受けた者への補塡を、苦痛を介さずに善い形でもたらすことも可能であったからである。[▼6] そしてそれ〔教訓をもたらすことなく、単に苦痛を与えた後にそれと同等の補塡を

▼4　病苦は、何らかの悪行への現世における懲罰としてか、教訓として、加えて来世における補塡のためにもたらされる。来世における補塡は、現世で被った病苦の程度をはるかに超えるものであるため、それは〈善〉とみなされる。

▼5　本章の注3を参照。

与えること〕は、戯事に他ならない。そして、不正も戯事も〈悪〉であることに疑念の余地はなく、それが〈悪〉であることは不可避的に知られることである。前述の通り、崇高なるアッラーは〈悪〉を行為しない。

至高なるアッラーは言った。「毎年、一度か二度、彼らが試みられることに彼らは気付かないのか。それでも彼らは悔いて戻らず、留意しないのである」（クルアーン第九章第一二六節）。このように至高なる彼は、彼らが悔悟するようにと、彼らに病を患わせることを告げ知らせている。というのも、ここで言う「試み」とは病のことだからである。預言者――祝福と平安あれ――は次のように言ったと伝えられる。「試練を受けた民は、来世において、至高なるアッラーが彼らの試練を更に増加してくれていればよかったのにと願うことだろう。それは、来世において彼らに約束されたものが偉大だからである」。

第八　クルアーンは、「虚偽がその前からも後ろからもやってくることはなく、英明にして称賛されるべき者からの降示」（クルアーン第四一章第四二節）たる、崇高なるアッラーの言葉であること

その証拠は、預言者――祝福あれ――の信条から、彼がクルアーンを崇高なるアッラーの言葉であると信じ、〔人々に〕告げていたことが不可避的に知られるからである。彼――平安あれ――は真実しか信じず、真実しか告げ知らせない。したがって、クルアーンが崇高なるアッラーの言葉であることが確定した。至高なるアッラーは言った。「またもし多神教徒の一人がおまえに庇護を求めたなら、彼がアッラーの言葉を聞くまでは彼を庇護せよ」（クルアーン第九章第六節）。

第九　クルアーンは被生起物であり、被造物であること

その証拠は、仮にそれが無始であったならば、これまでずっと絶え間なく、その文字も〔クルアーンと〕共に存在していたことになる。また〔仮に無始であったならば〕その一部が別の一部に先行することはあり得ないことになるが、〔実際には〕その一部の文字は別の一部〔の文字〕よりも先行していることが確定している。したがって、その文字の内〔他の文字によって〕先行されているものは、他〔の文字〕がそれに先行していることにより、生起性を持つことが確定した。また、その文字の内〔他の文字に〕先行しているものもまた、一定の時間、生起物に先行する点で、生起性を持つことが確定した。したがってそれ〔クルアーンの生起性〕は、その〔クルアーンの〕存在〔の在り方〕に基づいて、最初に指示されることとなる。

崇高なるアッラーは言った。「彼らに彼らの主から新しい〔生起した〕訓戒が来ても、ふざけながらそれを聞くだけである」〔クルアーン第二一章第二節〕。[▼7] このように彼は、〔耳によって〕聞かれる訓戒――それはクルアーンに他ならない――を、「生起」によって形容した。また至高なる彼は言った。「またそれ以前には、ムーサー〔モーセ〕の書が導師として、また慈悲としてある者がか」〔クルアーン第一一章第一七節〕。それ以前にそれとは別のものが存在するものは、被生起物である。

第一〇　ムハンマド――祝福あれ――は真実を述べた預言者であること

その証拠は、預言者性を主張した直後に、彼の手に奇跡が発現したことである。すなわち、〔虚偽を申し合わせることが想定し得ないほどの〕絶対多数の者によって伝えられる諸伝承の伝えるところによれば、彼はクルアーンをもたらし、それを彼のための奇跡となし、雄弁さと能弁さを極めるアラブに対して、それと同等のものを、またはそれと同等のものから一〇の章を、またはそれと同等のものから一章をもたらすようにと挑戦した。クルアーンは、このように整列して並べられた諸々の節によって満たされている。そして、彼〔ムハンマド〕は彼ら〔アラブ〕にそれらを読誦したが、彼らは、彼らが挑戦された部分について、何も〔クルアーンと同等のものを〕もたらすことはできな

▼6　つまり、苦痛は、単純にその補塡を未来において与えるためだけではなく、苦痛を介してのみ得られるような教訓を教えるためにもたらされる。

▼7　「新しい〔訓戒〕」は"muhdath"という単語で、「新たに生じたもの〔生起したもの〕」とも取れる。

かった。

その理由（そう断言できる理由）は、仮に彼らがそれをもたらしていれば、クルアーンが周知のものとなったように、それも周知のものとなったはずだからである。というのも、それらの内の一方を述べ伝えることを促す理由は、他方を述べ伝えることを促す理由と同じだからである。[8] しかし彼らはそれをもたらすことができなかった。

その理由（このように言える理由）は、もし彼らに対抗することが可能であったならば、彼らはそのようにしていたはずだからである。なぜなら、彼らは、彼（ムハンマド）の地位がそれによって失墜することを知っており、彼らは彼の地位を失墜させること、および、彼の立場を疑わしいものとすることを熱心に試みていたからである。

彼らにそれができなかったということが確定したのであれば、クルアーンが奇跡であることは真実である。なぜなら、奇跡とは、預言者性を主張する者の主張に関係する、慣行を破る出来事のことだからである。そして、クルアーンがアラブの慣行を破ったことに疑念の余地はない。なぜなら、その後、彼らの慣行においては、彼らの内の一人が霊感を得ようとするときは、彼ら〔周りの者たち〕から言語を学び、その後、彼らの内の能弁さで名の知れた雄弁な者たちには、同様の雄弁さと同様の連珠を持つものをもたらすことができないような一章が含まれる、冗長な言葉をもたらすのであった。また同時に、〔アラブの〕慣行においては、ある時代において雄弁な者が存在する場合は、彼と同等の雄弁さ、あるいはそれに近い雄弁さを持つ者が必ずその時代に存在した。

一方それ（クルアーン）は、彼——祝福あれ——の預言者性の主張に関連していたが、その根拠は、彼が預言者性を主張した直後に彼はそれをもたらしたからである。つまり、それは彼の主張と同時に存在した。またその根拠（クルアーンが奇跡である根拠）は、彼（ムハンマド）が、アラブと非アラブに対する彼の地位を明らかにするために〔預言者性を〕主張したこと、そして、その内の一章と同じ量の、同じ雄弁さと連珠を持つものをもたらすために彼らが集まって助け合い、結果として彼らにそれが能わなかったのであれば、事態は彼——祝福あれ——が主張した通りだということである。したがって、預言者性の主張の直後に奇跡が彼の手に発現したことが確定した。

なお、預言者性を主張した直後に奇跡がその手に発現したあらゆる者の主張は真実である。なぜなら、虚偽を拡散する者にそれ〔奇跡〕を発現させることは、責任能力者たちに対して彼の真実性を示し、彼の真実性を信条として抱くという無知によって彼らをたぶらかす点で、〈悪〉だからである。それは〈悪〉であり、それが〈悪〉であることは不可避的に知られることである。前述の通り、崇高なるアッラーは〈悪〉を行為しない。以上が、〈正義〉についての諸問題である。

「約束と威嚇」およびそれに付随することに関する問題は以下の通りである。

第一　崇高なるアッラーが楽園を約束した、アッラーを崇拝する信仰者たちは、信仰の上に死した後に楽園に行き、その中で常に永遠であること

第二　至高なるアッラーが火獄を約束した不信仰者たちは、不信仰の上に死した後に火獄に行き、その中で常に永遠であること

これら二つの問題は、預言者——祝福あれ——の宗旨から不可避的に知られるところのものである。諸伝承を耳にし、行軍と諸々の出来事を知った者は、彼が衆生に彼への追従と彼への信仰と彼の預言者性が真実であることの是認へと呼びかけ、それに対〔する褒賞と〕して「その広がりが天地ほどであり、畏れ身を守る者たちに用意された」〔クルアーン第三章第一三三節〕楽園を彼らに約束したこと、そして、彼を拒否し、彼の預言者性を否定し、彼の命に背いた者に対して、「人間たちと石を燃料とし、不信仰者たちに用意された」〔クルアーン第二章第二四節〕火獄を約束したことを不可避的に知ることになる。また、クルアーンもそれ〔楽園と火獄についての約束〕で満たされており、

▼8　イスラーム教徒がクルアーンを述べ伝える理由と、ムハンマドに敵対した多神教徒たちがクルアーンに匹敵する言葉——仮に存在したとすればであるが——を述べ伝える理由はどちらも同じで、それによって自陣の真実性が明らかな形で証明されるということである。そのため、仮にクルアーンに匹敵する言葉が生み出されていたとすれば、何らかの形でそれが広まっていたはずである。

それについて教友とタービウーン——彼ら全員をアッラーが嘉し給うように——の合意（イジュマーウ）が成立している。

第三　崇高なるアッラーが火獄を約束した「罪人」は、その罪に固執したまま死んだ場合、火獄に入り、その中で永遠であること▼9

その証拠は、崇高なるアッラーの言葉「そしてアッラーと彼の使徒に背く者がいれば、彼には火獄の火があり、彼らはそこにいつまでも永遠に」（クルアーン第七二章第二三節）である。ここでアッラーは、あらゆる背く者に、火獄に入ること、そしてその中に永遠に——永遠とは、絶え間なくということである——留まることを約束している。「罪人」（fussāq）は、背く者である点で不信仰者と同類である。この約束が果たされないことは、それが虚偽であることを意味する。そして、虚偽は〈悪〉であり、崇高なるアッラーは〈悪〉を行為しない。

第四　預言者——祝福あれ——の執り成しは、火獄を約束された不信仰者と「罪人」には及ばず、それは信仰者たちのためにあり、至高なるアッラーが彼らに恵みを増し加え、彼らに喜びを増し加えるために行なわれること

その証拠は、至高なるアッラーの言葉「間近な日を彼らに警告せよ。その時、心は締め上げられ喉元に〔せり上がる〕。不正な者たちには親友もなく、聞き入れられる執り成し手もいない」（クルアーン第四〇章第一八節）である。ここで崇高なるアッラーは、不正な者たちの一員に、その執り成しが聞き入れられる執り成し手がいることを包括的に否定している。そして、不信仰者が不正な者であるのと同様に、「罪人」は不正な者である。仮に預言者——祝福あれ——が彼の共同体の中の「罪人」のために執り成しをした場合、〔論理上可能な事態は〕彼の執り成しが聞き入れられるか、聞き入れられない▼10かのいずれかである。前者は〔クルアーンの〕節の言葉により誤りである。後者は、彼の執り成しが受け入れられることにイスラーム教徒の合意（イジュマーウ）が成立していることから誤りである。したがって、「罪人」のための執り成しは存在しないことが確定した。

第五　この共同体の内の大罪を犯した者――飲酒した者、姦通者、禁じられた殺人を意図的に犯した者、および彼らの同類者――は、「背徳者」（fujjār）たる「罪人」（fussāq）と呼ばれること

その根拠は、彼らをそのように呼ぶことに共同体の合意〔イジュマーウ〕が成立していることである。彼らのことは「不信仰者」とは呼ばず、〔その一方で〕非限定的に「信仰者」とも呼ばない。▼11 なぜなら、聖法の中にそれを示す典拠は存在しないからである。その理由はこうである。

聖法において、「不信仰」とは、至高なるアッラーに同輩を配することや、彼の預言者たち――祝福あれ――を虚偽と否定することなどの、特定の背神行為に宛がわれる名である。そして、それらの背神行為には、〔それを行なった者に関する〕特定の規定――相続、婚姻、〔彼らが〕屠畜〔した肉を食べること〕、イスラーム教徒のための墓地への埋葬などが禁じられること――が定められている。そして、その中の一つであれ、礼拝を行なう者たち〔イスラーム教徒〕の中の「罪人」について確定したものは無い。このことに、イスラーム教徒たちの正しいサラフの間に見解の相違は無い。したがって、彼〔罪人〕を「不信仰者」と呼ぶことは許容されない。

同様に、「信仰者」との我々の言葉は、「方正な者」、「忠実な者」、「畏れる者」との我々の言葉のように、〔そう呼ぶ相手を〕称賛すること、偉大とみなすことを含意する名である。「罪人」は、称賛すること、偉大とみなすことにふさわしくなく、反対に、軽蔑、非難、絶縁、呪詛がふさわしく、このことについてイスラーム教徒たちの間に見解の相違は存在しない。したがって、彼〔罪人〕を非限定的に「信仰者」と呼ぶことは許容されない。

▼9　ここで言う「罪人」とは、大罪を犯したイスラーム教徒を指す。すなわち、ザイド派では、大罪を犯し悔悟せずに死んだ者は、たとえイスラーム教徒であったとしても火獄に永遠に留まる。

▼10　この部分は、底本では「聞き入れられる」とあるが、前後の文脈から否定詞が欠落していると判断し、否定文とした。

▼11　「非限定的に『信仰者』とは呼ばない」ことの意味は、「彼は信仰者である」とは言わないが、「彼は、大罪を犯した背徳の信仰者である」などとは言い得ることを含意する。

第六　責任能力者には、能力と可能性に基づき、「善を命じ悪を禁じること」が義務として課せられること

その根拠は、崇高なるアッラーの言葉「また、善に誘い、良識を命じ、悪行を禁じる一団がおまえたちの中にあるようにせよ」（クルアーン第三章第一〇四節）である。ここでアッラーは、我々に対して、我々の中に「善を命じ悪を禁じる」者を置くように命じている。なぜなら（このように言える理由は）、アッラーは「一団がおまえたちの中にあるようにせよ」と述べており、命令は、命令されたことが義務であることを意味するからである。なぜなら、それ（命令）は命じられた行為が行為されることを間違いなく要求するからである。そしてそれ（この節における命令）は、それら二つ（「善を命じること」と「悪を禁じること」）が、特定の個人ではなく、我々の内の誰かに義務となることが理解されるが、これは、この義務が連帯的なものであることを意味する。つまり、これら二つ（「善を命じること」と「悪を禁じること」）は連帯義務である。[12]

第七　アッラーの使徒――祝福あれ――の後のイマームは、中断無く、アリー・イブン・アブー・ターリブ――平安あれ――であること

その証拠は、預言者――祝福あれ――の言葉「私がその庇護者である者は、アリーがその庇護者である」である。こうして彼（ムハンマド）は彼（アリー）を、彼（ムハンマド）自身のような包括的な庇護者となした。「庇護者」（という言葉）の最も文字通りの意味は、彼が主人であり、処遇を決定する権限を持つ者であるということである。「この者はその民の庇護者である」という言葉のように、それによって彼が彼らの主人であり、彼らについての処遇を決定する権限を持つ者であることが意図される場合や、あるいは「その奴隷の庇護者」、「その女奴隷の庇護者」という言葉と同様である。

つまり彼（ムハンマド）は、「私がその処遇を決定する権限を持つ者は、アリーがそれを持つ」と述べたものと等しい。それはまさにイマーム位を意味する。なぜなら、「何某はイマームである」と我々が言うとき、それが意味するのは他でもなく、彼が、（イマームの任務とされる）特定の諸事と、よく知られた諸法規定の執行について包括的

な処理権限を持つことだからである。

第八　彼（アリー）の次のイマームは、彼の息子ハサン――平安あれ――であること

第九　ハサンの次のイマームは、彼（ハサン）の弟のフサイン・イブン・アリー――平安あれ――であること

その根拠は、預言者――祝福あれ――の「ハサンとフサインは、彼らが起きようと座していようと、イマームである。そして、彼ら二人の父（アリー）は、彼らよりも優れている」との言葉である。これは、彼ら二人――平安あれ――がイマームであることを直接的に示す言葉である。

また注意すべきことに、彼（ムハンマド）は彼らの父を彼らよりも優れている者としたのであるから、彼らの父が彼らよりも更にイマーム位にふさわしいことがわかる。したがって、彼の地位をどう少なく見積もっても、彼がイマームであることがわかる。なぜなら、イマームではない者がイマームよりも優れていることはあり得ないからである。なぜなら、イマームは、その時代の民の中で最も優れた者、あるいは最も優れた者のようでなければならないことに、合意（イジュマーウ）が成立しているからである。

第一〇　ハサンとフサインの後のイマームは、清浄なる〔預言者の〕子孫たちの内、ザイド・イブン・アリーや彼に並ぶ者のように、彼ら二人（ハサンとフサイン）の子らの中で、知識、敬虔さ、徳、勇猛さ、気前の良さ、大事を実行する力といったイマームの特徴を持ちつつ、蜂起し、〔イマーム位を〕宣言した者であること

この問題についての議論は、三つの項に分かれる。

▼12　連帯義務（farḍ kifāyah）とは、共同体の一部の者が遂行すれば、残りの者からは義務が免除される類の義務行為を言う。

第一　「継承資格」についての議論。それはすなわち、ハサンとフサイン――平安あれ――の後のイマーム位は、父系の経路で彼ら二人にその出自が達する者でなければ許容されないことである。

第二　イマームが具えていなければならない諸条件についての議論。

第三　〔イマーム位の〕宣言（daʻwah）が、ハサンとフサイン――平安あれ――の後の者にとって、イマーム位〔が確定するため〕の方法であることについての議論。

第一の項〔継承資格について〕

ハサンとフサインの後、イマーム位が彼らの子孫――平安あれ――にしか許容されないことの証拠は、イマーム派が奉じる一二名への「指名」の主張の誤り〔が明らかとなったこと〕に加えて、彼ら（ハサンとフサインの子孫）にそれが許容されることに共同体が合意（イジュマーウ）を成立させていることである。

その根拠（イマーム派の主張が誤りであることの根拠）は、彼らが主張する「指名」を知る術《すべ》が存在しないことである。仮にそれが真実だったとすれば、「信仰者たちの長」（アリー）への「指名」や、彼の二人の息子ハサンとフサイン――平安あれ――への「指名」が周知のものとなったように、また、宗旨の諸々の大いなる柱についての言及が周知のものとなったように、それも周知のものとなったはずだからである。

なぜなら、預言者――祝福あれ――には、共同体にそれを告げ、周知のものとする義務が課せられていたはずだからである。それは、〔イスラーム教徒〕全員に課せられる義務がそれにかかっているからである。更に、〔仮にイマーム派の主張が真実であったならば〕サラフは後の時代の者たちに、それを知ることができるようにそれ（指名）について伝達していたはずだからである。そうでないとすれば、それ（指名）による「証」は我々に対して成立しない。

共同体は、彼ら（ハサンとフサインの子孫）以外の人間については見解を異にしている。ハワーリジュ派は、全ての人間にそれを許容している。ムウタズィラ派、および彼らと見解を同じくする者たちは、クライシュ族にのみそれを許容する。そしてザイド派は、ハサンとフサインの子孫にのみそれを許容する。共同体の合意（イジュマーウ）

は、〔真実であることの〕証明となる。崇高なるアッラーの言葉「そして導きが明らかにされた後で使徒に刃向かい、信仰者たちの道でないものに従う者があれば、我らは彼に自分で引き受けたものを任せ、彼を火獄に焼《く》べる。またなんと悪い行く先であることか」（クルアーン第四第一一五節）がその根拠となる。ここで至高なるアッラーは、信仰者たちの道に背く者に火獄を約束している。それは、彼ら（信仰者たち）に従うことが義務であり、彼らに背くことが〈悪〉であることを示す。またそれは、彼らの合意（イジュマーウ）が「証」であることを意味する。また、聖法の中には、ハサンとフサインの子孫――平安あれ――以外の者にそれを許容することを示す典拠は存在しない。したがって、理性による判断において、それは彼ら以外の者には禁じられなければならない。なぜなら、イマーム位とは、人々に対して〔ときに彼らが〕不快に感じる事柄――たとえば、切断刑、鞭打ち刑、石投げ刑、殺害、磔、強制や殺害や戦闘の末の人々の財物の収集――を執行することが要求されるからである。それらは、聖法がそれをイマームに許容している場合の他は、理性において拒まれることである。聖法の中には、ハサンとフサイン――平安あれ――の子孫のうち我々が上述した者たちにそれが許容されることが〔共同体の〕合意（イジュマーウ）によって伝えられているが、反対に、聖法は彼ら以外の者にそれが許容されることは伝えていない。したがって、聖法がそれを許容していない以上、理性における禁止を基礎として、彼ら以外の者にはそれが拒否されなければならず、イマーム位が彼らに限定されることが正しいことが判明した。

第二の項　イマームが具えているべき条件について

知りなさい。イマーム位の条件は六つ、すなわち、知識、敬虔さ、徳、勇猛さ、気前の良さ、大事を実行する力である。

この文言についての議論は二つの主題に分かれる。

その第一は、これらの諸条件の意味と程度についてである。

第二は、イマームにそれが必要である証拠についてである。

第一〔諸条件の意味について〕

「知識」によって意図されることは、イマームが、共同体が必要とすることについて知識を持っていることである。そしてそれは、宗旨の諸基礎（信条）、諸枝葉（法規範）、様々なイジュティハードと類推解釈についての知識を持ち、イジュティハードを行なう資格を持つ者とみなされるほどでなければ、達せられない。

「敬虔さ」によって意図されることは、諸々の禁止事項を行なわないこと、そして諸々の義務を行なうことである。

「徳」によって意図されることは、宗旨において方正で、〔宗旨についての〕理解を有することである。なぜなら、イマームはそれ（宗旨）において、共同体の中の最も優れた者、あるいは最も優れた者と同等でなければならないからである。

「勇猛さ」によって意図されることは、彼に、戦争を遂行し、諸々の政治的判断を行なうための軍隊の編隊〔を可能とする政治力〕や心の強靭さのようなものが具わっていることである。また、彼の勇猛さを知らしめるもの（逸話）が名の知れた土地において存在し、たとえ殺害や戦闘を多くこなしていなくとも、彼が勇敢な者たちの一人とみなされていなければならない。

「気前の良さ」によって意図されることは、彼の心に余裕があり、財物をあるべき場所に置くことや、諸権利をその保持者に返すことをたやすく行なうことであり、それを阻む吝嗇さを持たないことである。

「大事を実行する力」によって意図されることは、大事の実行を阻む障害を彼が具えていないこと、また彼が、合議において信任するに値する優れた見識と高い実行力、および正しい意見を有していることである。

〔第二〕イマームにそれが必要である証拠

それは、イマームにはこれらの諸条件が必要であることに教友たちが合意（イジュマーウ）したことである。既述のように、彼らの合意は「証」である。また〔その証拠は〕、これらの諸条件の一つ一つは、彼（イマーム）が共同体の重荷を負う（責任を担う）ために必要であり、それを欠けば、彼にはそれが不可能となるからである。

第三の項　「宣言」がイマームの道であることについて

知りなさい。「宣言」の意味は、大事の実行に乗り出し、それを固く決意すること、そして、それに伴う荷重を背負うこと、および不正な者たちとの敵対を受け入れることである。

イスラーム教徒たちの間には、イマーム派が奉じる「指名」の主張の誤り（が明らかとなったこと）の後には、イマームがこれらの諸性質を持っていなければならないことについて見解の相違は存在しない。したがって我々は、合意（イジュマーウ）が成立したものを、イマーム位が成立する方法とみなす。なぜなら、これ以外のものがその（イマーム位成立の）方法であることを示す証拠は存在しないからである。証拠が存在しないことを肯定することは許容されず、それを否定し、証拠が示すことに限定することが義務となる。

以上の全てを、確信できる信念に至るような形で、その証拠と共に知ることが義務となる。責任能力者の中の誰にも、それについて「盲従」（タクリード）で済ませることは許容されない。なぜなら、「盲従」を行なう者は「盲従」する相手が犯す誤りから安全ではなく、それに赴くことは自らを危険にさらすことであり〈悪〉だからである。至高なるアッラーはその明証な書（クルアーン）の中で次のように述べ、「盲従」を行なう者を非難し、彼らをその「盲従」故に諫めている――そして彼こそ、発言する者たちのうち最も真実なる者である。「そして彼らは、『アッラーが下したものに従え』と言われると、『いや、我らは我らの父祖がその上にあるのを我らが見出したもの（父祖の立場）に従う』と言う。彼らの父祖が何も理解せず、導かれていなかったとしてもか」（クルアーン第二章第一七〇節）。また我々は、信頼される伝承経路によって、ジャアファル・イブン・ムハンマド・アッ＝サーディク――平安あれ――について伝えている。ジャアファルは言った。「私は私の父ムハンマド・イブン・アリーがこう言うのを聞いた。私は私の父アリー・イブン・アル＝フサインがこう言うのを聞いた。私は私の父アル＝フサイン・イブン・アリーがこう言うのを聞いた。私は私の父アリー・イブン・アブー・ターリブがこう言うのを聞いた。私はアッラーの使徒——祝福と平安あれ——がこう言うのを聞いた。『アッラーの恵みについて熟慮することによって、そして彼の書〔の教え〕を実践し私のスンナをよく理解することによって自分の宗旨を確立した者は、たとえ堅固たる山々が動じたとしても彼は安泰である。しかし、人々の口にすることから自分の宗旨を確立し、それ（宗旨）について彼らに「盲従」し、人々に連れられ右往左往する者は、アッラーの宗旨からははなはだ遠く離れている』。

以上は、盲従から離れるべきことについての人々への注意勧告として、そして思索と論証への促しとして十分である。「まことにこの中には仕える民にとっての充足がある」（クルアーン第二一章第一〇六節）。「そして使徒たちに平安あれ。称賛はアッラー、諸世界の主に属す」（クルアーン第三七章第一八一節から第一八二節）。そして彼（アッラー）の祝福と平安が、その信頼される使徒ムハンマドとその高貴なる一家全員にあるように。我らにはアッラーで十分。なんと良き代理人だろうか。

三、参考文献

al-Bahlūlī, al-Qāḍī Jaʻfar b. Aḥmad b. ʻAbd al-Salām, n.d. *Miʻrāj al-Kusālā ilā Maʻrifah Allāh Taʻālā*, ed. by Jamāl al-Shāmī, n.p.

al-Muʼayyad bi Allāh, Ibrāhīm b. al-Qāsim b., 2001, *Ṭabaqāt al-Zaydīyah al-Kubrā*, ed. by ʻAbd al-Salām b. ʻAbbās al-Wajīh, by Amman: Muʼassasah al-Imām Zayd b. ʻAlī al-Thaqāfīyah.

al-Raṣṣāṣ, Aḥmad b. al-Ḥasan, 2003, *Miṣbāḥ al-ʻUlūm fī Maʻrifah al-Ḥay al-Qayyūm*, ed. by Murtaḍā b. Zayd al-Maḥaṭwarī al-Ḥasanī, Sanaʼa: Maktabah Badr.

第一一章

サーリミー『子供への教授』第一部

一．紹介

イバード派（al-Ibāḍīyah）は「ハワーリジュ派の穏健派」と形容されることが多い。ただし、イバード派は自らを「ハワーリジュ派」とは形容しない。イバード派の学者の著す文献の中でも、イバード派とは別個の集団として「ハワーリジュ派」が取り上げられることが多い。

イバード派がハワーリジュ派の一種とみなされる理由は、彼らの出自による。六五七年、アリーとムアーウィヤの間で戦われたスィッフィーンの戦いが和睦によって終結した際、この和睦に反対し、アリーの陣営から離反する者たちがいた。狭義の「ハワーリジュ派」はこのときにアリー陣営から離反した者たちを指す。イバード派は、これらの離反者の中に形成された。同派が「ハワーリジュ派」に分類されるのはこのためである。

アリーから離反したハワーリジュ派の多くは、体制に対する武装闘争の道を選んだ。しかし、一部には、静観主義を採り体制との衝突を避けようとする者たちもいた。その筆頭はアブー・ビラール・ミルダース（Abū Bilāl Mirdās：六八〇／一年没）であり、彼に従う者たちが一個の集団を形成していた。

ミルダースは後にウマイヤ朝に殺される。この後、アズラク派を率いたイブン・アル＝アズラク（Nāfiʻ b. al-

Azraq：六八五年没）などは積極的な武装闘争を展開した。対して、ミルダースの思想を継承する道を選び、静観主義のハワーリジュ派の集団を率いたのがアブドゥッラー・イブン・イバード（'Abd Allāh b. Ibāḍ：七〇八年没）であった。

ただし、静観主義の集団を思想的に率いたのはイブン・イバードではなくジャービル・イブン・ザイド（Jābi b. Zayd：七一一年没）であり、イブン・イバードはスポークスマンに過ぎなかったとの見方も強い。いずれにしても、このイブン・イバードが「イバード派」という集団名の名祖となった人物である。

もっとも、イバード派という名称自体は他称として発生したものであり、初期のイバード派は「呼びかけの民」（ahl al-da'wah）や「イスラーム教徒の共同体」（jamā'ah al-muslimīn）などを自称していた。この時期に静観主義のこの一派が指導者のイブン・イバードの名で呼ばれるようになったのは、一説では、イブン・イバードがウマイヤ朝第五代カリフ、アブドゥルマリク・イブン・マルワーン（'Abd al-Malik b. Marwān：七〇五年没）と書簡のやり取りをしたことが背景にあると考えられている。これを機に、体制側に個別の集団として特に認識され、この集団の呼称が彼に帰されたのだと言われる［al-Subḥānī 2007 vol. 5, 359］。

イバード派は、常に少数派で体制側と衝突することも少なくなかったが、西はアンダルシアから東は中央アジアまで各地に展開し、現在まで存続した。二一世紀現在は、オマーン、リビア、チュニジア、アルジェリア、タンザニアに可視的な数のイバード派の信徒が存在する。中でもイバード派が最も主流の国はオマーンであり、国民の半数近くがイバード派だと見積もられる。

イバード派の特徴

神学的な面で、イバード派が他の宗派と見解を違える点は多々ある。たとえば、「見神」を否定する点や、クルアーンを「被造物」とみなす点ではシーア派に近く、スンナ派と対立する。イマームにクライシュ族出身であることを求めない点などは、スンナ派ともシーア派とも異なる点である。

私見では、スンナ派やシーア派と比較した際のイバード派の最大の特徴は、信仰と罪の関係についての教説、および、「同胞とみなすこと（ワラーヤ：walāyah）」と「絶縁（バラーア：barā'ah）」の義務についての教説である。この二つの教説は、密接に関連している。

「同胞とみなすこと」（ワラーヤ）と「絶縁」（バラーア）の義務

イバード派において、「信仰者」の範疇に属する人間を同胞とみなし、彼らを相応に扱うこと、そして、「信仰者」の範疇に属さない人間——すなわち、「多神教徒」と「罪人」（後述）——を「絶縁」の対象とし、彼らを相応に扱うことは、個々のイスラーム教徒に課せられた絶対の義務である——もっとも、危害が加えられることが危惧される場合には「信仰隠し」（taqīyah）が許容される。

近藤洋平が、「イバード派の信徒は、『ワラーヤ』と『バラーア』を、イスラームを説明するための本質的な用語とみなしている」〔Kondo 2015, 195〕と適切に述べている通り、同派はこの問題に重きを置き、これらの言葉の意味についての理解を信仰の本質的な一部を構成するものと捉えている。神学書においてこの問題に割かれる頁の割合は非常に高く、「どのような場合に誰を同胞とみなすのか」、「同胞とみなすということは具体的にどのようなことなのか」が細かく議論される。ここに訳出した『子供への教授 *Talqīn al-Ṣibyān*』のような短いテクストにおいても、預言者への信仰や来世への信仰とならんで、イスラーム教の信条の本質的なテーマとして立項されている。

ところで、「同胞とみなすこと」と「絶縁」が義務であることを巡る議論は、信仰と罪の関係を巡る議論と関わる。二つの問題のつながりは、「同胞とみなすこと」の義務が「信仰者」を同胞とみなすことの義務を意味し、「絶縁」の義務が「信仰者」の範疇に属さない者を同胞とはみなさないことの義務を意味することに関係している。以下で述べるように、イバード派においては、大罪を犯すことで人は「信仰者」の範疇から外れてしまう。そのため、「同胞とみなすこと」と「絶縁」の義務を間違いなく果たすためには、誰が「信仰者」であり、どのような条件が揃うことで人は「信仰者」ではなくなるのかという問題を詳細につき詰めて論じなければならなくなるのである。

信仰と大罪

スンナ派においては、人間は基本的に「信仰者」と「不信仰者（あるいは多神教徒）」の二つの範疇のどちらかに分類される。たとえ「信仰者」が行為における罪を犯したとしても、その罪自体によってその人間が「信仰者」の範疇から外れるわけではない。

罪を負ったまま死んだ「信仰者」は、死後、アッラーの裁決によって一旦は火獄に入るかもしれないが、罪を贖った後はそこから出て楽園に入り、楽園の中に永遠に留まるとされる。

では、イバード派ではどうだろうか。要点ごとに概要を確認したい。

「二つの範疇の間に位置する範疇」(manzilah bayna al-manzilatayn)

イバード派において、人間は「信仰者」（muʾmin）と「多神教徒」（mushrik）の他、その中間に位置する「罪人」（fāsiq）を加えた、三つの範疇のいずれかに属するとされる。「罪人」とは、イスラーム教で禁じられる「大罪」を犯したイスラーム教徒を言う。▼1

「罪人」はまた、「偽信の不信仰を犯す不信仰者」（kāfir kufr nifāq）、「恩恵を忘れる不信仰を犯す不信仰者」（kāfir kufr niʿmah）、「背く者」（ʿāṣ）、「迷う者」（ḍāll）、「背徳者」（fājir）、「偽信者」（munāfiq）などと呼ばれることもある。なお、「偽信者」という言葉は、スンナ派やシーア派においては、外面でイスラーム教の信条の真実性を認めながらも内面ではそれを否定している者を指すが、イバード派では、イスラーム教の信条を内面でも認めながらもそれに背く行為を犯した者――すなわち「罪人」――を指すことが多い［Wizārah al-Awqāf 2009 vol. 2, 1014］。

「罪人」は火獄に永遠に留まる

「罪人」は、大罪を犯したことで「信仰者」の範疇から外れ、「絶縁」の対象となり、イスラーム教徒（イバード派の信徒）から同胞とはみなされない。そして、生前にその罪を悔悟しない限り、来世においては火獄に入れられ、多神教徒と同様に永遠にその中に留まるとされる。[2]

オマーンの現ムフティー、ハリーリー（Aḥmad b. Ḥamd al-Khlīlī）は、この教説を端的に次のように説明している。

我々イバード派の信条では、一神教徒の内の「背く者」であろうと、多神教徒であろうと、一度火獄の中に入った者は誰であれ、その中に永遠に留まり、それに終わりはない。これは、楽園に入った忠実なアッラーのしもべたちがそこから出ることがないことと同様である。というのも、二つの館は永遠の館だからである。［al-Khalīlī 1997, 191］

なお、「罪人」が火獄に永遠に留まるとの信条は、ザイド派と共通である。

「罪人」と「多神教徒」は異なる

ただし、現世において「罪人」には一神教徒の法規定が適用される。悔悟することによって再び「信仰者」に戻ることができる点でも、「罪人」は「多神教徒」とは厳密に区別される。「多神教徒」は信条における「多神崇拝の大罪」（kabā'ir al-shirk）を犯す者だが、「罪人」は「偽信の大罪」（kabā'ir al-nifāq）を犯す者である。二つの種類の大罪を区別すべきであることは非常に強調され、この区別を怠る者は、信条における罪を負うとも言われる［al-Jīṭālī 2010 vol. 1, 71-73］。

▼1　なお、「罪人」（fāsiq）という言葉は、文脈によっては、現世でも来世でも多神教徒とみなされる者を指す場合もあるため、イバード派のテクストを読む際に注意が必要である［Wizārah al-Awqāf 2008 vol. 2, 802］。

▼2　なお、イバード派でも来世における「執り成し」の存在は信じられているが、大罪を犯し火獄に入った者はその対象には含まれない［Wizārah al-Awqāf 2008 vol. 1, 556］。

サーリミーと『子供への教授』

ここに訳出したのは、一九世紀に書かれた後、現在まで版を重ねているイバード派の非常に短いテクストの一部である。

著者のサーリミー（Nūr al-Dīn ʻAbd Allāh b. Ḥumayyid b. Sulūm al-Sālimī：一九一四年没）は、一九世紀オマーンを代表するイバード派の学者である。数十冊の著作を残しており、神学書の割合は比較的多い。

翻訳対象とした『子供への教授』は、イスラーム教徒の子供が成熟を迎えたときに、彼／彼女に何を教えなければならないのか――つまり、イスラーム教徒であるためには最低限何を信じ、何を行なわなければならないのか――を、その子供の保護者に向けて説明したものである。

本書は三部構成になっている。第一部では、成熟を迎えた人間が信じなければならない信条の要点がまとめられている。第二部では、成熟を迎えた人間が知っておかなければならない、行為における諸々の義務――具体的には、礼拝、斎戒、他者の権利を守ること、喜捨、巡礼、ジハード――が説明される。第三部では、イスラーム教徒が具えるべきではない諸々の悪徳の意味と、それらの悪徳を持つことからどのようにして身を護ることができるのかが説明されている。この内、神学的な問題を扱う第一部を訳出の対象とした。

本書は「保護者が、成熟を迎えた子供に何を教えればよいのか」を解説するために書かれたものであるが、底本に付された解説によれば、オマーンの多くの家庭では、親が子供に本書を読み聞かせる形でも広く教育に利用されているという。たしかに、『子供への教授』の文体は簡潔明瞭で、テーマも絞り込まれており、低年齢層でも十分に理解できると思われる。「成熟を迎えた子供に何を教えればよいのか」という枠組みを設けることで、イスラーム教の本質的な部分だけを凝縮してまとめることに成功した名著と言える。

底本

Nūr al-Dīn ʻAbd Allāh b. Ḥumayyid b. Sulūm al-Sālimī, *Talqīn al-Ṣibyān Mā Yalzamu al-Insān*, Oman: Wizārah al-Awqāf wa al-Shuʼūn al-Dīnīyah, n.d.

二、サーリミー『子供への教授』第一部　翻訳本文

子供にはタクリーフが課せられないこと

知りなさい。子供は、子供である限り、信条についても、行為についても、いかなる義務も課せられない。保護者に、彼（子供）に命じるように命じられたことの内の何かを彼（子供）が行なわないことに対して調教が許されるのは、彼（子供）のための〔裁量的な〕差配であり、行なうことが人間に義務として課せられたことを行なわなかったことが理由ではない。

成熟の証

子供は、以下のことをもって成熟に達する。[3]

性徴の獲得、すなわち、射精。

または、所定の位置（脇や股）に毛が生えること。

または、一説によれば、一五歳――これが最も有力な説である――に達すること、別の説によれば、一七歳に達すること。

少女であれば、あるいは月経か妊娠が判明すること、あるいは胸がふくらむこと。

▼3　成熟の証は、学派によって見解が異なる。以下は、イバード派の見解である。

子供にこれらの証の内の一つでも判明すれば、彼に成人の諸規定が適用される。そして彼に、儀礼行為についてのタクリーフを教え、禁じられたことを行なわないよう命じる。

成熟の後に彼に課せられるもの

成熟後、彼に課せられる第一のことは、彼には、彼を造った造物主、彼を創造した創造主が存在することを知ることである。そして、彼を非存在から存在へと存在させたこの造物主、創造主は、あらゆるものを造った者、あらゆる存在物を創造した者であることを知ることである。そして、全ての被造物は彼を必要とし、一方で彼の方はそれら（被造物）を必要としないことを知ることである。そして、このような事態であるならば、彼は、本質における完全性において形容される者、同時に、ありとあらゆる全てのものの本質、状態、行為を把握する者である他はないことを知ることである。そして、彼を創造し、全てのものを創造した彼の創造主の名は「アッラー」（Allāh）であることを知ることである。

アッラーについて不可能なこと（あり得ないこと）

〔そして以下のことを知ることが義務となる。〕

彼は、欠陥を意味する属性の内、いかなるものによっても形容されるべきではない。たとえば、彼を「無知」、「不能」、「盲」、「聾」、「場所に定着すること」、「時間の中に生じること」などによって形容することは不可能である。また、彼が物の上に定着することが不可能であるのと同様に、彼に物が定着することも不可能である。また、彼を視覚によって見ることは不可能である。[4] また、至高なる彼の本質を、目や心、あるいはその他の感覚によって捉えることは不可能である。なぜなら、それらは全て欠陥だからである。我々の主はそれをいと高く超越する。

アッラーについて形容すべきこと

〔そして以下のことを知ることが義務となる。〕

至高なる彼は、完全性によって形容されなければならない。すなわち、至高なる彼は、「無始なる者」であり、「生きる者」であり、「知る者」であり、「能う者」であり、「意図する者」であり、「聞く者」であり、「見る者」であり、「存続する者」であり、彼が消滅することはあり得ない。また、至高なる彼は、その本質において「知る者」であり、その本質において「能う者」であり、その本質において「意図する者」であり、その本質において「見る者」であり、その本質において「生きる者」である。これはつまり、至高なる彼の本質がこれらの完全性〔を示す形容〕によって形容されるということであり、存在物を存在せしめるための、あるいは知識認識対象を知るための、あるいは視覚認識対象を見るための、あるいは聴覚認識対象を聞くための属性を追加で必要とするわけではない。[5] すなわち彼は、彼以外のものを必要とすることはない。崇高、至高なる彼は、自らによって〔他を必要としない〕満ち足りた者であり、その本質において完全なる者である。

アッラーについて許容されること（あり得ること）

〔そして以下のことを知ることが義務となる。〕

至高なる彼には、使徒の派遣、[6] 啓典の啓示、被造物の創造、彼らを死なせること、彼らをよみがえらせること、彼らを集めること、彼らを決算すること、彼らに褒賞と懲罰を与えることが許容される。

また、至高なる彼は我々に対し、使徒の派遣、啓典の啓示の恩恵を与えた。そして至高なる彼は我々に、彼からの嘉しと恵みとして、立証後のタクリーフを我々に課した。[7]

▼4　イバード派では、スンナ派において肯定される「見神」は否定される。

▼5　すなわちイバード派は属性を否定する立場を採る。

▼6　シーア派において、使徒の派遣はアッラーの具える叡智が必然的に要求することであるが、イバード派は許容されることに含める。

預言者、使徒、啓典

至高なるアッラーが遣わした使徒は、全部で三一三人である。

彼らの最初の者はアーダム（アダム）――平安あれ――である。彼は、彼の子らへの使徒であった。

彼らの最後の者はムハンマド――祝福と平安あれ――である。彼は、アラブと非アラブ、人間とジンの全てに対する使徒である。

預言者は、全部で一二万四〇〇〇人である。彼らの内に、三一三人の使徒が含まれる。[8]

至高なるアッラーが預言者と使徒に下した啓典は、全部で一〇四である。その内の五〇はシース（セツ）に、三〇はイドリースに、一〇はイブラーヒーム（アブラハム）に――それは彼の「諸書」である――、タウラーより前に一〇がムーサー（モーセ）に――それはムーサーの「諸書」である[9]――、その後タウラーがまたムーサーに、インジールがイーサー（イエス）に、ザブールがダーウード（ダヴィデ）に、クルアーンがムハンマドに下された。彼らにアッラーの祝福と平安あれ。

預言者と啓典への信仰

使徒の全体、および啓典の全体への信仰は義務である。ムハンマド――祝福と平安あれ――以外〔の使徒〕、そして偉大なるクルアーン以外〔の啓典〕は、その全体を信仰すれば足りる。タクリーフを課せられた各人には、全ての預言者の内、ムハンマドへの信仰と、彼に下されたもの（クルアーン）への信仰が個別的に義務として課せられる。同様に、それらの使徒と啓典の内、彼に証拠が確立したものへの信仰は個別的に義務として課せられる。

使徒の性質

彼にはまた、立証された後に、以下のことを知ることが義務となる。使徒には、彼らに必然となる（必ず具わっている）性質がある。また彼らには、不可能な（具えることがあり得ない）性質がある。また彼らには、彼ら以外（預言者ではない人間）と同様に、〔具えることが〕許容される性質がある。

〔使徒にとって〕必然となる性質

彼ら（使徒）にとって必然となる性質は、彼らが伝えることにおける「正直さ」、「信頼」、彼らの主について伝達するよう命じられたことの「伝達」、正確に遂行するよう命じられたことについての「正確さ」、「賢明」、彼らの発話と状態における「高貴さ」である。

〔使徒にとって〕不可能となる性質

彼らにとって不可能な性質は、たとえば、「虚偽」や「裏切り」、彼らの主の命令への意識が低いこと、彼らが脆弱であることや、彼らがものぐさであることなどである。これらは、彼らに許容されないものに含まれる。

〔使徒にとって〕許容される性質

彼らにとって許容されるものは、たとえば、飲食や、合法な交接、人々と交わること、市場を歩くこと、妻帯や、教友を持つこと、子孫を残すことなどである。

▼7　つまり、あることが義務としてある人間に課せられるのは、それが義務であるとその人間に立証された後のことである。

▼8　スンナ派では、預言者や使徒の数を伝える伝承は確定的なものではないため、その数を断定しないことが好まれる。一二イマーム派などでも、イバード派同様預言者の数を一二万四〇〇〇人と断定する場合がある [al-Mufid 1993, 92]。

▼9　「イブラーヒームとムーサーの『諸書』に」（クルアーン第八七章第一九節）。

天使

また彼には〔以下のことを〕知ることが義務となる。アッラーは天使を従えている。彼らは人間でもジンでもない種である。彼らは、アッラーが彼らに命じたことに背かず、彼らに命じられたことを行なう。彼らは飲み食いせず、排尿せず、排便しない。彼らは男性とも女性とも形容されない。彼らは、至高なるアッラーが、彼への崇拝と、彼の命令の遂行のために創造した被造物である。

死と、その後にあること

また彼には、死――それは、霊魂が体から離れることである――が真実であることを知ることが義務となる。

また彼には、至高なるアッラーを除いて、あらゆるものは滅び去ることを知ることが義務となる。

復活

また彼には、審判の日、あらゆる人間はよみがえることを知ることが義務となる。この復活こそ、「時の確立」(qiyām al-sāʻah) と表現されるもの〔の意味〕である。

また彼には、彼ら〔よみがえった人間たち〕が主の大権〔の顕現する場〕へと集合させられ、至高なる我らの主が望むままに〔生前の行為の〕決算を受けることを知ることが義務となる。

また彼には、〔以下のことを〕知ることが義務となる。アッラーは褒賞を用意しており、その褒賞の名は「楽園」(jannah) であり、彼はそれを彼に従った者たちのために用意した。またこの褒賞は、〔他の〕いかなる褒賞にも似ない。また、そこに入れられた者は、その中から外に出ることも、死ぬこともなく、その中で無駄話を聞くことはなく、病気にならず、害を被ることもない。

また彼には、〔以下のことを〕知ることが義務となる。アッラーは懲罰を用意しており、その懲罰の名は「火獄」(nār) であり、彼はそれを、背いた者たちの内、大罪を持つ者たちのために用意した。その中には多神教徒も「罪人」（fāsiq）もいる。彼の懲罰は〔他の〕いかなる懲罰にも似ない。その中に入った者は、そこから永遠に出ることはない。アッラーが、それと、それに近づける行為から我々を護り給うように。

恐れと期待

また、タクリーフを課せられた者には、至高なるアッラーの褒賞を期待しつつ、彼の懲罰を恐れることが義務となる。

また、「恐れ」と「期待」〔の程度〕を等しくしなければならない、とも言われる。仮に恐れが勝れば彼に「絶望」が危惧され、「期待」が勝れば彼に「安泰」が危惧されるからである。それら〔絶望と安泰〕はいずれも禁じられたことである。▼10 しかし、正しくは両者〔の程度〕を等しくすることは義務とならない。したがって、それによって禁じられた「絶望」や禁止された「安泰」に陥らなければ、問題ではない。アッラーがより知り給う。

定命と天命

また彼には、ありとあらゆる全ての存在物の内、アッラーの意思と天命によらない限り、いかなる動くものも動かず、いかなる静止するものも静止しないことを知ることが義務となる。

恵みと導き

また彼には、アッラーが彼に与えた恵みを知ることが義務となる。その〔恵みの〕全体の内には、彼〔その人間〕が、非存在の後に存在したこと、病苦の後に健康を得ることが含まれる。そして最大の恵みはイスラームという恵

▼10 自分の罪が赦されることはなく、必ず火獄行きであると確信することを「絶望」（ya's）と呼び、自分は必ず楽園に入ることができると確信することを「安泰」（amn）と呼ぶ。両方とも、イスラーム教では厳しく禁じられる態度である。

みである。その他諸々のものが、至高なる彼からの彼に対する恵みである。

以上の全てがタクリーフが課せられた者に対して義務となるのは、その立証の後である。立証は、啓示によって立証されることについては啓示によって、理性で理解されることについては理性によってなされる。

そしてこれら全てのことは、「アッラーの他に神はない。ムハンマドはアッラーの使徒である。ムハンマドが彼の主の許からもたらしたものは真実である」との文言の中に包括的に含まれている。

タクリーフを課せられた者がこの文言を証言すれば、アッラーの許でも被造物の許でも、彼は帰依者（muslim）たる信仰者（muʾmin）となる。ただしそれは、その内の何かを否定するかそれに無知であること、あるいは、その詳細の内、信仰が義務となることの何かを否定するかそれに無知であること、あるいは、その内の何かについて疑念を抱くことによって、それ（その文言）を無効としない限りにおいてである。これらの内の何かによってそれを無効とすれば、彼にはそれを刷新し（信仰を新たにし）、その内の信仰しなければならないこと、あるいはその詳細の中の信仰しなければならないことを信じることが義務となる。

「同胞性・同胞とみなすこと」、「絶縁」、「保留」

また彼には、アッラーの朋（すなわち、イスラーム教徒）の、審判の日に至るまでの最初の者から最後の者全員を「同胞とみなすこと」、そして、アッラーの敵の、審判の日に至るまでの最初の者から最後の者全員と「絶縁」することが義務となる。これは、「包括的な『同胞とみなすこと』」、「包括的な絶縁」と呼ばれる。[11] これは、それ（が義務であること）が立証された時点で、タクリーフの課せられた全ての者に義務となる。

その後に彼には、同胞であることが判明した、イスラーム教徒の導師たちと選良たちを「同胞とみなすこと」、そして、彼（アッラー）の敵であることが判明した、不正を働く先導者たちと一般大衆から「絶縁」することが義務となる。

そして、その状態が不明の者――すなわち、「同胞とみなすこと」が義務となるのか「絶縁」が義務となるのかが判明していない者――については、それらの内いずれかが判明するまで〔判断を〕「保留」することが義務となる。

アッラーがより知り給う。

三、参考文献

近藤洋平、2011年「東方イバード派における人間の宗教的分類と忘恩・偽信概念の展開」『宗教研究』369, 51–74頁。

al-Jīṭālī, Abū Ṭāhir Ismāʻīl b. Mūsā, 2010, *Qawāʻid al-Islām*, ed. by Aḥmad b. Ṣāliḥ al-Shaykh Aḥmad, 3 vols., Oman: Maktabah al-Ḍāmirī.

Jones, Jeremy & Ridout, Nicholas, 2015, *A History of Modern Oman*, New York: Cambridge University Press.

al-Khalīlī, Aḥmad b. Ḥamd, 1997, *al-Ḥaqq al-Dāmigh*, n.p.

Kondo, Yohei, 2015, "The Concepts of walaya, baraʼa, and wuquf among 2nd/9th-3rd/9th Centuries Ibadis," In: E. Francesca ed., *Ibadi Theology: Rereading Sources and Scholarly Works*, Hildesheim: Georg Olms Verlagsbuchhandlung.

al-Mufīd, al-Shaykh, 1993, *al-Iʻtiqādāt*, In: *Mawsūʻah al-Shaykh al-Mufīd*, Vol. 5., Beirut: Dār al-Mufīd.

al-Sālimī, Nūr al-Dīn ʻAbd Allāh b. Ḥumayyid, 2010, *Jawābāt al-Imām al-Sālimī*, ed. by ʻAbd Allāh b. Muḥammad b. ʻAbd Allāh al-Sālimī, 6 vols., Bidiya: Maktabah al-Imām al-Sālimī.

al-Subḥānī, Jaʻfar, 2007, *Buḥūth fī al-Milal wa al-Niḥal*, Ghom: Muʼassasah al-Imām al-Ṣādiq.

▼11 すなわち、特定の個人ではなく、広く、カテゴリーとして「信仰者」一般を「同胞」と考えること、そして「信仰者」ではない者一般を「絶縁」の対象と考えることを言う。

Wizārah al-Awqāf, 2009, *Mu'jam Muṣṭalaḥāt al-Ibāḍīyah*, 2 vols., Oman.

付録

礼拝の作法

○　礼拝の重要性

礼拝（salāh）は、預言者ムハンマドが生きたまま天に昇天する奇跡を得た日に神に命じられたイスラーム教徒の義務であり、イスラーム教における崇拝行為の核である。

審判の日、人間が最初に決算されるのは礼拝についてであると言われる。礼拝の義務はイスラーム教において非常に強調され、預言者ムハンマドは、「しもべと多神崇拝との間には、礼拝の放棄がある」と述べたと伝えられる。

礼拝には、義務の礼拝以外にも様々な種類の礼拝があるが、この付録では、その中でも最も重要な、一日五回の挙行が定められている「義務の礼拝」の作法を紹介する。

礼拝や清めに関わる諸規定には、それ無しではそもそも礼拝や清めが成立しない最低限の動作＝「構成要素」の他にも、「義務」、「スンナ」、「推奨事項」、「礼節」、「忌避事項」、「禁止事項」、「礼拝を無効とする事由」など、様々な要素がある。また、それぞれの行為がどの部類に分類されるのか、学者間に見解の相違がある場合もある。

これらを全て列挙するのは煩雑さを増すばかりであるため、本付録では、「構成要素」と「義務」に加えて、「スンナ」、「推奨事項」、「礼節」の内、⑴入信して日の浅い信者でも行なうことがたやすく難儀ではないもの、⑵説明しなければ疑問が生まれる可能性のあるもの、⑶イスラーム教徒の間で広く周知され一般的に実践されているものに限り言及した。

なお、付録の目的は、法規定を詳解することではなく、イスラーム教の礼拝がどのような動作や祈りの文句で構成されるのかを紹介することである。礼拝のやり方を覚えていないイスラーム教徒や、イスラーム教徒ではないがイスラーム教の礼拝の作法を知りたいという人に資することを願っている。この付録に書かれた内容を習得すれば、礼拝の基礎的な作法は身に付けられたと言えるだろう。

なお、以下の記述は全て、スンナ派のハナフィー法学派の説に依拠する。ハナフィー法学派は、スンナ派の四大法学派の内、帰属信徒の数が最も多いと見積もられている法学派である。同法学派内に見解の相違がある場合は有力な説を採用する。有力な説が複数ある場合は、複数説並記する。

一．礼拝の準備

礼拝を行なう前に、礼拝が有効となるための以下のような条件を整える必要がある。

①ウドゥー――水によって清めを行なう

以下の行為を、順番に行なう：バスマラ（本付録「三．義務の礼拝に用いる祈りの文言」の④参照）を唱える／右手の手首から先を三回洗う／左手の手首から先を三回洗う／口の中を三回すすぐ／鼻の中を三回すすぐ／顔面（縦は、額のてっぺんからあごの先、横は、耳たぶから耳たぶまでの部分）を三回洗う／右腕を、指先から肘の関節まで三回洗う／左腕を、指先から肘の関節まで三回洗う／改めて水で濡らした手で、頭部（できれば頭部の全体、少なくとも頭部の四分の一以上の部分）を撫で、耳の表裏を撫で、手の甲で首の後ろ（うなじの部分）を撫でる／右足の指先から足首の踝《くるぶし》の高さまでを三回洗う／左足の指先から足首の踝の高さまでを三回洗う。

なお、順番を前後してもウドゥーは成立する。

また、「三回洗う」箇所は、二回や一回の洗浄でも成立する。ただし、三回洗うのがスンナであり、一回で済ませることを習慣化することは嫌われ、罪を負うとも言われる。

なお、生理中の女性は礼拝を行なうことはできず、ウドゥーも成立しない。

ウドゥーの効果は、放屁／肛門か尿道から何かを出すこと／口を満たす量の嘔吐／睡眠／流れる出血／交接などによって無効となる。

射精や交接の後には、全身の洗浄（沐浴）も必要となる。

②汚物の除去――身体、衣服、礼拝場所から汚物を除去する

汚物とは、イスラーム法で「汚物」と定められた諸々のものを言う。

日本の一般家庭では、以下のものが付着しやすいだろう：人間の糞尿・血・精液・嘔吐物／豚／犬の唾／動物の糞尿（動物の糞には例外もある）／ブドウ酒／死肉（なお、イスラーム教徒が食べることが許されない方法で屠殺された動物は、鳥や牛や羊であろうと死肉に分類される）。これらの汚物を、礼拝者の身体／礼拝者が着ている衣服／礼拝をする場所から除去する。

③恥部を覆うこと――定められた恥部を覆う

男性の場合は、へそから膝までの部分が恥部である。なお、膝も恥部に含まれる。

女性の場合は、顔面と、手首より先の部分以外は全て恥部である。ただし、踝《くるぶし》より下の部分については見解の相違がある。

礼拝をしている間、これらの箇所を隠さなければならない。ただし、衣服が破れたりめくれるなどした場合、顕わになっている部分が隠すべき各々の身体部位の四分の一を超えなければ、礼拝を続けることができる。

④マッカのカアバ聖殿の方向を向くこと

カアバ聖殿を目視できない距離や場所にいる場合は、正確にカアバ聖殿の方向に向く必要はなく、およそそちらの方向（jihah）に向かえばよい。

方向がわからない場合は、可能な限りの努力を尽くして方向を定める。

可能な限りの努力を尽くしたのであれば、結果的に全く違う方向に向かって礼拝をし終えたとしても、その礼拝は有効となる。

⑤礼拝の意思を持つこと

義務の礼拝の場合は、どの礼拝を行なうのかを意思して礼拝に入らなければならない。

意思は心で行なうが、口に出して、意思を確実に持つための助けとしても構わない。

ハナフィー法学派では、まさに礼拝を開始する瞬間に意思を持っておらずとも、それよりも少し前に意思を持ち、その後礼拝に関係のない行為を行なわず、礼拝を開始した場合、礼拝の意思は有効とみなされる。

二．義務の礼拝を構成する動作

礼拝は、以下の七つの所定の動作・姿勢を定められた順序通りに行ない、その各々の箇所で所定の文言を唱えることで成立する。ここではまず、礼拝を構成する動作・姿勢を紹介する。

A——礼拝開始の動作

〈男性〉

両手を、親指が耳たぶに平行になる程度に上げる。手のひらは正面を向ける。あるいは、頬《ほほ》の方向に向けるとの説もある。

このとき、実際に親指で耳たぶに触れるとも言われる。

〈女性〉

両手を肩の高さまで上げる。あるいは、男性と同様に耳の高さまで上げるとも言われる。

B——キヤーム（起立）

〈男性〉

両足で立ち、両手をへその下の下腹部で組む。腹部に左手をつけ、その上に右手を置く。

右手は、左手の甲や手首や前腕に置くだけでも、左手首を摑むだけでもよいが、ハナフィー法学派の後期の学者たちの間では、右手の小指と親指で左手首を摑み、右手の人差指・中指・薬指を左手の前腕の先に置く組み方が好まれる。

〈女性〉

両足で立ち、両手を胸部に置く。

胸部に左手を置き、その上に右手を置く。

A　礼拝開始の動作

B-1　キヤームの姿勢

C――ルクーウ（おじぎ）

腰を曲げ、両手を両膝に置く姿勢でおじぎをする。

〈男性〉

男性はこの際、手の指と指の間を広げて膝を掴む方が好ましい。また、上半身を地面に対して平行にすることが好ましいが、最低限、手を伸ばせば膝に手が置ける程度腰を曲げればルクーウは成立する。

〈女性〉

女性は、手の指は広げずに、膝に置くだけに留める。また、手を膝に置ける程度だけ腰を曲げればよく、それ以上曲げる必要はないとも言われる。

D――スジュード（土下座）

両足、両膝、両手、鼻、額を地面につける。

〈男性〉

男性はこの際、腹部がももに密着しないようにし、肘を地面や胴体につけないようにする。

なお、両足は、爪の先や甲などではなく、指の腹を地面につける。

〈女性〉

女性はこの際、腹部をももにつけ、腕を下げて地面につけ、体を縮こまらせる。

B-2　キヤームの際の手の組み方

C　ルクーウの姿勢

E――ジュルース（座位）

〈男性〉

およそ日本の正座に近い形で座るが、左足を臀部の下に敷き、その上に臀部をのせる。右足は立て、指で支えにする。右手は右のももの上に、左手は左のももの上に置く。

〈女性〉

両足を右側に流し、左臀部を地面につけて座る。

手を置く位置は男性と等しい。

F――タシャッフドの祈りの途中の指指しの動作

タシャッフドの祈り（三で後述）の中で、「ラーイラーハイッラッラーフ」（アッラーの他に神はない）との文言を唱える際、右手で「指差し」（ishārah）を行なう。

ハナフィー法学派で有力な「指差し」の方法は二通りある。一つは、小指・薬指・中指を握り、親指の先を中指の第二関節につけ、人差し指を上げる方法。もう一つは、小指・薬指を握り、親指の先と中指の先をつけて輪を作り、人差し指を上げる方法である。

この際、「ラーイラーハ」（神はない）で人差し指を上げ、「イッラッラーフ」（アッラーの他は）で下ろす。これは、指を上げることが否定を示し、指を下げることが肯定を示すからである。

D　スジュードの姿勢

E　ジュルースの姿勢

G――タスリーム（平安の挨拶）

礼拝の最後に、顔を右に向けてタスリームを行ない、次に顔を左に向けてタスリームを行なう。

挨拶を行なう相手として意図するのは、共に礼拝を行なっている者たち、および、自分の行為を記録する天使である（イスラーム教徒の両肩には、善行と悪行を記録する天使がいる）。

三、義務の礼拝に用いる祈りの文言

礼拝に使用する祈りの文句は以下の通りである。

①タクビール

アラビア語：「اللَّهُ أَكْبَرُ」

アラビア語のカタカナ転写：「アッラーフアクバル」

日本語の大意：「アッラーは偉大なり。」

②礼拝開始の祈り（イスティフターフ）

「سُبْحَانَكَ اللَّهُمَّ وَبِحَمْدِكَ، وَتَبَارَكَ اسْمُكَ، وَتَعَالَى جَدُّكَ، وَلَا إِلَهَ غَيْرُكَ」

「スブハーナカッラーフンマ・ワビハムディカ、ワタバーラカスムカ、ワタアーラージャッドゥカ、ワラー・イラーハ・ガイルカ」

F　指差し

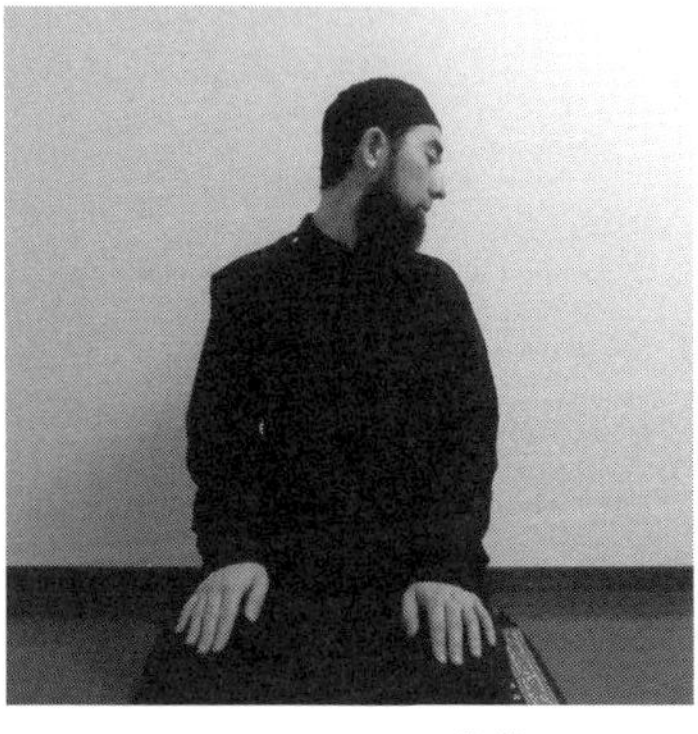

G　タスリームの姿勢

「アッラーよ、あなたに賛美と称賛あれ。あなたの御名は尊貴であり、あなたの偉大さはいと高くあり、あなた以外に神はない。」

③悪魔からの守護祈願

「أَعُوذُ بِاللهِ مِنَ الشَّيْطَانِ الرَّجِيمِ」

「アウーズビッラーヒ・ミナッシャイターニッラジーム」

「私は、呪われた悪魔からアッラーに守護を求める。」

④バスマラ（唱名）

「بِسْمِ اللهِ الرَّحْمٰنِ الرَّحِيمِ」

「ビスミッラーヒッラハマーニッラヒーム」

「慈悲あまねき、慈悲深きアッラーの御名によって。」

⑤ルクーウ（おじぎ）の時の祈り

「سُبْحَانَ رَبِّيَ الْعَظِيمِ」

「スブハーナ・ラッビヤルアズィーム」

「偉大なる私の主に賛美あれ。」

⑥ルクーウ（おじぎ）から起きる時の祈り（タスミーウ）

「سَمِعَ اللهُ لِمَنْ حَمِدَهُ」

「サミアッラーフ・リマンハミダフ」

「アッラーは彼を称える者を聞き給う。」

⑦タスミーウの直後の祈り（タハミード）

「ربنا لك الحمد」

「ラッバナー・ラカルハムドゥ」

「私たちの主よ、あなたに称賛あれ。」

⑧スジュード（土下座）の時の祈り

「سبحان ربي الأعلى」

「スブハーナ・ラッビヤルアアラー」

「いと高き私の主に賛美あれ。」

⑨タシャッフドの祈り

「التحيات لله والصلوات والطيبات، السلام عليك أيها النبي ورحمة الله وبركاته، السلام علينا وعلى عباد الله الصالحين، أشهد أن لا إله إلا الله وأشهد أن محمدا عبده ورسوله」

「アッタヒーヤートゥ・リッラーヒ、ワッサラワートゥ・ワッタイイバートゥ。アッサラームアライカ・アイユハンナビーユ・ワラハマトゥッラーヒ・ワバラカートゥフ。アッサラームアライナー・ワアラー・イバーディッラーヒッサーリヒーン。アシュハドゥ・アッラー・イラーハ・イッラッラーフ、ワアシュハドゥ・アンナ・ムハンマダン・アブドゥフ・ワラスールフ」

「礼はアッラーに帰す。そして、祈りと善が。あなたの上に平安あれ、預言者よ。そしてアッラーの御慈悲と祝福を。私たちの上に平安あれ。そして、アッラーの正しいしもべたちの上に。私は、アッラーの他に神はないと証言する。そして私は、ムハンマドは彼のしもべであり彼の使徒であると証言する。」

⑩預言者への祝福祈願（サラワート）

「اللَّهُمَّ صَلِّ عَلَى مُحَمَّدٍ وَعَلَى آلِ مُحَمَّدٍ كَمَا صَلَّيْتَ عَلَى إِبْرَاهِيمَ وَعَلَى آلِ إِبْرَاهِيمَ إِنَّكَ حَمِيدٌ مَجِيدٌ وَبَارِكْ عَلَى مُحَمَّدٍ وَعَلَى آلِ مُحَمَّدٍ كَمَا بَارَكْتَ عَلَى إِبْرَاهِيمَ وَعَلَى آلِ إِبْرَاهِيمَ (فِي الْعَالَمِينَ) إِنَّكَ حَمِيدٌ مَجِيدٌ」。

「アッラーフンマ・サッリ・アラームハンマディン・ワアラー・アーリムハンマド。カマー・サッライタ・アラーイブラーヒーマ・ワアラー・アーリイブラーヒーム。インナカ・ハミードゥン・マジード。ワバーリク・アラームハンマディン・ワアラー・アーリムハンマド。カマー・バーラクタ・アラーイブラーヒーマ・ワアラー・アーリイブラーヒーム。（フィル・アーラミーナ）インナカ・ハミードゥン・マジード」

「アッラーよ、ムハンマドを、そしてムハンマドの一家を祝福し給え。あなたがイブラーヒームを、そしてイブラーヒームの一家を祝福し給うたように。まことにあなたは、称賛すべき、寛大な御方。そして、ムハンマドを、そしてムハンマドの一家を恵み給え。あなたがイブラーヒームを、そしてイブラーヒームの一家を恵み給うたように。（諸世界において、）まことにあなたこそ、称賛すべき、寛大な御方。」

⑪任意の祈願

クルアーンの章句／信憑性の確認されるハディースで伝わる祈願文／それに類似する表現による祈願の内、望むものを唱える。たとえば、自分自身、イスラーム教徒の親、全てのイスラーム教徒の男女のために慈悲や赦しを祈願する。ただし、人間に求めることができないことを求めなければならず、人間同士の会話のような言葉は避けなければならない。

⑫タスリーム（平安の挨拶）

「السَّلَامُ عَلَيْكُمْ وَرَحْمَةُ اللّٰهِ」

「アッサラームアライクム・ワラハマトゥッラーヒ」
「あなたたちの上に平安とアッラーの御慈悲がありますように。」

＊礼拝を構成する言葉は、これらの言葉の他は(1)クルアーン第一章と、(2)クルアーンの第一章以外のいずれかの章二つ分のみである。

＊「二．義務の礼拝を構成する動作」の中の所定の場所でこれらの言葉を唱えることで、礼拝は完了する。

＊なお、アラビア語のカタカナ転写は、あくまで補助として書いたものである。カタカナをそのまま読んでもアラビア語の発音にはならない（カタカナ転写された英語の発音を想像せよ）。

四．義務の礼拝の種類

イスラーム教では、一日に五回の礼拝が義務として課せられている。この五つの礼拝の各々には、それを挙行すべき時刻が定められている。「まことに礼拝は、信仰者たちに時刻の定められたものとして書き定められた」（クルアーン第四章第一〇三節）。

これらの定めの時刻は、天使ジブリール（ガブリエル）が預言者ムハンマドに教え、ムハンマドが信者たちに教えることによって、そして、クルアーンの章句によって定められたものである。

五つの礼拝の名称／「ラクア」（rak'ah）数／定められた時刻をまとめると以下の通りとなる。

＊ラクアとは：礼拝は、「クルアーン読誦＋一回のルクーウ（おじぎ）＋二回のスジュード（土下座）」のセットを、所定の回数だけ繰り返すことで行なう。この「クルアーン読誦＋一回のルクーウ＋二回のスジュード」一セット分を、習慣的に、「ラクア」と呼ぶ。五つの義務の礼拝それぞれを構成するラクア数は、礼拝ごとに異なっ

ている。

・スブフ（朝）の礼拝：二ラクア：日の出前、地平線に白い日の光が横に広がり始めてから、日の出の直前まで。

・ズフル（正午）の礼拝：四ラクア：太陽が南中を越えてから、アスルの時間に入る直前まで。

・アスル（夕方）の礼拝：四ラクア：ある物体の影の長さが――南中時にその物体に付随している影の長さに更に加えて――その物体の長さと同じ長さだけ伸びてから、日没の直前まで。

ただし、アスルの開始時間は、物体の影が、南中時の影に加えて更にその物体の二倍の長さだけ伸びた時点だとの説も有力である。なお、一説では、この説を採る場合も、ズフルの礼拝の終了時間は、アスルの礼拝の開始時ではなく、物体の影が、南中時の影に加えてその物体と同じ長さだけ伸びた時だと言われる。つまり、ズフルの定刻が終了してから、アスルの礼拝の定刻が始まるまでの間に、ズフルの定刻でもアスルの定刻でもない時間帯が存在するということである。

日没前であっても、アスルの礼拝の挙行を、太陽を見てもまぶしくなくなる日没直前の時間帯まで遅らせることは嫌われ、罪を負う。

・マグリブ（日没）の礼拝：三ラクア：日没から、空の「赤み」が消える直前まで。

・イシャー（夜）の礼拝：四ラクア：日没後の空の「赤み」が消えた時から、スブフの礼拝の定刻に入る直前まで。

以上のように、義務の礼拝には、二ラクアの礼拝、三ラクアの礼拝、四ラクアの礼拝の三種類がある。それぞれの礼拝のやり方を、次項で説明する。

五．義務の礼拝のやり方

- 三二〇 - 三二一頁の表の中のA〜Gは、「二．義務の礼拝を構成する動作」で示した動作を指す。
- 三二〇 - 三二一頁の表の中の①〜⑫は、「三．義務の礼拝に用いる祈りの文言」で示した文言を指す。
- なお、以下は、単独で礼拝を行なう場合の作法である。集団で行なう場合は、いくつかの点でこれと異なる部分がある。

＊視線：キヤーム（起立）の際はスジュード（土下座）時に額をつける場所に、ルクーウ（おじぎ）の際は足元に、スジュード（土下座）の際は鼻先に、ジュルース（座位）の際は膝元に、タスリーム（平安の挨拶）の際は肩に視線を送ることが好ましい。

＊声の大きさ：基本的に、単独で行なう礼拝の全ての言葉は、自分自身やごく間近にいる人間にのみ聞こえる程度の「ささやき声」で唱える。ただし、男性に限り、マグリブ、イシャー、スブフの礼拝における第一ラクアと第二ラクアのクルアーン読誦は、より大きな声で唱えるか、「ささやき声」で唱えるかを選択することができる。なお、「④バスマラ」もクルアーンの一部だが、必ず「ささやき声」で唱える。

主な参考文献

'Alī al-Qārī, al-Mullā, 2009, *Fatḥ Bāb al-'Ināyah fī Sharḥ Kitāb al-Niqāyah*, 3 vols., ed. by Aḥmad Farīd al-Mizyadī, Beirut:

Dār al-Kutub al-ʻIlmīyah.

al-ʻAynī, Badr al-Dīn, 2012, *al-Bināyah Sharḥ al-Hidāyah*, 13 vols., ed. by Ayman Ṣāliḥ Shaʻbān, Beirut: Dār al-Kutub al-ʻIlmīyah.

Dāmād Afandī, ʻAbd al-Raḥmān b. al-Shaykh Muḥammad b. Sulaymān, 2001, *Majmaʻ al-Anhur fī Sharḥ Multaqā al-Abḥur fī Furūʻ al-Ḥanafīyah*, 4 vols., ed. by Muḥammad ʻAbd al-Raḥmān al-Marʻashlī, Beirut: Dār Iḥyā' al-Turāth al-ʻArabī.

Ibn ʻĀbidīn, Muḥammad Amīn, 2011, *Radd al-Muḥtār ʻalā al-Durr al-Mukhtār Sharḥ Tanwīr al-Abṣār*, 14 vol., ed. by ʻĀdil Aḥmad ʻAbd al-Mawjūd and ʻAlī Muḥammad Muʻawwaḍ, Beirut: Dār al-Kutub al-ʻIlmīyah.

Ibn al-Humām, Muḥammad b. ʻAbd al-Wāḥid, 2012, *Fatḥ al-Qadīr Sharḥ Kitāb al-Hidāyah fī Sharḥ al-Bidāyah*, 8 vols., ed. by Damascus: Dār al-Nawādir.

Ibn al-Humām, Muḥammad b. ʻAbd al-Wāḥid, 2013, *Zād al-Faqīr Risālah fī Aḥkām al-Ṣalāt fī al-Madhhab al-Ḥanafī*, ed. by Sā'id Bakdāsh, Beirut: Dār al-Bashā'ir al-Islāmīyah.

al-Kāsānī, ʻAlā' al-Dīn Abū Bakr b. Masʻūd, 2010, *Badā'iʻ al-Ṣanā'iʻ fī Tartīb al-Sharā'iʻ*, 10 vols., ed. by ʻAlī Muḥammad Muʻawwaḍ and Ādil Aḥmad ʻAbd al-Mawjūd, Beirut: Dār al-Kutub al-ʻIlmīyah.

al-Mawṣilī, ʻAbd Allāh b. Maḥmūd b. Mawdūd, 1998, *al-Ikhtiyār li Taʻlīl al-Mukhtār*, 5vols., ed. by ʻAlī ʻAbd al-Ḥamīd Abū al-Khayr and Muḥammad Wahbī Sulaymān, Beirut: Dār al-Khary.

al-Ṭaḥṭāwī, Aḥmad b. Muḥammad b. Ismāʻīl, 2014, *Ḥāshiyah al-Ṭaḥṭāwī ʻalā Marāqī al-Falāḥ Sharḥ Nūr al-Īḍāḥ*, ed. by Muḥammad ʻAbd al-ʻAzīz al-Khālidī, Beirut: Dār al-Kutub al-ʻIlmīyah.

al-Zabīdī, Abū Bakr b. ʻAlī b. Muḥammad al-Ḥaddād, 2006, *al-Jawharah al-Nayyirah Sharḥ Mukhtaṣar al-Qudūrī*, 2 vols., ed. by Ilyās Qablān, Beirut: Dār al-Kutub al-ʻIlmīyah.

	二ラクアの礼拝　三ラクアの礼拝　四ラクアの礼拝
❶	「A: 礼拝開始の動作」を行ないながら、「①タクビール」を唱える。このとき、手を上げてからタクビールを唱える。
❷	すぐに「B: キヤーム（起立）」の姿勢に入り、「②礼拝開始の祈り」を唱える。
❸	キヤームの姿勢のまま「③悪魔からの守護祈願」を唱える。
❹	同じ姿勢のまま、「④バスマラ（唱名）」を唱える。
❺	同じ姿勢のまま、クルアーン第一章を唱える。読誦後、「アーミーン」（アーメンの意）と唱える。
❻	同じ姿勢のまま、クルアーンの第一章以外の章を唱える。最低三節を唱えればよい。
❼	「①タクビール」を唱えながら「C: ルクーウ（おじぎ）」の姿勢に入る。ルクーウの姿勢で静止したまま、「⑤ルクーウの時の祈り」を3回、又は5回、又は7回唱える。
❽	「⑥ルクーウ（おじぎ）から起きる時の祈り（タスミーウ）」を唱えながら、直立の姿勢に戻る。この時、両手は組む必要はなく、横に垂らす。続けて、直立の姿勢のまま、「⑦タスミーウの直後の祈り（タハミード）」を唱える。
❾	「①タクビール」を唱えながら「D: スジュード（土下座）」の姿勢に入る。スジュードの姿勢で静止したまま、「⑧スジュード（土下座）の時の祈り」を3回、又は5回、又は7回唱える。
❿	「①タクビール」を唱えながら「E: ジュルース（座位）」の姿勢に入る。1秒程度静止する。
⓫	「①タクビール」を唱えながら二度目の「D: スジュード（土下座）」に入る。❾と同様に、「⑧スジュード（土下座）の時の祈り」を3回、又は5回、又は7回唱える。
⓬	「①タクビール」を唱えながら「B: キヤーム（起立）」の姿勢に戻り、❹から⓫を全く同じようにもう一度繰り返す【第二ラクア】。（❻では、第一ラクアとは別の部分を読む。）
⓭	第二ラクアの二度目のスジュードから、「①タクビール」を唱えながら「E: ジュルース（座位）」の姿勢に入る。
⓮	「E: ジュルース（座位）」の姿勢で静止したまま、「⑨タシャッフドの祈り」を唱える。

⓯	「E: ジュルース（座位）」の姿勢のまま、「⑩預言者への祝福祈願（サラワート）」、次いで「⑪任意の祈願」を唱える。
⓰	座ったまま、右を向いて「⑫タスリーム（平安の挨拶）」を唱える。
⓱	座ったまま、左を向いて「⑫タスリーム（平安の挨拶）」を唱える。
二ラクアの礼拝完了	

⓯	「①タクビール」を唱えながら「B: キヤーム（起立）」の姿勢に戻り、❹❺、❼から⓫を行なう。【第三ラクア】
⓰	第三ラクアの二度目のスジュードから、「①タクビール」を唱えながら「E: ジュルース（座位）」の姿勢に入る。
⓱	「E: ジュルース（座位）」の姿勢で静止したまま、「⑨タシャッフドの祈り」次いで「⑩預言者への祝福祈願（サラワート）」次いで「⑪任意の祈願」を唱える。
⓲	座ったまま、右を向いて「⑫タスリーム（平安の挨拶）」を唱える。
⓳	座ったまま、左を向いて「⑫タスリーム（平安の挨拶）」を唱える。
三ラクアの礼拝完了	

⓯	「①タクビール」を唱えながら「B: キヤーム（起立）」の姿勢に戻り、❹❺、❼から⓫を行なう。【第三ラクア】
⓰	「①タクビール」を唱えながら「B: キヤーム（起立）」の姿勢に戻り、❹❺、❼から⓫を行なう。【第四ラクア】
⓱	第四ラクアの二度目のスジュードから、「①タクビール」を唱えながら「E: ジュルース（座位）」の姿勢に入る。
⓲	「E: ジュルース（座位）」の姿勢で静止したまま、「⑨タシャッフドの祈り」次いで「⑩預言者への祝福祈願（サラワート）」次いで「⑪任意の祈願」を唱える。
⓳	座ったまま、右を向いて「⑫タスリーム（平安の挨拶）」を唱える。
⓴	座ったまま、左を向いて「⑫タスリーム（平安の挨拶）」を唱える。
四ラクアの礼拝完了	

補記と謝辞

あとがきに代えて、本論で言及しなかったいくつかの点について補足したい。

一般信徒と神学派

神学派――たとえばアシュアリー学派やマートゥリーディー学派――に帰属意識を持つ者は、「スンナ派」や「一二イマーム派」といった宗派に帰属意識を持つ者ほどには多くない。

これには様々な背景があるが、根本的な理由は、一般大衆の素朴な宗教実践において、神学的な難問が立ち現われることはまれだからである。また、学者層が、神学の思弁的議論を一般大衆の耳に入れることを忌避することも大きな理由である。

そのため、人によっては、たとえばスンナ派の信徒であっても、アシュアリー学派やマートゥリーディー学派といった学派の名称すら知らない場合もある。あるいは帰属意識を持っていたとしても、その学派の議論について何も知らないということも実際には少なくない。

各派の相互認識

本書には複数の宗派のテクストを収めたが、これらの宗派がそれぞれ互いをどのように認識しているのかという点が気になった読者もいるかもしれない。

スンナ派、シーア派の各宗派、イバード派は、相互に互いを逸脱した宗派とみなしている。つまり、各宗派は自派の信条のみを「正統」な信条であると考えており、他の宗派の信条を「正統」とは考えていない。

しかしながら、たとえばスンナ派の人間はイバード派の人間をムスリムではなく不信仰者と考えているかというと、全くそういうことではない。「正統」でないとみなすことは、「不信仰者」とみなすことを全く意味しない。また同時に、相手を「不信仰者認定」(takfīr) せず、ムスリムとして尊重し、共存を目指すからといって、相手の信条を「正統」とみなすことにはならない。この問題は「正統」か「不信仰」かの二者択一で考える問題ではない。

基本的な議論の出発点は、本書の姉妹本とも言える拙著『イスラーム神学』(作品社) の第二章で解説したつもりなので、関心のある読者は是非読んでいただきたい。また、中田考「シーア派法学における古典ジハード論とその現代的展開――スンナ派法学との比較の視点から」(『山口大学哲学研究』第一五巻) がシーア派について、近藤洋平「東方イバード派における人間の宗教的分類と忘恩・偽信概念の展開」(『宗教研究』第八五巻第一号) がイバード派について、関連する問題領域を論じている。この問題については、誤った認識を拡大する言論が本邦には未だ多いため、十分な注意が必要である。

関連書籍の紹介

本書で扱った宗派・学派の信条に関連する邦書をいくつか紹介したい。

スンナ派の信条全体については松山洋平『イスラーム神学』(作品社) が詳しい。ガザーリー『中庸の神学』(中村廣治郎訳注、平凡社) には、スンナ派の大学者アブー・ハーミド・アル゠ガザーリーの神学書が収められている。塩尻和子『イスラームの人間観・世界観――宗教思想の深淵へ』(筑波大学出版会)、青柳かおる『イスラームの世界観

――ガザーリーとラーズィー』（明石書店）、奥田敦訳著『フサイニー師「イスラーム神学五〇の教理」――タウヒード学入門』（慶應義塾大学出版会）は、それぞれアシュアリー学派の信条を取り上げている。

一二イマーム派の信条の基礎は、モハンマド＝ホセイン・タバータバーイー『シーア派の自画像――歴史・思想・教義』（森本一夫訳、慶応大学出版会）に詳しい。八尾師誠『イランの歴史――イラン・イスラーム共和国高校歴史教科書』（明石書店）と富田健次『イランのシーア派イスラーム学教科書』（明石書店）は、同派の歴史観と自己認識を知るのに適宜である。アリー・イブン・アビー・ターリブ『雄弁の道――アリー説教集』（黒田壽郎訳、書肆心水）は、シーア派によって編纂されたアリーの説教集の邦訳である。

イスマーイール派の信条については、菊地達也『イスマーイール派の神話と哲学――イスラーム少数派の思想史的研究』（岩波書店）が随一の邦書である。研究書であるが、門外漢にも読みやすく、イスマーイール派の世界観を窺い知ることができる。菊地達也『イスラーム教「異端」と「正統」の思想史』（講談社）は、シーア派とスンナ派の形成プロセスを追う名著である。竹下政孝・山内志朗編『イスラーム哲学とキリスト教中世Ⅲ　神秘哲学』（岩波書店）にはイスマーイール派の著者の論考が収められている。

ザイド派とイバード派については、残念ながら一般書店で入手できるまとまった邦書はまだ書かれていない。

謝辞

本書は、作品社の福田隆雄氏の御理解と御支援に支えられて初めて完成したものである。また、共にアラビア語古典の読書会を行なっている友人の山本武尊氏は、本書に収めた一部のテクストの理解と訳文の改善に大きく寄与している。両者に深い謝意を表したい。

索引

ア行

カ行

編訳者略歴＝松山洋平（まつやま・ようへい）
一九八四年静岡県生まれ。東京外国語大学外国語学部（アラビア語専攻）卒業。同大学大学院総合国際学研究科博士後期課程修了。博士（学術）。現在、名古屋外国語大学外国語学部講師。専門はイスラーム思想史、イスラーム神学。
著書に、『クルアーン入門』（編著、作品社、二〇一八年）、『イスラーム思想を読みとく』（筑摩書房、二〇一七年）、『イスラーム神学』（作品社、二〇一六年）など。

イスラーム神学古典選集

二〇一九年二月二五日　第一刷印刷
二〇一九年二月二八日　第一刷発行

編訳者 松山洋平
発行者 和田肇
発行所 株式会社作品社
〒一〇二-〇〇七二　東京都千代田区飯田橋二-七-四
電話 〇三-三二六二-九七五三
ファクス 〇三-三二六二-九七五七
振替口座 〇〇一六〇-三-二七一八三
ウェブサイト http://www.sakuhinsha.com

本文組版 大友哲郎
装丁 伊勢功治
印刷・製本 シナノ印刷株式会社

ISBN978-4-86182-736-5　C0014